취업과 창업

오영환 · 김태균 · 신상권 · 김광현
박미수 · 이재상 · 심승우 공저

MJ 미디어

Preface / 서문

청년 취업의 촉진과 청년 실업의 해소는 세계 각국의 현안인 동시에 국가의 정책적 역점 사업이 되어 있다. 이에 대한 교육의 중요성도 강조되어, 대학에서 교양교육의 일환으로 취업 강좌와 창업 강좌의 개설이 국가적으로 권고되는 등 그 관심이 고조되어 있다.

대학생들에게 창업이라는 일이 다소 엄두가 나지 않고 섣부른 시도라서 자신 없어 하는 것이 당연하기도 하지만, 상당수의 대학생들은 자신의 꿈과 진로를 조기에 발견하고, 창의적이고 도전적인 창업가정신으로 성공적인 창업을 이룩한 사례도 주변에서 발견할 수 있으며, 정부는 이러한 가능성 있는 청년창업 의욕에 대해 지원을 최대한 확대하고 있다.

금번에 대학의 교육과정 개편에 따라, 종전의 창업개론 강좌에 취업 강좌를 추가하여 「취업과 창업」 강좌로 개편하여야 하는 요구에 봉착하게 되었다.

이에 따라 종전의 창업개론 강좌 중 창업각론 부분을 제외하고, 취업 강좌를 앞에 추가하게 되었는 바, 두 강좌의 목적을 효과적으로 달성하기 위하여 노력을 다할 생각이다. 취업 강좌 부분의 원고를 작성해 주신 김태균 교수님, 이재상 교수, 심승우 박사에게 감사드리고, 이전 창업개론 강좌의 귀중한 원고를 작성해줬던 일부 공저자들의 양해를 구하며 다음 기회를 기약한다.

본서의 출간을 위해 수고해 준 MJ미디어의 나영찬 사장님, 나영균 상무님 등 편집부 간부들에게 감사를 표한다.

2018년 2월
공동저자 대표

Contents / 차례

chapter 09 창업계획의 수립 ⋯ 171

chapter 12 사업타당성과 위험관리 … 225

chapter 13 창업기업의 설립 … 243

chapter
14   **사업계획서 ··· 279**

CHAPTER

01

진로와
취업

chapter 01

진로와 취업

1. 진로결정과 취업의 중요성

취업은 '취(就)'라는 글자가 '높은 곳을 향해 나아가다, 성취하여 이루다'라는 뜻을 가지고 있듯이, 더 나은 삶을 향해 자신의 의지대로 인생의 진로를 선택하고 과감하게 도전하면서 수많은 시련과 역경을 능동적으로 대처하는 적극적인 구직 활동이자, 삶의 의미를 창출하는 생업(生業) 이상의 활동으로서, 자신의 이상(理想)과 행복을 실현하는 건설적이요, 자족적인 활동이다.[1]

인간은 오직 가능성(dynamis)만을 갖고 태어난다. 그 가능성을 실현하고자 사회적 존재(zoon politikon)로서 사회를 선택하고, 선택한 사회 속에서 구성원들끼리 언어와 생각을 상호 교환하며 공(公)적인 일에 함께 참여하면서 비로소 인간의 본질인 가능성을 실현하게 되고, 이로써 행복을 느낄 수 있다. 예를 들어, 고등학생들은 오직 가능성만을 지닌 채 아무런 이유가 없이도 친구들과 즐겁게 무리지어 다닌다. 그러나 대학에 진학하는 순간부터 그들은 자신의 가능성을 실현하고자 대학사회에서 대학과 학과를 선택하고, 자신이 선택한 학과의 동료들과 함께 전공과 관련된 언어와 생각을 상호 교환하며, 이를 대학이나 학과에서 교수 및 동료 그리고 타 학과 학생들과 함께 공부하고 행사를 공유하면서 인정받아가면서 비로소 존재의 의미 즉 인간으로서의 행복을 만끽하게 된다. 하물며 사회인으로서 행복의 첫 관문인 취업의 경우에는 또한 어떠하겠는가? 취업이야말로 자신의 가능성을 실현할 수 있는 일과 그 일을 마음껏 펼칠 수 있는 회사를 선택하여 직장에서 동료들과 함께 일을 하며 인정받음으로써, 존재의 의미는 물론 삶의 목적을 더욱 더 선명하게 구현하는, 자칫 허무하게 보일 수 있는 인생을 의미 있는 삶으로 가득 채울 수 있는 좋은 기회임이 분명하다.

이런 사실을 이해한다면, 취업을 단순한 구직활동으로 보아서는 안 된다. 만약 취업을 생계수단만을 해결하는 그런 단순한 활동으로 이해했다면, 차라리 '좇다, 따르다'라는 뜻의 從(종)자를 사용하여 '종업(從業)'이란 말을 사용하는 게 더 낫다. 하지만 사람들은 종업의 의미로 취업이란 말을 사용하지 않는다. 종업과 취업은 엄연히 다른 뜻의 말이다. 종업은 개인의 생계를 위해 일을 좇아 찾아다니는 피동적이고, 수동적인 활동에 불과하다. 이는 무인도에서 열심히 일하는 로빈슨 크루소처럼 선택의 여지가 없다. 오로지 살기 위해선 일을 해야만 하기 때문이다. 반면 취업은 마치 적극적인 주인공이 능동적인 태도로 자신의 꿈을 성취하며 해피엔딩으로 끝나는 한편의 감동적인 드라마처럼, 자신의 의지대로 자신의 이상과 행복을 실현하는 건설적이요, 자족적인 활동이라 할 수 있다.

2. 취업의 목적 : 정규직과 여가(Leisure)

우리는 자유롭게 살고 싶다. 자유롭게 자신만의 꿈을 꾸며 그 가능성을 실현하기 위해 열심히 노력하고, 마침내 그 꿈이 현실이 되면서 행복을 만끽하고 싶다. 그래서 우리는 '자유'를 소중한 사회적 가치로 삼아, 자유민주주의 사회를 이룩하였다. 우리가 소중히 여기는 자유에는 두 가지 의미가 있다. 하나는 'freedom'이다. 즉 내가 하고 싶은 것을 할 수 있는 자유이다(do what you want to do!). 또 다른 하나는 'liberty'이다. 한편 이는 내가 원하는 방식대로 내 삶을 살아갈 수 있는 자유이다(live your life in the way that you want!). 우리가 진정 원하는 취업은 'freedom'이 아닌 'liberty'를 쟁취하는 과정이다.

현대인 가운데 실직자들이나 구직자들의 대부분은 그들이 원하는 바는 아니지만, 자유로운 시간(free time)이 주어져도 여가 활동을 여유롭게 즐기지 못할 뿐만 아니라 처음부터 차라리 포기해버린다. 그들은 그 시간을 자기계발을 위한 자유로 받아 들일만큼의 여유도 없을뿐더러, 그들에게 그 시간은 '불안' 그 자체이기 때문이다. 다시 말하자면, 실직자와 구직자는 단 하루의 휴가도 가질 수 없다. 즉 그들은 일이 없기 때문에 여가도 즐길 수 없는 것이다.

고대 그리스 철학자 아리스토텔레스는 직업으로서의 일보다 여가(leisure)로서의 일을 더 바람직한 것으로 강조하였다. 여가는 우리 자신을 계발할 수 있는 하나의 기회로서의 자유(liberty)이다. 이 기회는 신체적인 안전(safety)과 심리적인 안정(security)의 요구를 충족시키며, 또한 그 여가를 즐기기 위해서 반드시 배움(education)도 필요로 한다. 아리스토텔레스에게 있어서 인간의 진정한 일은 인간으로 존재하는 일(the work of being human)이었다. 인간에게는 다른 동물에게는 없는 '로고스(Logos)'가 있다. 고대 그리스어 '로고스'란 단어는 언어, 이성(理性)이라는 뜻을 함축하고 있는데, 인간에게는 자신의 생각을 논리적으로 말하고 쓸 줄 아는 능력을 갖고 있다는 것이다. 이러한 능력이 계발된 상태를 아리스토텔레스는 '행복(well-being)'이란 뜻의 '유다이모니아(eudaimonia)'라고 불렀다. 'eu'는 'good'을 의미하고, 'daimon'은 'spirit'을 의미한다. 즉 행복은 'good spirit'에서 온다는 것이다. 이러한 행복은 배움을 통해서만 가능한 것이다. 영어의 'school'이란 단어가 '여유'라는 뜻의 라틴어 '스콜라(Schola)'에서 파생되었다는 사실을 놓고 보면, 배움이란 활동은 일로부터 여유로운 자만이 할 수 있는 활동이다. 일로부터 자유롭지 않은 고대 그리스의 노예들에게는 불가능한 일이었다.

아리스토텔레스의 여가 기준을 살펴보고 나면, 실직자들이 자유롭고 한가한 삶을 살 거라는 우리의 생각은 오해이다. 여가는 자유시간(free time) 그 이상이다. 그것은 일의 욕구와 필요성으로부터 해방된 상태이며, 특정한 것을 행하기 위한 기회로서의 자유(liberty)이다. 직업을 잃었거나 직업을 가질 수 없는 사람들은 결코 일로부터 자유롭지 않다(not free from work). 정확히 표현하면, 그들은 자유롭게 일하지 못하고 있다(They are not free to work). 그들에겐 선택의 여지가 없기 때문이다. 현대인은 자유(liberty)를 원한다. 그러나 그 자유는 자유롭게 일할 때(be free to work) 가능한 것이다. 오늘날 대학생들이 취업을 하기 위해 교양수업(liberal arts)을 받는 것은 참으로 아이러니하다. 엄밀하게 말해서 교양은 일하는 방법이 아닌, 여가를 사용하는 방법을 가르치기 위한 것이기 때문이다. 더구나 기업에서도 교양교육을 받은 인재를 더 선호한다.[2]

우리 사회의 갈등 가운데 정규직과 비정규직 문제는 심각하다. 우리가 원하는 취업은 정규직이지 비정규직이 아니다. 그 이유는 위에서 언급한 내용 그대로이다. 정규직은 제공하는 근로의 대가로서 규칙적인 급여를 받음으로써 육체적 안전과 생활의 안정을 얻게 된다. 또한 정년을 보장받음으로써 장기적이고 심리적인 안정을 도모할 수 있다. 이러한 육체적, 심리적 안정감 속에서, 항상적 배움을 통해 끊임없이 자기계발을 하게 되면 자아실현의 행복감이 배가된다. 하지만 비정규직은 이러한 삶과는 정반대이다. 그래서 우리는 정규직을 원하고, 대학에서 열심히 공부하는 이유도 바로 여기에 있다.

3. '직업'의 의미와 취업의 가치

세상에는 다양한 일들이 존재한다. 그런데 세상에 존재하는 다양한 일들이 모두 똑같은 대우를 받는 것은 아니다. 사람들이 '직업에는 귀천이 없다'고 말하지만, 어떤 일은 사람들에게 환영을 받고, 어떤 일은 환영을 받지 못하는 것이 현실이다. 이러한 사람들의 일에 대한 호불호(好不好)를 보면, 일에는 행위와 관련된 관념뿐 아니라 가치와도 관련된 것이 있음을 알 수 있다. 이러한 가치 평가는 특히 일에 관한 영어 단어 'work', 'labor (labour)', 'job' 등에 잘 담겨있다. 한편 우리말에서는 일의 형태와 관련된 대표적인 단어로서 직, 업, 직업 등이 있다.

1) Work

'work'는 우리말 '일'처럼 인간 활동에 일반적으로 사용되는 단어이다. 우리말 '일'과 마찬가지로 'work'도 명사이자 동사로 사용되면서, '행위'이자 '행위의 산물'을 의미한다. 그래서 'work'는 자주 우리말 '일'로 번역된다. 하지만 'work'는 우리말 '일'로만 직역되는 데 그치는 것이 아니라, 다른 한편 'work a work of art'라는 표현에서와 같은 그 고유의 의미가 있는 바, 우리는 이를 '예술작품'이라고 표현한다. '작품'의 뜻은 '한 개인이 시간과 노력을 들여가며(spend time and effort) 정성스럽게 만든(make) 또는 창조(create)한 물건'을 의미한다. 'work'라는 단어가 작품이라는 의미를 갖고 있다는 점에서, '노력', '요구', '강제'와 같은 관념 외에 '창조'라는 관념이 담겨있음을 알 수 있다.

한편 이러한 'work'의 창조는 우리의 손과 밀접한 관계를 맺고 있다. 우리는 '노동하는 동물'(animal laborans)과는 구별되는 '도구를 만드는 인간'(homo faber)이다. 인간은 자신의 생각을 손을 통해 사물에 반영하여, 이전에 자연에 존재하지 않던 물건을 만들어 낸다. 헤겔은 이와 같이 생각을 사물이나 행위로 바꾸는 과정 즉 '외화'(externalization)를 'work'라고 불렀다. 따라서 'work'는 자신의 생각을 손을 통해 실현하는 창조적 행위이자, 인간다운 행위로서 바람직한 일로 간주된다. 고대 그리스인들의 경우, 조각은 격렬한 육체노동이 필요한 노예의 예술로 본 반면, 그림을 그리는 행위는 자유인이 행하는 여가활동으로서의 'work'로 생각하였다. 인간으로서 반드시 필요한 행위인 'work'가 설령 우리의 자유를 제약한다 하더라도 우리는 그것을 기꺼이 감내할 것이다.

2) Labor(Labour)

'labor'라는 단어는 우리말로 '노동'이란 말로 사용된다. 'labor'에 대한 사전의 첫 번째 정의는 '육체적으로 힘든 일'이다. 영어에서 임산부의 '출산의 고통'을 'labor'로 표현하는데 그만큼 힘들고 고된 일이다. 이 단어가 14세기에 처음 등장할 당시 주로 대개 땅을 갈거나 농사일을 하는 것을 가리켰는데, 이후에는 다른 형태의 육체노동까지도 의미하게 되었다고 한다. 이 육체노동의 의미는 'worker'와 'laborer'의 정의에서 명확히 드러난다. 'laborer'는 봉사행위로서 혹은 생계를 위해 육체적인 노동을 행하는 사람인 반면 'Worker'는 만들거나 창조하거나 생산하거나 고안해내는 사람이다. 이처럼 'labor'는 정신적 만족을 주는 자기목적적인 행위라기보다는 남을 위해 자신의 육체적 에너지를 써버리는 그런 소모적 행위이다. 오래된 연인들이 그들의 사랑을 농담 삼아 '노동'(labor of love)이라고 표현하는 것도 이러한 까닭 때문이다. 따라서 'labor'에는 'work of art'와 같은 'labor of art'란 표현이 없다. 정신적 행위와는 무관한 행위이기 때문이다. 그 대신 '노동의 결실'이란 의미의 'fruits of labor'란 표현을 사용한다. 왜냐하면 농작물은 원래 신의 작품(work)이고, 다만 농부는 신의 조력자로서 육체적 에너지를 소모해가며 그 창조과정을 돕는다고 생각했기 때문이다.

경제학자 애덤 스미스는, 이와 같은 'labor'는 일을 하면서도 그 과정에서 어떤 깨달음도 얻지 못하는 하인의 일과 같다고 생각하였다. 하지만 프리드리히 엥겔스는 오히려 'labor'의 의미를 'work'보다 더 바람직한 것으로 평가하였다. 그는 'work'가 한 개인에 의해 그리고 개인을 위해 행해지는 것인 반면에, 'labor'는 무언가를 만들거나 행하는 데 대한 한 개인의 기여를 암시하기 때문에, 사회적인 용어라고 주장하였다. 또한 'labor'는 행위와 그 대상을 가리키는 'work'와 달리 육체적인 일을 하는 사람들의 집단도 의미한다. 그래서 노동자들은 'labor unions'(노동조합)을 결성하여 그들의 공동의 목적을 위해 활동한다.

그러나 엥겔스가 'labor'를 사회를 위해 헌신하는 긍정적 행위로 높게 평가하였음에도 불구하고, 노동자들은 자신의 직장을 '노동터'(places of labor)가 아닌 '일터'(workplaces)라고 부르며, '일하러 간다'(go to work)라고 표현한다. 이와 같이 사람들은 집합적이고 육체적인 일(labor)보다는 개인적이고 비육체적인 일(work)을 더 바람직하게 생각하고 있다.

3) Job

'job'은 한 개인이 보수를 받기위해 행하는 한정된 양의 활동 즉 업무를 의미한다. 14세기에 'job'이라는 단어가 '덩어리' 혹은 '조각'과 같은 양을 의미하는 단어였다는 점에서 주로 그 행위는 보수와 관련되어 있을 뿐 행위와 대상간의 연관성은 없어 보인다. 따라서 업무라는 의미의 'job'은 보수를 받기 위한 도구적인 활동에 불과한 것이다. 그것은 'work'처럼 즐거운 자기목적적인 활동도 아니고, 'labor'처럼 사회에 기여하기 위해를 자신의 육체적 에너지를 소모하는 그런 고된 활동도 아니다. 'job'은 오직 경제적인 활동의 의미만 있을 뿐 도덕적 가치와는 무관한 단어이다. 다시 말해 오직 살아가는 데 필요한 것들 혹은 자신이 원하는 물건들을 얻기 위해 행하는 경제적인 활동이자, 구체적인 과업들로 할당되어 맡겨진 '일거리'일 뿐이다. 따라서 job은 영구적인 고용이 아니라, 일시적으로 일을 의뢰받는 것 혹은 잠시 고용되는 것을 의미한다.

실직한 사람일지라도 집에서 work나 labor와 같은 의미로 충분히 일할 수 있다. 그러나 그들에게 아쉬운 점은 그런 행위가 job이 되지 못한다는 점이다. 반면 사람들에게 존경을 받는 전문가들은 그들의 job이 단순히 job으로만 여겨지길 원하지 않는다. 그들은 오히려 그들의 job이 work로 인식되길 바란다. 왜냐하면 그들은 그들의 job을 통해서 사람들에게 work 즉 좋은 일을 하고 있다고 믿고 있기 때문이다.[3]

4) 직(職)과 업(業)

우리말 '직업(職業)'이란 단어는 '직(職)'과 '업(業)'을 아울러 부르는 총칭이다. 우선 '직'이란 단어는 '관직(官職)', '취직(就職)', '공직(公職)', '직책(職責)', '직분(職分)'이라는 단어를 형성한다. 따라서 '직(職)'은 '벼슬' 혹은 '나랏일'과 관련된 단어로써 개인의 공리(功利)를 좇는 '좋은 일'로 인식되어 왔다. 한편 '업(業)'이라는 단어는 '생업(生業)', '종업(從業)', '가업(家業)', '업무(業務)', '종업원(從業員)'이라는 단어로 주로 쓰이므로, 주로 개인 및 그 가족의 생계와 관련된 '고된 일'로 간주되어 왔다. 흔히 '생활의 달인'이라 불리는 사람들은 주로 '업'에 종사하는 사람들인데, 그들은 그들의 '업'을 자식에게 물려주고 싶어 하지 않는다. 오히려 그들은 그들의 자식들이 '직'을 가지길 원한다.

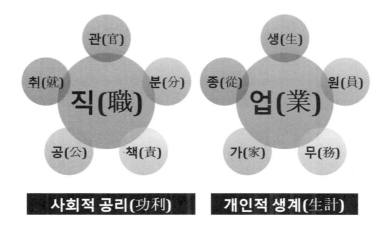

옛 중국의 문헌도 그러한 사실을 보여주고 있다. 중국 고대 주나라의 모습을 알려주는 『서경』의 「주관」편에서는 '나랏일을 보는 육경(六卿)으로 그 직(職)을 나누어, 각각 그 분야를 전담한다'라는 구절이 있는데, 여기에서 '직'은 나랏일을 맡아 행하는 일이었음을 알 수 있다. 그리고 춘추시대의 모습을 알려주는 역사서 『국어』, 「주상」편에서는 '서인, 공인, 상인은 각각 그 업에 종사해야 한다'라고 하여, '업'이 귀족이 아닌 평민들에게 각각 그 신분에 맞게 '부여되어야 한다.'고 하고 있다. 전국시대의 서적인 『순자』「부국」에서 처음 '직업'(職業)이라는 단어가 사용되었는데, 오늘날과 같은 직업의 의미가 아니라 '직'과 '업'을 구분하는 의미로 쓰였다. 사람들이 업(業)에 종사하기보다는 공리(功利)를 추구하는 직을 좋아하였다.

이와 같이 고대 중국의 진나라 때부터 이후 전국시대까지 '직'과 '업'이 신분적 질서에 따라 구분되어 있었고, 나랏일로 개인의 공리를 세우는 일인 '직'이 개인의 생계와 관련된 '업'보다 더 좋은 일로 인식되었었다. 오늘날 직업이란 단어에도 여전히 이러한 전통적 관념이 남아있다. 그러나 오늘날 우리가 말하는 직업의 의미는 '직'과 '업'의 단순한 총칭을 넘어서 설명되고 있다. 직업의 사전적 정의는 '자기 능력에 따라 어떤 목적을 위해 전문적으로 종사하는 일'이다. 이 정의에 '전문적'이라는 단어를 사용되었다는 점에 주목하게 되는데, 과거의 '직'과 '업'에는 없는 생소한 단어이기 때문이다. 영어에서는 일반적으로 '직업'을 'occupation' 또는 'profession' 등으로 표현하는데, 후자는 'professional'한 즉 '프로다운' 면모를 그 분야에서 갖춘 직업의 경우이다. 영어 'profession'은 고등의 교육 혹은 훈련을 거치는 직업을 의미한다(requires advanced education or training). ― 과거 장인은 단순히 '숙달된 손만을 요구했다.'(requires skill with their hand) 그리고 과거 신분제 사회에서는 고등의 교육을 받을 수 있는 기회(liberty)가 아무에게나 주어지지 않았기 때문에, 이를 바로 프로와 같은 개념으로 볼 수 있는 것은 아니다.

'직업'의 의미를 지금의 실정에 맞게 나름대로 풀이해보면 "신분적 제약이 없는 오늘날 한 개인이 자신의 능력에 따라, 생계를 위한 목적이든 공리적 목적이든지 간에 전문적인 교육을 통해 종사하는 일"이다. 현대사회에서는 "직업에 귀천이 없고, 일을 전문적으로 열심히만 하면 혹은 높은 수준의 교육과 훈련을 받기만 하면 누구나 생계는 물론 사회의 존경까지 받을 수 있다."는 긍지의 의미가 담겨 있다. 다시 말해 '직업'이란 '개인이 자신의 업을 공리로 삼는다.'는 의미가 될 것이다.

이와 같이 직업의 의미가 과거와는 다른 뜻이 되었다는 것은 결국 일에도 역사가 있으며, 그 시대의 변화에 따라 일의 의미도 변한다는 말이다. 마치 오늘날 서양에서 과거 신분적 가치를 대변하던 'work'와 'labor' 용어 대신에 경제적 가치에 중점을 두는 'job'이란 단어를 사용하듯이, 동양에서도 '직(職)'과 '업(業)'이 엄격히 구분되던 신분제 사회로부터 해방되어 직업선택의 자유가 인정되고 있다. 결론적으로 이제는 바야흐로 직업의 전문성이야말로 현대 직업사회의 근간이자, 사회적 성공의 기회가 되었다.

4. 취업의 조건과 자세

앞서 여가(leisure)의 중요성을 언급했다. 여가활동을 통한 끊임없는 배움이 강조되는 까닭은 여가라는 단어가 취업을 위한 구직활동에 있어서 '인품' 혹은 '역량'과 관계가 있기 때문이다. 분명한 것은 취업의 지름길은 스펙이 아니라 바로 인품(人品)이다. 인품이야말로 취업의 성공을 좌우한다. 인품이란 말을 오늘날 기업에서는 인성(人性) 혹은 역량(力量)이란 말로 사용되고 있다. 표현은 사뭇 달라 보이지만 그 뜻은 일맥상통한다. 인품이란 사람이 지녀야 할 품격이다. 품(品)은 글자 그대로 '세 개의 다른 크기의 그릇'을 뜻한다. 사람의 그릇은 저마다 크고 작을 수는 있지만, 사람으로서 세 가지의 그릇을 반드시 갖추어야만 한다는 것이다. 그 그릇이 바로 '지인용(智仁勇)'이다. 지인용의 덕을 갖춘 자만이 바로 취업의 길에 오를 수 있다.

첫째, 지(智)는 지식을 의미하는 것으로, 무엇보다도 먼저 알아야만 한다. 기본적으로 자신의 적성을 알아야 하고 또한 자신이 선택한 회사와 직무에 대해서도 알아야 한다. 사랑은 물음으로부터 시작된다. 사랑하고픈 사람을 만나면 적어도 10가지 이상의 질문을 하게 되고, 또한 사랑한다면 상대방에 대해 최소 10가지 이상은 알고 있어야 사랑할 만하다. 하물며 자신의 행복의 장인 취업할 회사와 그 직무에 대해서는 그 이상을 알아야 한다. 오늘날 회사에서는 회사와 직무에 대해 묻지도 않고, 아는 것도 없는 애정 없는 지원자를 원하지 않는다.

둘째, 인(仁)은 사랑(愛)이다. 회사와 직무를 사랑해야 한다. 사랑은 물음으로 시작하지만, 그 진정한 표현은 바로 성실함이다. 사랑하고 싶다면 상대방이 원하는 것을 성실히 행하면 된다. 인간의 본성(本性)은 글자 그대로 살려는 마음과 낳으려는 마음을 바탕으로 하고 있기에, 인간은 살면서 사랑의 결실을 낳고 싶어 한다. 그런 까닭에 그 본성이 선(善)한 것이다. 한 예를 들면, 자격증은 바로 낳으려는 마음의 증서이다. 자격증은 직무를 사랑하고 반드시 직무가 요구하는 바를 실천할 수 있는 능력을 낳으려는 마음의 결실이다. 그래서 취업준비생이나 회사나 모두 자격증에 착안하는 것이다. 또한 사랑하는 회사와 결실을 맺어 훌륭한 성과를 낳으려는 마음이야말로 기업이 원하는 성실함이다. 그 성실함을 회사나 기업으로부터 인정받기 위해서는 회사가 요구하는 자격조건을 성실히 갖추어야만 한다.

셋째, 용기(勇氣)는 곧 지치(知恥)로서 부끄러움을 아는 것이다. 수치심은 스스로 떳떳하지 못할 때 생기는 마음이다. 그래서 양심에 부끄러운 행위를 자제하게 된다. 양심에 거리낌 없는 행위야말로 진정 용기 있는 행위이다. 자신의 과오를 인정하고 더 나은 삶을 살겠다는 의지가 바로 용기인 것이다. 용기 없는 자는 부끄러움을 모르는 자로서, 그에게는 오직 오기와 만용만이 있을 뿐이다. 나폴레옹은 용기에 대해 "죽음보다 고통을 감내하는 것이 더 많은 용기를 필요로 한다."(It requires more courage to suffer than to die.)고 하였다. 수업 시간에 졸음의 고통을 참고 수업을 듣는 학생이야말로 용맹 정진하는 자요, 친구들과 노는 즐거움을 뒤로하고 기업에서 요구하는 학업, 자격증, 공모전, 어학실력, 인턴 등등의 기본기를 충실히 갖추려고 노력하는 취업준비생이야말로 또한 용기 있는 자다. 그 과정은 고통스럽지만 그 결실은 매우 달다. 그 순간의 유혹을 이겨내지 못하고 결국 후회만하는 자는 부끄러움을 모르는 자이다. 『중용』에서도 '다른 사람이 한 번해서 능히 할 수 있다면 나는 백번을 연습하고, 다른 사람이 열 번해서 능히 할 수 있다면 나는 천 번을 연습한다(人一能之, 己百之, 人十能之, 己千之).'고 하였다. 새도 한 번 날기 위해선

백 번의 날개 짓을 하듯이, 후회가 없는 성공적인 취업을 위해선 오직 최선의 노력만이 살 길이다. 용기 있는 자가 미인을 얻듯이 용기 있는 자만이 취업에 성공한다.

오늘날 회사나 기업에서는 취업준비생들에게 역량을 요구하고 있다. 역량은 능력과 다른 것으로, 능력(能力)은 능히 감당해 낼 수 있는 힘을 뜻하지만, 역량(力量)은 어떤 일을 능히 해낼 수 있는 힘을 의미한다. 두 단어가 유사해 보이지만 그 뜻은 전혀 다르다. 최고의 IQ를 지닌 겁쟁이는 용맹스런 장군이 될 수 없다. 하지만 용맹스런 장군은 지인용(智仁勇)의 세 가지 덕목을 고루 갖추었기에, 부하들로부터 그 역량을 인정받고 존경받는다. 이와 같이 오늘날 기업에서는 수동적인 천재보다는, 능동적이고 적극적으로 기업을 이끌어 갈 수 있는 훌륭한 인품의 도덕적 인재를 요구하고 있다.

『논어』의 첫 장의 내용이 취업준비생들에게 귀감이 된다.

"배우고 때때로 익히면 또한 즐겁지 아니한가!
　學而時習之, 不亦說乎!
친구가 멀리서 오면 또한 즐겁지 않은가!
　有朋自遠方來, 不亦樂乎!
사람들이 알아주지 않아도 성내지 않는다면, 또한 군자가 아니겠는가!"
　人不知不慍 不亦君子乎!

이 구절을 취업준비생의 입장에서 재해석한다면, 자신이 희망하는 직무에 대해 항상 배우고 훈련하여 지식을 쌓으니 나날이 발전하는 내 모습에 즐거움을 느끼고, 친구들과 서로 만나 쌓은 지식을 함께 공유하니 또한 즐겁지 않은가! 나의 실력을 주변에서 아직 알아주지 않는다 하여 성내지 말고, 오히려 용기를 내어 더 열심히 실력을 쌓는다면 이 또한 진정 성공할 자가 아니겠는가!

오늘날 기업에서 요구하는 직업(profession)에 대한 의식 또한 이와 다를 바가 없다. 먼저 자신의 가능성을 실현하기 위하여 자신이 가야 할 길을 숙고하고(way), 자신의 적성과 능력을 통찰하여(insight), 부단히 배우고(education) 경험하는(training) 과정이야말로 성공적인 취업의 준비과정이라 할 것이다.

A profession is type of job
that requires *advanced education or training.*

성공적인

취업준비

- 내가 가야 할 길을 숙고하고 (Why)
- 자신의 적성과 능력을 통찰하여 (Insight)
- 경험하고 (Training)
- 배워나가는 과정 (Education)
- 이것이 바로 오늘날 기업에서 요구하는 전문가적 자질이다. (Professional)

---

1) 본서 제1장 내지 제5장의 내용은 2015년에 고운학원에서 간행된 「취업과 진로」의 내용을 수정, 보완하였다.
2) Joanne B. Ciulla, 「The Working Life」(New York : Three Rivers Press, 2000), pp. 4-11.
3) 앞의 책, pp. 28-34.

CHAPTER

02

자기분석과
자기개발 전략

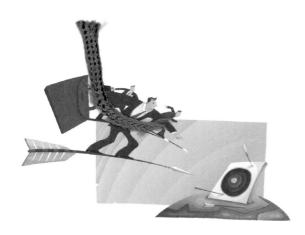

자기분석과 자기개발 전략

1. 일과 직장, 그리고 나를 다시 생각한다

변화하는 사회에서 그 누구도 나의 진로와 경로를 제시해주거나 마련해 주지 않으므로, 나 스스로 준비해 나가야 한다. 내 삶의 좌표를 정하기 위해서 내가 어떤 사람인가, 무엇을 원하는가에 대한 물음과 대답을 해보자. 취업 이전에 우선 개인의 정체성을 파악하는 것이 필요하다. 나의 적성, 흥미, 가치관, 라이프스타일, 가정에 대한 진지한 탐구와 환경(보수, 근로환경, 성장가능성, 사회적 관계)에 대한 구체적 탐색에 기반한 충실한 진로 선택이 바람직하다. 이러한 탐구 없이 남들이 하는 대로 따라하면 잘못된 선택일 수 있다는 점에 유념하여야 한다. 자신의 평생을 책임지게 되는 사람은 바로 자기 자신이다.

행복하고 성공적인 취업 준비는 "내가 하고 싶은 일을 발견하고, 나 자신의 능력과 적성에 맞는 분야를 선택하여 해당 분야에 대한 경험과 전문적인 능력을 키워나가는 실천과정"이라고 설명할 수 있다. 인기 있는 회사가 아니라 자신이 좋아하고 잘 할 수 있는 직무의 선택이 무엇보다 중요하며, 이러한 직무에 기반하여 회사를 선택해야 취업성공의 가능성도 높아진다.

이러한 관점에서 "회사가 아니라 직무에 지원하라"는 말은 차라리 진리에 가깝다. 맹목적인 스펙 쌓기가 과연 자신의 가치를 올릴 수 있는 것인지에 대해 성찰하고. 과연 글로벌 시대의 무한경쟁 속에서 기업이 진정으로 원하는 인재상이 무엇인지를 깊이 있게 고민해보자.

이러한 관점에서 "회사가 아니라 직무에 지원하라"는 말은 차라리 진리에 가깝다. 맹목적인 스펙 쌓기가 과연 자신의 가치를 올릴 수 있는 것인지에 대해 성찰하고. 과연 글로벌 시대의 무한경쟁 속에서 기업이 진정으로 원하는 인재상이 무엇인지를 깊이 있게 고민해보자.

다시 말해서, 내가 어떤 사람인지, 어떠한 인성과 적성, 능력을 가졌는지를 정확히 분석하지 못했기 때문에, 인생의 방향성을 상실하고 진출분야나 직업 목표를 설정하지 못한 채 대학생활을 보내다가, 졸업이 가까워져서 무조건 대기업에 지원하거나 혹은 아무 곳에나 '묻지마 지원'을 하는 청년들이 적지 않다. 이들의 취업 준비는 대개 좋은 학점 취득과 맹목적인 토익공부 정도에 불과하며, 회사 선택의 기준도 기껏해야 남들이 선호하는 기업이나 높은 연봉수준 등에 불과하다. 이러한 모습은 자신의 소중한 인생을 대충 살아가는 것으로서, 요즈음에는 그러한 수준의 노력으로는 취업에 성공하기도 어려운 실정이다. 설사 취업에 성공한다고 할지라도 과연 행복한 노동과 직장생활을 이어갈 수 있을지 의문이다.

무조건 회사에 입사하는 것이 능사도 아니다. 어려운 취업문을 뚫고 입사했음에도 불구하고, 중소기업, 대기업을 막론하고 상당수의 신입사원이 이직을 고려중이거나 실제로 이직하고 있다. 이직 사유는 열악한 복리후생, 조직 부적응 등 다양하지만, '업무가 적성에 맞지 않기 때문'이라는 이유도 다수이다. 즉, 우선적으로 취업하는 데에만 목표를 두었지, 취업 후 어떠한 업무를 하는 것이 본인에게 맞을지에 대해 진지한 사전 분석을 해보지 않았던 것이다. 이처럼 대학생의 절대다수가 취업준비가 잘 안 되어 있거나, "무조건 취업하고 보자!"식의 맹목적 취업준비를 하고 있는 것이 가장 큰 문제이다. 진정으로 자신의 행복을 원한다면 자신이 무엇을 원하고, 무엇을 잘 할 수 있을지를 냉정하고 객관적으로 파악해야 한다.

모든 이들의 삶이 각자 자기만의 특유한 것이듯, 진로도 각자의 고유한 경험과 선택에 기반하여 다양한 방식으로 전개될 수 있다. 다양한 방식의 취업이나 진로를 모색하기 위해서는 먼저 진로탐색을 하여야 한다. 그러나 대학생들의 취업준비 실태를 보면 진로탐색이 미비한 채, 남들과 같은 목표를 세우고 취업기법 쌓기에만 치중하고 있어서 문제이다.

한국고용정보원의 조사에 의하면 대학들의 취업준비생 중 아직 구체적인 취업목표가 없는 학생이 30% 정도이고, 그 주된 이유는 자신의 적성이 무엇인지 몰라서 그렇다고 한다. 내가 무엇을 좋아하는지 알아보거나, 무엇을 잘할 수 있는지 개발하지 않고 무작정 취업스펙 쌓기에만 몰두하고 있는 것이다.

실제로, 대학 취업 준비생들의 대부분은 대기업이나 공공기관에 취업하기를 원한다. 대학 취업준비생들이 원하는 일자리의 종류를 보면, 공공기관 일자리가 37.5%로 가장 높고,

대기업 역시 34.7%이다. 70% 이상의 학생들이 공공기관이나 대기업에의 취업을 목표로 하고 있다는 얘기다. 반면, 중소기업 취업을 고려하고 있는 사람은 20%에 조금 못 미친다.

그런데 각종 대졸자 취업 실태 통계에 의하면, 대기업 등 소위 '선망받는 직장'에 취업하는 비중은 30% 내외에 불과하다. 그래도 취업준비생들 대부분의 희망은 그러한 직장들이다. 물론, 누구나 좋은 기업에 취업하는 것을 희망하지만, 그러한 목표들이 막연하고 현실에 대한 인식과 정보가 부족한 채 설정되고 있다는 점에 문제가 있다.

2. 자기분석의 방법과 훈련

1) 자기분석의 기본적 방법과 실제

자기분석이란? 과거의 경험을 반추하면서 자신의 정체성과 적성, 능력을 파악하고 앞으로의 인생 설계와 직업 계획, 비전을 설정하는 자기탐구 과정이라고 할 수 있다. 내가 나를 알아야 지원회사에 내가 어떠한 사람인지 자신 있게 말할 수 있다. "나는 누구인가, 나는 어떠한 삶을 원하는가, 내 인생의 가치는 무엇에 두고 있는가, 진짜 행복한 삶은 무엇인가" 등에 대한 질문과 자신의 경험에 대한 의미 부여를 통해 일관된 삶의 목표와 방향을 설정하는 것이 무엇보다도 우선 필요한 과정이라고 할 수 있다.

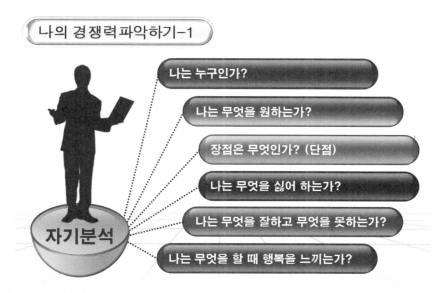

사이버진로교육센터 www.cyber-edu.keis.or.kr/

'나를 알 수 있는 기회'는 조금만 주의를 기울여보면 우리의 일상 및 대학생활에서 쉽게 발견할 수 있다. 예컨대 다음과 같은 자기질문을 통해서도, 나의 적성 및 역량을 파악하는 단서를 발견할 수 있다.

☐ 1차 질문 : 학업 평가

① 어떤 과목을 가장 좋아했는가? 그 이유는?

② 어떤 과목을 가장 싫어했는가? 그 이유는?

③ 어떤 과목의 성적이 가장 좋았는가? 그 이유는?

④ 어떤 과목의 성적이 나빴는가? 그 이유는?

이러한 질문들을 통해서 내가 잘 할 수 있는 일, 그리고 하고 싶은 일이 무엇인지를 발견하는 단서를 발견할 수도 있다. 다음의 질문을 이어보자.

☐ 2차 질문 : 경력 평가

① 가장 좋아했던 일과 그 이유는?

② 가장 싫어했던 일과 그 이유는?

③ 그 동안 했던 일 가운데, 돈을 받지 못하더라도 하고 싶은 일은?

④ 진심으로 도전해보고 싶고 나의 발전에 도움이 될 것이라고 생각되는 일은?

이처럼 자기분석에 반드시 복잡한 절차와 작업이 필요한 것도 아니다. 중요한 것은 자신의 흥미, 적성, 가치관, 그리고 역량을 파악하기 위한 노력을 계속 전개하는 것이 필요하다. 나아가 평소 지속적인 자기성찰과 훈련을 통해, 자기를 객관화하고 잘 표현하려 노력하여야 한다. 그러므로 평소에 자기 자신에 대해 잘 파악하고, 자기발전을 위해 고민하며, 책도 많이 읽고 깊이 생각하고 많이 느껴봐야 한다.

이러한 실천을 통하여 건전한 인생관, 직업관, 가치관, 그리고 세계관을 정립한 사람의 자기소개서에서는 인사담당자들을 끄는 매력이 담기게 된다. 진지한 자기성찰과 인생 목표의 설정을 거쳐 직무역량과 인성역량을 형성해가는 것이 취업준비이자 훌륭한 인생의 시작이며, 그러한 노력이 담겨진 자기소개서가 바람직한 것이다.

결국 취업이란 그러한 노력을 통하여 형성된 자신의 매력을 면접관(인사담당자)에게 최대한 전달하는 것이다. 이를 위해서는 먼저 자신과의 대화가 필수적이고, 자기 자신을 객관적으로 분석할 수 있어야 한다. 평소에 다음과 같은 기본적인 항목에 대해 정리, 기록해 놓도록 하자.

■ 나와의 인터뷰

아래의 질문지들은 자기분석 뿐 아니라 자기소개서 작성의 기본적인 재료가 되고, 면접을 위한 대비로서도 활용되는 질문들이다. 3개월, 6개월 단위로 기록지를 다시 작성해 읽어보고, 자기 능력 및 인성의 변화를 체크하며 기록 내용들을 업그레이드 하도록 하자. 취업의 성공을 위한 중요한 재료가 될 것이다.

① 성격 및 장단점
  - 나의 성격의 특징과 그것이 나타난 최근의 일을 3가지 이상 서술해보라.
  - 내가 잘 할 수 있는 일 3가지를 정리해보라.
  - 내가 하고 싶은 일 3가지를 기록해보라.
  - 특기와 취미는 무엇인가? (취미는 전문가 수준은 아니지만 즐기며 좋아하는 일이고, 특기는 남이 가지고 있지 않은 특별한 재능이다.)
  - 나의 장점 5가지와 그 근거(이유)를 제시해보라.
  - 의 단점 5가지와 그 근거(이유)를 제시해보라.
② 경험 내지 경력
  - 일을 성공적으로 이루어 낸 적이 있는가? 구체적으로 설명해보라.
  - 성공한 경험 후에 달라진 점은 무엇인가? 구체적으로 설명해보라.
  - 일을 완수하는데 실패한 적이 있는가? 구체적으로 설명해보라.
  - 실수(실패)를 극복하기 위해 어떤 노력을 수행했는가?
  - 동아리에서 어떤 역할과 활동을 하였으며, 어떠한 성과를 달성했는가?
  - 아르바이트에서 수행한 구체적인 업무의 내용과 그로부터 얻은 교훈은 무엇인가?
  - 직업 선택 시에 고려하는 가장 중요한 요소와 그 이유는?
  - 대학 때 꼭 하고 싶었던 일과 그 이유 및 성취도는?
  - 입사한 후에 꼭 하고 싶은 일과 그 이유, 그를 위한 준비 상태는?
  - 5년 뒤에 무슨 일을 하고 싶은가?
③ 생활
  - 내 인생에서 가장 행복하고 즐거웠던 시기는 언제였는가? 그 이유는?
  - 내 인생에서 가장 힘들고 괴로웠던 시기는 언제였는가? 그 이유는?
  - 가장 큰 난관은 무엇이었으며 어떻게 극복했는가? 얻은 교훈은 무엇인가?

- 가장 인상이 남는 여행 장소와 그 이유는?
- 최근 가장 큰 관심 분야는?
- 최근 가장 감명 깊게 읽은 책과 그 이유는?
- 가장 존경하는 사람과 그 이유는?
- 어떤 스타일을 좋아하고 어떤 스타일을 싫어하는가?
- 자서전을 출판한다면 자신의 프로필을 간략히 작성해보라.
- 10년 후 나의 모습은 어떠할까?

자기분석의 제1단계는 자신의 성격 및 인성을 파악하는 가장 기초적인 작업이다. 자기분석 제2단계는 제1단계에 기반하여, 자신의 적성과 능력을 냉정하게 파악하는 과정이다. 이는 자연스럽게 자신이 좋아하는 일, 잘 할 수 있는 일로 이어지게 된다.

■ 자기개발을 위한 자기 최면을 활용하자!

특히 자신감이 부족하거나 열등감이 있는 학생들을 위하여 자기최면 기법을 제안한다. 자기최면이 일종의 자기암시로서 현재 자신의 한계를 극복해 나갈 수 있는 심리적인 원동력을 제공할 수 있다. 만약 자신이 고등학교 때 공부를 열심히 하지 않았거나 혹은 자신의 능력에 회의를 느끼고 있다면, 그런 자신의 모습을 극복한 미래의 모습을 상상하면서 끊임없이 자기 능력 개발에 매진하도록 해보자. 예컨대, 좋아하는 음악을 듣거나 혹은 조용한 자기성찰의 시간을 통해서 "나야말로 괜찮은 사람"이라고 끊임없이 스스로 세뇌하며, 새로운 자기 개념과 자기 이미지를 내면에 형성해보는 것이다. 자신감이 부족한 마인드에서는 소극적인 행동과 비관주의만 양산되고, 악순환이 계속될 뿐이다. 반대로, 자신감이 충만할 경우에는 적극적인 행동과 도전정신이 발산된다.

이러한 논리를 활용해보는 것도 좋다. "비록 지금은 부족하지만, 나는 무한한 발전가능성을 갖고 있으며, 그 누구와 경쟁을 하더라도 마침내 승리할 수 있다"는 자기암시를 활용해보자. 즉 내가 원하는 직무에 대한 열정과 실천을 통하여, 자기 분야에서 최고가 될 수 있다는 자신감을 갖는 것이다. 새로운 자기 이미지가 실제 생활에서의 마인드와 태도를 변화시킬 수 있다는 과학적인 실험보고서도 나와 있다.

자신에 대한 생각이 바뀌면 행동이 바뀌고, 행동이 바뀌면 습관이 바뀌며, 습관이 바뀌면 얼굴도 바뀌고 마침내 인생이 바뀐다는 것을 잊지 말자. 무기력, 패배의식, 게으름, 게임중독, 그리고 향락 등을 극복하고 도전정신과 패기를 잃지 않으며, 부단히 반성하고 노력한다면 그에 부합된 에너지가 발산되고 여러분은 마침내 행복한 인생을 살아가고 있는 자신을 발견할 수 있을 것이다.

2) 진로설계를 위한 대상분석의 실제

어느 정도 자기분석을 했다면 이제 내가 지원하려는 직무 및 회사에 대한 분석을 면밀하게 해보기로 하자. 대상분석 중에서 가장 중요한 것은 직무에 대한 분석이다. 직무분석의 중요성은 아무리 강조해도 지나치지 않다. 어떠한 직업에 취업을 목표로 하든 해당 직업에 관한 job description(직무설명서)을 잘 읽어보는 것이 필요하다. 예컨대 새로 산 전자제품의 제품 매뉴얼을 읽어보지 않는다면, 비록 어느 정도는 조작할 수 있다고 할지라도 그 제품을 사용하면서 시행착오를 겪거나 돌이키지 못할 치명적인 관리 실수를 할 수 있다. 하물며 직무가 요구하는 인간형과 능력을 완벽하게 이해하지 못한다면, 서류전형이나 면접에서 자신을 충분히 어필하고 점수를 딸 수 있는 기회를 놓칠 가능성이 높다. 주어진 업무의 역할과 그에 관한 자격요건을 충분히 알아야, 그 업무에 대해 자신의 어떤 점이 맞고 자신이 강점이 있는지를 이해하고 취업서류 작성에서든 면접에서든 어필할 수 있다. 특히 최근처럼 취업경쟁률이 높은 상황에서는 자기 자신을 부각시킬 수 있는 전략으로서, 완벽한 직무분석이 필수적이다. 기본적으로 다음과 같은 질문에 완벽하게 대답할 수 있도록 철저히 정보를 수집하고 종합적으로 분석해보자.

(1) 직무분석

내가 할 일의 구체적인 내용과 일이 요구하는 적성과 능력, 기술, 직무와 관련된 자기개발, 그리고 비전 등을 분석하는 것이 직무분석의 핵심이다. 다음과 같은 질문에 완벽하게 대비하도록 하자.

"지원 회사 및 직무분야의 특징은 무엇인가?"

"일을 하기 위해 요구되는 능력이나, 필요한 자격증은 무엇인가?"

"내가 맡게 될 업무의 구체적인 내용은 무엇인가?"

"내가 맡게 될 업무가 요구하는 인성과 역량은 무엇인가?"

"내가 맡게 될 업무에 따른 책임은 무엇인가?"

"내가 지원한 직무의 비전은 어떠한가?"

"동종 업계의 연봉은 어느 정도인가?"

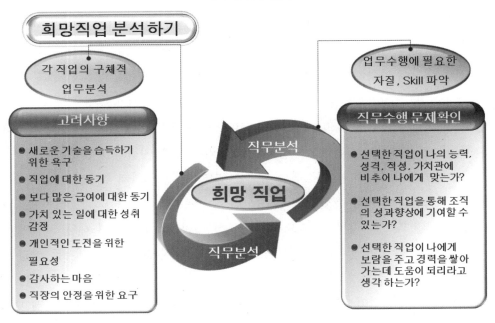

사이버진로교육센터 www.cyber-edu.keis.or.kr/, 취업길라잡이 1장.

　이상의 대상분석을 기반으로 자신의 적성과 전공 등에 부합하는 직업은 어떠한 것들일까? 우선순위를 정하여 체계적으로 정리해보자. 자신이 원하는 직업들을 찾아보기로 하는데, 특정한 직업으로 한정하고서 찾기보다는 자신이 모르던 다양한 직업들도 살펴보며, 개방된 자세로 선택을 폭을 넓게 잡는 것이 바람직하다. 자신이 여태 알고 있는 직업은 극히 제한적일 가능성 많기 때문이다. 제한적으로 탐색하게 되면, 좋은 선택의 새로운 기회를 놓치는 실수를 범하기 쉽다.

　직업을 정하였으면 그 직업이 하는 일을 구체적으로 살펴보자. 직무를 보게 되면, 보다 구체적으로 자신이 원하는 직업인지 여부를 알 수 있을 것이다. 자신이 좋아하는 일을 하자면 그 직무에서 요구되는 교육훈련의 수준과 필요한 자격을 숙지하여야 한다. 직무를 보면 자신이 선택한 직업이 자신의 전공과 어느 정도 일치하는지 파악할 수 있고, 필요한 능력을 기르기 위해 어떻게 준비를 하여야 하는지 생각해 봐야 한다. 아울러 그 직업이 필요로 하는 교육훈련의 수준과 자격을 취득하기 위하여, 어떤 노력을 하여야 하는지를 다양한 통로를 통해 탐색을 확대해 나가야 한다.

(2) 회사분석

자기분석을 하고난 이후에는, 이제 지원하는 회사에 대한 사전 지식을 충분히 가지고 자기소개서 작성에 임해야 한다. 이 과정은 추후 면접대비에도 유용하게 활용된다. 기본적으로 회사의 발전가능성, 기업의 인재형 및 가치 기준, 시장경쟁력, 매출액, 그리고 관련 주요 산업동향 등을 파악해야 한다. 보다 구체적으로 깊이 있는 정보를 수집한다면 다른 지원자들과의 차별성을 부각시킬 수 있다. 예컨대, 회사 규모(매출액, 이익률, 시장점유율, 직원 수), 수익모델과 비전, 주력제품 및 시장 규모, 경쟁기업과의 관계, 업종별 계열회사의 수, 신규 개발품에 대한 기획 여부, 경영이념 및 직장문화, 임금수준, 복지 및 휴직제도, 그리고 이직률 등을 철저하게 조사하고 분석해서 자기소개서 작성의 참고자료로 활용한다.

사실, 회사는 지원자들을 (일단 지원하고 보자식) '묻지마 지원자'로 인식하는 경향이 있다. 비슷한 자기소개서를 가지고 수십 곳의 회사에 지원하는 취업준비생으로 인식할지도 모른다. 그러므로 만약 지원자가 업계의 동향, 주요 경쟁회사와의 관계, 회사 및 업계의 핵심과제와 문제점, 그리고 개선방향 등을 명료하게 정리하고 있다면, 다른 지원자에 비해 한번 더 주목하게 될 것이다. 회사분석을 위해서는 인터넷을 검색하거나, 취업 스터디그룹에 가입하여 목표 기업(업종)에 취업한 선배 혹은 지원 직무 관련 종사자들과 인맥을 쌓는 등의 적극적인 노력이 필요하다. 특히 지원회사가 추구하는 핵심가치 및 핵심 인재상을 잘 파악하는 것이 중요하다.

■ 핵심가치와 채용의 관계

기업의 핵심가치는 기업문화에서 종종 공유가치와 같은 의미로 사용되고 있는데, 핵심가치가 반드시 구성원 전체에 의하여 공유되어야 하기 때문이다. 즉, 기업의 핵심가치는 일종의 일관된 조직문화이자 사업목표를 달성하는 전략이라고 볼 수 있다. 애플의 스티브 잡스가 가장 즐겨 쓰던 말이 "Think Different(다르게 생각하라)"인 것은 바로 이런 전략적 지향성을 나타내는 것이다. 애플은 직원을 채용할 때 무엇보다도 '창의력과 도전'을 가장 중요한 인재 역량으로 평가할 것이다. 그러므로 자신이 지원하려는 회사의 핵심가치를 잘 이해하고, 분석하여 자신이 가진 인성 및 직무역량이 어떤 회사의 핵심가치와 부합하는지를 제대로 판단하는 것도 취업의 성공가능성을 높이는 방법이다. 보통 중견기업 이상의 경우에는 일반적으로 기업 홈페이지에 핵심가치와 인재상을 제시한다. 이러한 핵심가치에 따라 자기소개서에 대한 평가기준과 면접의 내용 및 방식이 달라질 수 있다. 만약 '고객과의 소통'이 제일의 핵심가치인 회사에 지원하고자 한다면, 특별히 그러한 가치와 연관된 자신의 경험이나 역량을 부각시켜 자기소개서를 작성하고 면접에 대비하는 것이 유리하다. '글로벌 도전정신'을 핵심가치로 내세우는 기업에 대해서는, 다양한 문화에 대한 이해 및 적응능력, 해외연수 경험 및 어학능력 등의 역량을 가진 지원자가 유리할 수 있다. 이러한 핵심가치는 국내외의 경제상황 및 기업의 경영환경의 변화에 따라 달라질 수 있다.

(3) 환경분석

자신이 지원하는 직무 및 회사를 둘러싼 사회적 · 경제적 배경에 대해서까지 잘 이해한다면, 당신은 '준비된 준전문가' 수준의 높은 경쟁력을 인정받을 수 있을 것이다. 이를 위해서는 자기의 관심 분야 및 희망 직무와 관련된 시사적인 이슈에 특별히 관심을 가지고, 꾸준히 관련 정보를 수집하여야 한다. 예컨대, 향후 국제경제의 변수가 어떻게 한국 경제에 영향을 미치고, 지원자의 희망 직무 및 회사에 영향을 미칠 위기가 닥칠 가능성이 높다면 그것을 어떻게 극복할 수 있을지를 분석하고, 이를 도리어 발전의 기회로 활용하기 위하여 어떻게 적극적으로 대처할 것인지를 자기소개서에서 압축적으로 명료하게 담아낼수 있다면, 분명 인사담당자들의 눈이 번쩍 뜨이게 만들 것이다. 기업은 비즈니스와 이윤창출이 목적이며, 이윤창출은 국내외의 정치 · 경제 및 시사적 동향과 밀접한 연관을 맺고있기 때문이다.

또한 지원하는 직무 및 업종과 관련된 기술의 발전과 그 한계도 이해하고 있어야 한다. 예컨대, 정보통신 분야에 지원할 경우 특히 전산실이나 네트워크 보안직무에 지원한다면, 얼마 전 발생한 모 금융기관 전산망 해킹의 원인 분석과 대응방안 등과 관련된 자신의 적성과 능력, 포부를 제시하면 상당히 높은 가산점을 받을 수 있을 것이다. 또한, 약학과 출신 지원자들 중에서만 신입사원을 채용하는 제약회사 연구소에서 몇 년 전 생물학과 출신 여학생이 합격한 사례가 있었다. 그 이유는 의약산업 동향과 지원회사의 신약개발과 관련된 기술관련 지식에 해박했기 때문이며, 실제로 그런 기술능력을 어느 정도 보유하고 있었기 때문이었다. 이처럼 지원자가 지원한 분야에서 프로정신을 가지고 전문가로 성장할수 있는 열정과 가능성을 부각시켜야 한다. 그러나 이러한 문제의식과 감각이 하루아침에 완성되는 것이 아니고, 꾸준한 관심과 노력 끝에 형성되는 것이다. 특히 면접에서의 질문에 대한 대답과 토론을 위한 준비는 꽤 오랫동안 준비해야 한다. 이러한 환경분석의 내용은 크게 다음과 같이 구분할 수 있다.

① 채용시장의 동향 및 취업 트랜드의 특징과 변화 분석

② 지원한 직무관련 기술의 변화 및 업종 시장의 추이와 전망 분석

③ 국내외 경제상황, 업종 관련 사회적 이슈의 숙지

그리고 이러한 환경분석은 자기소개서의 작성 및 면접에 직접적으로 활용되는 것은 아니지만, 심층적인 자기소개서 작성 및 면접에 있어서 지원자의 능력을 돋보이게 할 수 있다.

지금까지의 내용들은 자기분석과 대상분석, 환경분석의 결합이라는 형식으로 아래와 같이 정리할 수 있다.

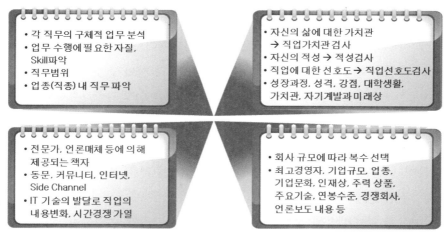

참고자료 : 남경현, 노동부 청년캠프 진행자 교육 교재, 엘리트코리아, 2008.

3. 자기분석의 확장과 성공적인 취업전략

지금까지의 내용을 토대로 하여, 자신만의 목표와 상황에 맞는 취업전략을 수립하는 방법을 고려해보자. 취업전략은 여러분이 추구하려는 미션과 비전에 따라 설정하여야 하며, 그 누구도 여러분을 대신하여 그 전략을 만들어 주지 못한다.

1) 자기분석에 기반한 나만의 취업전략

• 1단계 : 인생의 비전이나 목표를 정한다. 아무리 해도 실증이 나지 않고 지치지 않으

며, 항상 재미를 느끼고 무한한 창의력이 나오는 것으로 정하는 것이 바람직하다.

- 2단계 : 그것을 달성하기 위한 자신의 진로를 선택하고, 직종을 찾는다. 가능하면 재능과 적성에 맞고, 자신이 가장 좋아하거나 잘 할 수 있는 것으로 찾고, 당장 인기가 없는 것처럼 보이는 직종이나 분야라도 자신에게 맞는다면 선택을 결정할만하다.

- 3단계 : 적합하다고 생각되는 취업희망 회사를 찾는다. 회사의 명성이나 규모만 보지 말고, 비즈니스 측면에서 어떤 일을 수행하는지를 살피고, 그런 일이나 분야가 자신의 목표에 잘 부합될 수 있는지를 분석해라. 희망회사는 처음에 많이 검색을 해 놓았다가 취업 시즌이 다가올수록 소수의 몇 개 정도로 정하고, 만약 자신이 원하는 회사가 오직 하나라면 거기에 올인 할 수도 있다.

- 4단계 : 희망회사가 추구하는 비전과 가치는 물론, 요구하는 인재상이나 일하는 방식에 대해 연구하고 분석해라. 홈페이지에 대부분 관련 정보가 있고, 되도록이면 당해 회사에 근무하는 사람을 만나 이야기를 나누고 가이드를 받으며 정보를 모아라.

- 5단계 : 자신의 현실 수준과 희망회사의 요구사항의 차이가 무엇인지를 구체적이고 객관적으로 파악해라. 이 때 경험자나 전문가의 도움을 받아라. 혼자서 비교평가를 하면, 항상 자신의 수준이나 능력을 과대평가하기 쉽다.

- 6단계 : 이렇게 파악된 것과 현실의 격차가 바로 여러분이 해결하거나 준비해야 하는 장애물이나 난관이다. 각각에 대해 어느 정도 수준과 내용이 필요한지 정해라.

- 7단계 : 취업지원 시기를 기준으로 일정을, 그리고 현재 가지고 있는 자원을 고려하여 가장 적합한 준비방법을 정한다. 말하자면 취업을 위한 취업준비 전략이다.

2) 대상분석 및 희망회사 준비 전략

성공가능성이 높은 전략을 세우려면 우선 충분한 자원이 필요하고 시간적인 여유도 있어야 하며, 분명한 비전과 진로를 설정하여야 한다. 따라서 취업준비는 대학 저학년 때부터 미리 위와 같은 체계적 방식으로 할수록 유리하다. 그런데 전략만 잘 수립했다고 취업성공이 보장되는 것은 결코 아니다. 중요한 것은 전략을 반드시 실천하여 목표한 수준의 실력을 갖추어야 한다는 점이다. 앞의 전략 수립 과정을 제대로 이해했다면, 향후 전략을 수정해야 될 상황에 맞닥뜨려도 스스로 잘 해낼 수 있을 것이다.

인생의 비전과 목표를 위한 큰 그림의 전략을 수립했다면, 이제 그 다음단계인 지원희망 회사에의 취업을 목표로 세부적인 전략을 수립한다. 회사의 홈페이지에 '회사소개'메뉴가 있어서, 그 회사가 추구하는 가치, 비전, 미션, 행동원칙 등을 살펴볼 수 있다. 회사마다 그 내용이 다르고 또 이해하기 어려운 표현들도 사용하므로, 세심하고 꼼꼼하게 읽어보고 회사의 인재상을 정확하게 파악하도록 한다. 희망회사 취업준비 전략은 다음과 같다.

1단계 : 지원하는 회사가 선호하는 채용 방식과 인재상을 이해하라.

2단계 : 자신의 경험이나 장점이 회사의 요구와 어떻게 일치하는 지를 보여라.

3단계 : 왜 자신이 그 회사에 적합한 인재인지 당위성과 관련된 경험을 알려라.

4단계 : 그 회사 입사를 위해 무엇을 어떻게 준비했는지, 스토리텔링 방식을 활용하여 구체적으로 전하라.

5단계 : 자신의 입사 포부와 향후 계획을 구체적으로 설명하라.

6단계 : 자신에 대한 다른 사람들의 객관적인 평가나 의견을 인용하라.

7단계 : 장기적인 관점에서 치밀하게 계획하고 준비하라.

■ 대상분석을 위한 인터넷 사이트 및 기관 활용 방법

• 워크넷 www.work.go.kr

워크넷은 고용노동부와 한국고용정보원이 제공하는 무료 일자리 포털사이트로서, 우리나라에서 가장 많은 일자리가 탑재된 것이다. 회원가입을 하면 온라인에 있는 다양한 무료서비스를 마음껏 이용할 수 있다. 한 해에 워크넷을 통해 보통 90만 명 이상이 취업을 하고 있다. 이곳에서 적합한 일자리를 찾아볼 수 있고, 무료 직업심리검사, 직업동영상, 이력서나 자기소개서 준비할 때 필요한 정보 등을 얻을 수도 있다. 그리고 워크넷 일자리정보를 클릭하면 사람을 뽑으려고 하는 회사의 정보가 분석되어 올라온다. 홈페이지가 없거나 홈페이지에서 보여주지 않는 사실정보들에 대해서도 워크넷을 활용하면 무료로 기업정보를 개관할 수 있다. 워크넷에서 일자리 정보를 검색하고, 채용정보 옆쪽의 회사정보를 클릭하면 [KED 기업정보]와 [코참비즈 기업정보]를 바로 확인할 수 있다. 해당 기업들의 사업장 정보와 상품정보 및 재무정보까지 한눈에 볼 수 있다. 이러한 정보들을 통해 해당 기업이 주로 어떠한 일을 하고 있는지 얼마나 건실한 기업이며 어떤 인적구성으로 이루어져 있는지 등에 대해 파악할 수 있다. 여러분의 취업 준비에 대단히 유익하고, 가장 신뢰할 수 있는 사이트이다.

• 잡영 jobyoung.work.go.kr

잡영은 특별히 청년 구직자에 대한 일자리 정보와 특히 중소기업 지원자에게 유익한 사이트이다. 이 사이트에 들어가면 기업에 대해 유형별로 보다 명확하게 분류해서 열람할 수 있다.

이것은 청년층을 위해 만들어진 사이트로서, 중소기업청에서 인증받은 우수 중소기업의 데이터베이스가 올라가 있다. 더욱이 상장 여부나 기업형태 등 다양한 유형별로 기업을 별도로 분류하여 찾아볼 수도 있다. 이곳에서 우리 지역의 중소기업 또는 내가 원하는 산업업종의 중소기업을 찾아보고, 그 중소기업의 분석보고서를 살펴보며, 채용정보를 검색한 다음에 회사정보의 내용과 더불어 우수 중소기업 분석보고서를 확인하는 방법도 알아보자. 그 기업의 주력 상품이나 서비스가 무엇인지, 성장하고 있는 기업인지 여부, 재무상황 등은 얼마나 탄탄한지 등을 살펴볼 수 있는 장점이 있다.

• 커리어넷 www.career.go.kr
교육부가 제공하는 진로심리검사, 진로상담, 주니어 직업정보 등의 서비스를 제공하는 진로정보망으로서, 이력서 및 자기소개서 작성 지도 등도 해주고 있다.

4. 지금 당장 시작할 수 있는 자기개발의 실천들

여러분들이 진정으로 원하는 회사에 취업하고 싶고, 그 곳에서 원하는 일을 하고 싶다면 이를 위해 할 수 있는 만반의 준비를 하는 것이 필요하다. 일반적으로 전공학점 관리, 영어 공부, 어학연수 등 자기개발, 기타 부전공 공부 등 취업을 위해 할 수 있는 제반 준비와 경험을 하여야 한다. 그리고 그러한 노력은 인성의 발전, 직무역량의 증대, 그리고 직무와 관련된 경험과 밀접한 관련이 있는 것으로 하여야 한다. 자기가 하고 싶은 일과 관련된 자격증 혹은 공모전에 도전하고, 아르바이트를 하더라도 가급적 직무와 연관성이 있는 아르바이트를 선택해야 한다. 자신이 진출하고 싶은 직무분야의 전문가가 되기 위해서 정말로 치열한 노력을 경주해 왔다는 것을 보이고, 그것을 위한 자신의 끈기와 인내, 성실성을 표현하며, 그리고 잘 준비된 자의 눈빛과 열정·애착에 기반한 자신감이 자연스럽게 우러나오고 전달되도록 자신을 '가꾸어' 나가야 한다.[1] 여기서는 이미 잘 알고 있는 학벌, 학점 등의 사항은 제외하고, 자격증, 공모전, 인턴, 영어 등 외국어(교환학생, 해외어학연수), 봉사활동, 아르바이트, 그리고 취업박람회 참여 등에 대하여 살펴본다.

1) 자격증

(1) 자격증의 존재 이유

전공 및 희망 직무와 관련된 자격증 취득은 취업에 거의 필수적이다. 자격증이 당장 실무에 도움이 된다기보다는, 자격증을 취득하기 위한 학생의 끈기와 인내, 그리고 성실성이 평가되는 측면이 있음을 간과해서는 안 된다. 그러므로 자격증 만능주의적 사고는 위험하며, 지나친 백화점식 자격증 취득으로는 오히려 불이익을 받을 수 있다. 왜냐하면 취업에 대한 자신감 부족을 역으로 자격증으로 벌충하려는 것으로 비춰질 수가 있고, 진취적이고 개성 있는 사고의 부족으로도 인식될 수 있기 때문이다. 한 예로, 4년제 명문대 남학생의 경우, 비서자격증을 포함하여 자격증 12개를 취득했지만, 면접에서는 항상 탈락하였다. 무조건 많은 자격증 보다는 오히려 원하는 직무에 필수적이고 적합한 자격증을 공략하는 것이 현명하다. 취득하기 어렵거나 희소성 있는 자격증 하나가 운전면허증 수준의 10개 자격증보다 낫다. 또한 그런 자격증을 취득하거나 준비했다는 것 자체가 직무에 대한 지식과 열정이 있는 것으로서 호소력을 가진다. 아울러 단순히 이러저러한 기술자격증 취득을 과시하기 보다는 자격증 공부를 통한 직무관련 심층적인 분석과 그에 근거한 비전을 제시하는 것이 훨씬 인상적이다. 예를 들어, 현재 이런저런 자격증이 있는데, 앞으로 이러저러한 고난도의 자격증을 더 공부해서 직무능력의 향상과 회사 발전에 기여하겠다라는 식이다.

■ 취득한 자격증이 없다면?

자격증이 전혀 없는 당신에게, 면접관이 질문한다. "직무관련 자격증이 없는데 업무를 잘 해낼 수 있을까요?" 일종의 압박성 질문이다. 자격증이 없다는 부정적인 시선을 긍정적으로 전환시킬 수 있는 내용의 답변을 해야 한다. 자격증 없이도 업무를 수행하는데 전혀 문제가 없다는 신뢰감을 주어야 한다. 자격증 외에 다른 어떤 부분에 강점이 있는지, 자격증을 취득하지는 못했지만 준비하는 과정에서 어떠한 노력을 했고 그로 인한 소득과 교훈이 있었다는 것을 자신의 지원분야와 연계해 구체적이고 사실적으로 전달해야 한다.

---

2) 공모전 – 취업에 날개를 단다.

학벌이나 학점, 영어 점수 등과 같은 스펙보다 직무에 대한 관심과 열정을 높게 평가하는 최근의 채용 트랜드 변화에서 가장 중요한 항목 중 하나가 되고 있다. 공모전은 주로 건축, 디자인, 그리고 광고 계통에 많이 있지만, 최근에는 마케팅 분야 등 거의 전 직무분야에서 개최되고 있다. 자신이 원하는 직무와 연관된 공모전 혹은 지원회사에서 주최한 공모전에 입사하게 된다면, 사실상 다른 지원자들보다 훨씬 유리한 입장에 서게 된다. 회사에서 부여하는 공식적인 가산점 취득 뿐 아니라, 면접에서 절대적으로 유리하게 작용한다. 예를 들어, 정보통신 관련 업무에서 일하고 싶다면, 이동통신업체가 주최하는 각종 공모전에 도전해보라. 또한 공모전은 개인보다는 팀별로 도전하는 것이 입상에 유리하다. 공모전은 단순히 수상 사실 외에도, 공모전을 준비하면서 기업이 요구하는 기획, 연구논문 작성 능력 등의 실무능력을 자연스럽게 키울 수 있다. 강조하고 싶은 것은, 공모전의 입상 결과 보다는 그 준비과정에서 무엇을 얻었는가, 노력의 한계와 극복방안, 조직에서 발생한 갈등 및 그 극복 경험, 공모전 준비과정에서의 자신의 기여 등을 기재하고, 자신의 가치를 입증하는데 활용하도록 하자.

3) 인턴십

인턴십 역시 취업 경쟁력에 있어서 가장 중요한 것 중 하나이다. 최근의 채용 트랜드는 실무경험을 갖춘 학생을 선호한다. 면접 중 인턴경험을 가진 지원자가 있다면, 그 학생에게 많은 질문들이 집중되는 것이 현실이다. 그래서 '숲턴'이라고 불리기도 한다. 인턴경험이 있는 학생에게는 인턴경험을 하면서 배운 지식이나 조직생활에 대한 느낌 등 심층적인 질문이 주어진다. 막연히 대학에서 배운 피상적이고 추상적인 지식 혹은 그 분야의 단편적인 기술이나 자격증이 아니라, 그 기술이 언제 어떻게 사용되는지를 이해하고 적용하는 능력이야말로 최근 기업이 가장 선호하는 인재의 구비조건이다. 이는 일종의 현장지식이자 스펙만으로는 얻을 수 없는 현장노하우를 알고 있다고 할 수 있기 때문이다. 그러므로 학과 추천을 통해서나 취업관련 사이트를 자주 방문하고 탐색하면서, 인턴십에 적극적으로 지원하라.

> **■ 정부지원 인턴에 도전하자.**
>
> 청년 일자리 창출을 위하여 정부가 지원하는 인턴제에 도전하자. 고졸, 2~3년제 대졸, 4년제 대졸, 고졸 등 학력별로 인턴 일자리 비율이 할당되어 있다. 특히, 인력이 필요한 중소기업 역시 정부지원 인턴제도를 활용하고 있다. 2012년에도 4만 명 정도의 정부지원 인턴을 뽑았다. 이러한 인턴경험 자체가 추후 다른 기업에 지원할 때 유리할 뿐 아니라, 인턴 활동기간 중 열정과 능력, 노력을 보여준다면 그 회사의 정규직으로 채용될 가능성도 있다. 예컨대, 중소 게임업체에서 인턴으로 일하다가 9개월 후에 정규직으로 채용된 사례도 다수 있다. 한 가지 강조할 것은 인턴기간 동안 아무리 사소한 업무가 주어질지라도 열심히 하라는 것이다. 인

턴사원에게 중요한 일을 맡기는 기업은 없다. 배우는 자세로 하나하나씩 알아 나가도록 하자. 작은 경험일지라도 배우려는 자세와 노력이 중요하며, 그 과정을 통해서 여러분의 정신상태도 달라질 수 있다. 설사, 사무실에서 복사 업무를 주로 담당하는 인턴일지라도 실망하지 말고, 사무실 분위기, 조직문화, 대화 방식과 직장예절, 회식문화 등을 통해 현장을 배우겠다고 하는 배우는 자세를 가져야 한다. 또한 이러한 자세를 자기소개서나 면접을 통해 충분히 전달하도록 하여야 한다. 인턴사원에 대한 채용공고는 하반기보다 상반기에 집중되어 있다. 인턴을 희망하는 경우 3월부터 5월까지 취업포탈사이트를 열람해 보자.

4) 영어, 직무별 비중에 따라 시간을 투자하라

토익점수를 올리기 위해 대학생활 내내 많은 시간을 투자하는 것은 무리이다. 물론 영어가 자신이 희망하는 직무와 연관성이 높다면 당연히 그 공부에 상대적으로 많은 시간을 투자해야 할 것이다. 예컨대, 항공승무원이나 관광안내원 혹은 해외영업직 등 외국어 능력이 필수적으로 요구되는 직업 또는 직무에 지원할 경우에는 각별히 신경을 써야한다. 그러나 비록 직무와 직접적인 관련이 없을 지라도, 최소한의 토익점수 혹은 회화실력은 취업에 유리하게 작용한다고 할 수 있다. 소위 글로벌 시대에 어떠한 직업과 직무, 회사에서 일할지라도 앞으로 외국인을 상대할 가능성이 높기 때문에 이에 미리 대비한다는 측면에서도 그러하며, 회사에서도 비슷한 기술을 가진 경쟁자가 있다면 가급적 외국어 실력이 높은 지원자를 선호할 가능성이 높다. 물론 이 말은 맹목적으로 영어, 일어, 중국어 등 외국어 공부를 하라는 말은 아니다. 우선순위를 두고 직무 비중에 따라 외국어를 꾸준히 공부할 필요가 있다는 것이다. 충분한 인력을 채용하지 못하는 중소기업의 경우 동일한 조건이라면, 외국어 회화 가능자를 뽑아서 만약의 경우에 대비하는 입장을 취하고 있는 경우가 많다.

외국어 실력 함양, 선진국에서의 전공 학습, 그리고 글로벌시대에 해외문화 체험 등을 위하여 해외교환학생 제도나 교환학생 제도에도 관심을 갖도록 하자.

5) 봉사활동

최근 기업체가 원하는 인재형을 보면, 봉사활동도 스펙의 하나로서 자리매김하고 있다. 물론 봉사활동은 취업을 위해서만 '억지로' 수행하는 활동이어서는 곤란하다. 봉사활동은 가식적인 것이 아니라, 진정성을 가지고 자발적으로 참여할 때 그 사람의 인성이 좋은 평가를 받게 된다. 봉사에 의하여 평소에는 느낄 수 없었던 자아발전의 기쁨도 느낄 수 있다. 조직은 자기중심적인 직원이 아니라, 조직에 자발적으로 헌신할 수 있는 인성을 가진 인재를 선호한다.

6) 아르바이트 : 세 마리 토끼를 다 잡자!

아르바이트를 하기 전에 먼저 내가 어떤 아르바이트를 선택할지를 고민해봐야 한다. 학생들마다 상황은 다르겠지만 단순히 시간당 보수가 높은 아르바이트를 택하는 것은 피하도록 하자. 진지한 문제의식에 기반하여 "나는 무엇을 하고 싶은가, 나는 지금까지 무엇을 했는가, 나는 무엇을 할 수 있는가, 왜 그 일을 하고 싶은가, 나는 겸손하게 배울 준비가 되어 있는가?"라는 질문을 통해 가급적 내가 원하는 직무와 연관성이 높은 아르바이트에 지원하도록 하자. 물론 어떤 아르바이트를 하더라도 배울 점은 있으며, 이를 통해 배우고 교훈을 얻으려는 자세가 중요한 것이다. 이런 경험과 교훈, 노력들은 모두 자기소개서의 재료이자 면접의 기반이 된다. 아르바이트를 통해 '세 마리 토끼'를 잡자.

> ■ "단순 반복 업무라도 일할 수 있겠어요?"
>
> 만약 면접에서 "단순한 반복 업무를 담당하게 된다면 할 수 있겠는가?"라는 질문을 받게 된다면, 자신의 경험을 기반으로 "단순 업무는 상품 생산과 일처리의 기본이며, 아무리 단순한 반복 업무라고 하더라도 개선할 점을 발견하여 통해 기업의 생산성을 향상시킬 소지가 있다"는 점을 강조해야 한다. 아울러 단순 반복 업무라고 하더라도 최선을 다하고 업무능률을 향상시킨다면, 추후에 그러한 성과를 기반으로 보다 고도의 전문직을 맡을 수 있다는 비전도 있을 수 있다.

(1) 자신의 관심분야를 깨닫는 계기로 삼아라

아르바이트를 통해 내가 싫어하고 좋아하는 것이 무엇인지, 잘 할 수 있는 것과 잘 하기 힘든 것을 판단하는 기회로 삼을 수 있다. 아르바이트 경험 중 나타난 자신의 심리적 상태 등의 반응을 객관적으로 분석하여, 직업 및 직무 선택의 중요한 참고사항으로 할 수 있다는 것이다. 예컨대, 편의점에서 아르바이트를 한 경우에 손님으로 방문한 아이들에게 친절을 베풀면서 기분이 좋아졌다면, 키즈 사업에 적성을 가지고 있다는 힌트를 얻을 수 있을 것이다. 만약 매장의 청결과 상품 배치에 흥미를 느꼈다면 이미지 산업과 MD(상품

기획)에 관심이 있다는 것을 방증이다. 만약 상품의 재고관리에 유난히 관심을 가지고 있다면 유통산업 분야에 적성과 능력이 있을 수 있다. 매출 추이와 인기 상품의 판매 동향에 관심이 갔다면, 마케팅과 영업기획직이 어울릴 수 있을 것이다. 그냥 문서업무 처리에만 재미가 있었다면, 일반 사무직이 무난하게 어울릴 것이다. 이처럼 단편적인 아르바이트 경험 중 자신이 수행하는 모든 실천과 경험을 통해서 실제적인 자기분석을 수행할 수 있다.

(2) 아르바이트를 통해 직무에 대한 열정과 노력을 보여라

자신의 적성과 소질, 능력을 파악한 후에는, 그러한 능력을 함양하거나 경험할 수 있는 아르바이트를 선택하자! 예를 들어, 유통서비스 업종을 원한다면 대형할인점, 백화점, 패밀리 레스토랑 등에서 아르바이트를 하는 것이 유리할 수 있다. 전문서비스직을 목표로 한다면, 호텔이나 여행사, 항공사의 아르바이트에 적극적으로 도전해보는 것이 좋다.

(3) 아르바이트를 자기소개서 및 면접의 재료로 삼자

든 경험이 그렇듯이 아르바이트도 훌륭한 자기분석의 기반이자, 자기의 특징을 효과적으로 전달하는 재료가 될 수 있다. 그러므로 단순히 생활비를 벌었다는 만족감에 머물러서는 안 된다. "아르바이트를 통해 무엇을 얻었는가? 자신의 능력이 직무에 통했는가, 어떠한 평가를 받았는가"를 분석하고 정리하는 습관이 중요하다. 아르바이트의 과정을 중시하여 아르바이트를 하면서 가장 기억에 남는 경험과 이유를 분석하고, 그것을 자기 PR의 근거로 삼는 등 그것을 이력서 및 자기소개서에 담아내야 한다. 예를 들어, 자신의 아이디어로 근무환경을 개선해서 기뻤다. 혹은 동료와 협조를 통해 일처리를 해내 기뻤다, 비좁은 계산대가 너무 고통스러웠지만 어떻게 잘 극복했다는 등, 고객의 항의로 싸우거나 그만두고 싶었지만 결국 잘 처리할 수 있었다는 등의 경험과 난관을 극복한 선량한 인성과 노력, 그 교훈을 자기소개서에 담아내자. 그 내용들이 면접의 기반이 된다.

> ■ **아르바이트와 관련한 면접 질문에 대한 답변 요령**
> 독특한 경험담을 제시하고 아르바이트 과정에서의 성취감, 그 교훈 등을 전달하여 준비된 직장인으로서 이미지를 전달하는 것이 유리하다. 아르바이트의 경험 중에서도 지원한 업무분야와 상관관계가 깊은 에피소드와 주제를 말하는 것이 바람직하다.

7) 취업박람회를 탐방하라

최근 취업박람회가 취업 관문을 돌파하기 위한 창구로 부상하고 있다. 최근 채용동향 중 중요한 특징 하나는 취업박람회에서 현장 면접을 통해 채용이 이루어진다는 것이다. 특히 중소기업 부스를 공략해보라. 채용이 결정되지 않더라도 면접 훈련의 기회가 되며, 상담을 통해 다양한 정보도 얻을 수 있다. 아울러 적극적인 관심으로 인맥도 형성할 수 있다. 노동부가 운영하는 잡영 홈페이지에는 상시적으로 '중소기업 채용박람회'가 개설되어 있다. 이곳을 방문하여, 우량 중소기업에 대한 정보, 채용조건 및 지원자격 등을 항상적으로 체크하고 대비해보자. 보통 구직자와 기업 인사담당자의 1:1 현장 면접 외에도, 성공적인 취업을 위한 이력서 및 자기소개서 작성법 교육, 모의면접, 적성검사, 그리고 이미지 메이킹 등 다양한 부대행사가 함께 이루어지는 만큼, 취업박람회를 잘 이용하면 구직자의 입장에서 다음과 같이 도움이 되는 여러 알짜 정보를 얻을 수 있다.

① 취업박람회의 일정과 참가기업들을 확인한 후, 지원하려는 업종 및 업체를 정한다.
② 이력서와 자기소개서를 작성하고, 각종 자격증과 증명서들을 미리 준비한다. 온라인 등록이나 지원을 해야 하는 경우에는 이력서와 자기소개서를 제대로 등록한다.
③ 장 면접에 대비해 깔끔하게 정장차림을 하고, 각종 취업관련 교육에 참여한다.

이상 취업전략에는 요컨대 보다 적극적이고 계획적으로 자신의 미래를 위해 시간과 에너지를 아낌없이 투자해야 한다. 나는 행복하게 살 자격과 능력을 갖추고 있고, 행복하게 살아야 하기 때문이다. 적극적으로 준비하고, 무한한 가능성에 도전해보자! 진취적이고 적극적인 마인드와 치열한 실천이 여러분들 자체를 변하게 하고 미래를 바꾸게 된다.

---

1) 스펙이 아니라 삶과 직무에 대한 열정이 어떻게 취업 전략과 연결되는지를 보다 자세하게 설명한 책으로는 하정필, 「취업의 정답: 스펙쌓기로 청춘을 낭비하지 않으면서도 취업에 성공하는 비결」, 지형, 2010. 참조.

CHAPTER

03

자기소개서의
작성 원칙과
전략

자기소개서의 작성 원칙과 전략

이력서와 자기소개서는 취업을 희망하는 업체에 여러분을 공식적으로 알릴 수 있는 가장 중요한 자기 PR 도구 중의 하나이다. 특히 자기소개서는 최근 채용동향에서 상당히 중요한 비중을 차지하고 있다. 흔히 PR은 홍보 또는 광고의 뜻을 지닌다. 자기 PR은 나 자신을 상품에 비유했을 때, 어떻게 상품을 알리고 팔 것인가?와 관련이 있다. 아무리 좋은 상품이라도 소비자에게 알려지지 않으면 팔리지 않듯이, 여러분 스스로 아무리 뛰어난 능력을 지녔다 하더라도 그 능력을 기업체에 알리지 못한다면 소용이 없다.

1. 이력서의 작성 원칙과 실제

이력서는 자기 PR의 대표적인 방법 중의 하나이며, 취업을 위해 아직 한 번도 접해보지 않은 인사담당자에게 나를 알리는 문서이다. 이 때, 가장 중요한 것은 나의 입장에서 쓰는 것이 아니고, 채용을 할 회사의 입장에서 써야 한다는 것이다. 이는 자기소개서의 작성에도 동일하게 적용되는 중요한 원칙이다.

일부 사람들은 이력서의 중요성을 무시하지만, 이력서는 사람의 첫인상과 마찬가지로, 나를 알리는 첫 관문으로서 대단히 중요하다. 이력서는 나의 능력과 경험을 체계적으로 정리한 자료로서, 성공적인 취업을 위해 중요한 문서이다. 채용담당자들은 수많은 지원자들을 선별할 때, 우선적으로 이력서 한 장으로 당신의 성격과, 능력, 이미지, 그리고 해당 자리와 적합 여부 등을 판단하는 경향이 있다. 그러므로 원하는 일자리에 성공적으로 취업하려면, 이력서를 잘 작성하는 것부터 시작해야 한다. 이력서에서 받은 첫 인상이 면접

결과와 최종 채용결정에 많은 영향을 미친다.

채용담당자가 이력서에서 가장 중요하게 생각하는 것은 '경력사항'이다.[1] 잡코리아가 채용담당자 446명을 대상으로 '입사지원서에서 가장 중요한 평가항목'에 대한 설문조사를 진행한 결과, '경력사항'으로 나타났다. 40.4%의 압도적인 비율로 1위를 차지하였는데, 많은 채용담당자들이 지원자의 직무능력을 가장 높게 평가하고 있다는 것이다.

순 위	문 항	비율(단위 : 백분위)
1	경력사항	40.4%
2	지원 직무분야	13.0%
3	전공	8.7%
4	보유기술 및 교육이수 사항	8.7%
5	출신학교	6.3%

지원 직무분야, 전공, 보유기술 및 교육이수 사항, 출신학교 등이 뒤를 이었다. 한편, 채용담당자가 신입직 이력서 검토 시 가장 먼저 보는 곳은 34.3%로 '이력서 사진'이 1위였으며, 다음으로 2위는 '경력사항'이었다.

이력서를 작성하는 기본적이고 중요한 원칙은 간단명료하게 작성하되, 구체적으로 자신의 이력기록, 즉 출신학교나 학과, 자격증뿐 아니라 수상경력, 대내외적 활동 등 자신의 능력이나 장점을 돋보이게 할 수 있는 사항들을 일목요연하게 정리하는 것이다. 특히, 지원기업과 연관된 실무능력 및 장점이 부각되도록 작성하는 것이 절대적으로 중요하다. 그러므로 이력서에는 명확한 목적의식과 목표 분야가 반영되고, 자신이 보유한 기술 및 능력, 그리고 경력을 자세히 기재하면서도 최대한 압축하는 노력이 필요하다. 또한 한번 작성한 이력서로 여러 회사와 직무에 제출해서는 안 되며, 워드프로그램도 그 회사에서 널리 사용하고 있는 것을 사용하는 것이 좋다. 아울러 허위사실이나 과장된 내용을 기입해서는 안 된다. 면접이나 입사 후에라도 허위사실이 들어나는 경우에는 난처한 상황이 발생할 수 있으므로, 솔직하게 작성하도록 한다.

다음은 이력서 작성 시에 일반적으로 준수해야 하는 원칙이다.

(1) 우측 상단에 응시부문 및 연락처 명기

이는 대부분의 기업들이 합격 여부나 다른 연락사항을 전보나 전화를 통해 통보하고 있기 때문이다. 특히 이력서상의 주소와 현재의 거주지가 일치하지 않는 경우라면, 직접 연락이 가능한 주소나 전화번호 등 분명한 연락처를 밝혀두어야 한다. 연락처는 워드프로그램을 이용하여 이력서 우측 상단에도 기재하는 것이 좋다.

(2) 가족 관계

민법상 호주제도는 폐지되고, 2008년 1월 1일부터 가족관계등록 제도가 시행되고 있다. 그래도 기재가 요구된다면 호주와의 관계는 호주 입장에서 본 자신과의 관계를 기재한다. 예컨대 '부', '모' 대신 '장남' 또는 '장녀' 등으로 기재한다.

(3) 특기사항 및 상벌 사항

국가공인자격증이나 면허증 취득사항 등을 기재하는 부분이다. 특히, 지원기업의 업종에 부합하는 비공인자격증을 취득하였을 경우 그 내용도 기재하고, 그 취득일과 발령기관도 기재한다. 상벌사항은 교내외 행사나 대회 수상경력이라도 지원회사의 업무와 관련하여 유리할 수 있으므로, 신중하고 융통성 있게 기재하는 재치를 발휘하자. 어학실력이 요구되는 요즈음에는 외국어 구사능력을 매우 중시하므로, 외국어와 관련된 인(정)증이나 수상경력이 있으면 강조하여 언급하는 것도 돋보이는 이력서 작성 요령이다.

(4) 사회봉사활동

각종 (사회)봉사활동 경험과 동아리 활동들을 상세히 언급하는 것이 좋다. 특히 (사회)봉사활동 실적을 취업 시 제출하기 위해서, 봉사활동 확인서를 해당 봉사기관에서 발급받아 두어야 한다.

(5) 한자 활용

요즘엔 이력서라고 하면 거의 모두가 한글로만 작성하므로, 간혹 한자를 활용하여 작성된 이력서를 보면 눈에 띤다. 중요한 전공용어, 4자 성어 등은 눈에 띠게 한자를 활용하여 작성하면 좋다. 한자를 틀리지 않도록 확인한다.

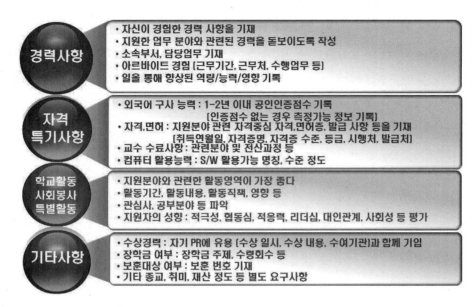

경력사항
- 자신이 경험한 경력 사항을 기재
- 지원한 업무 분야와 관련된 경력을 돋보이도록 작성
- 소속부서, 담당업무 기재
- 아르바이트 경험 (근무기간, 근무처, 수행업무 등)
- 일을 통해 향상된 역량/능력/영향 기록

자격 특기사항
- 외국어 구사 능력 : 1~2년 이내 공인인증점수 기록 (인증점수 없는 경우 측정가능 정보 기록)
- 자격,면허 : 지원분야 관련 자격중심 자격,면허증, 발급 사항을 기재 (취득연월일, 자격증명, 자격증 수준, 등급, 시행처, 발급처)
- 교수 수료사항 : 관련분야 및 전산과정 등
- 컴퓨터 활용능력 : S/W 활용가능 명칭, 수준 정도

학교활동 사회봉사 특별활동
- 지원분야와 관련한 활동영역이 가장 좋다
- 활동기간, 활동내용, 활동직책, 영향 등
- 관심사, 공부분야 등 파악
- 지원자의 성향 : 적극성, 협동심, 적응력, 리더십, 대인관계, 사회성 등 평가

기타사항
- 수상경력 : 자기 PR에 유용 (수상 일시, 수상 내용, 수여기관)과 함께 기입
- 장학금 여부 : 장학금 주제, 수령회수 등
- 보훈대상 여부 : 보훈 번호 기재
- 기타 종교, 취미, 재산 정도 등 별도 요구사항

한국고용정보원, 「특성화고 CDP-교사용 매뉴얼」, 2014, 264면.

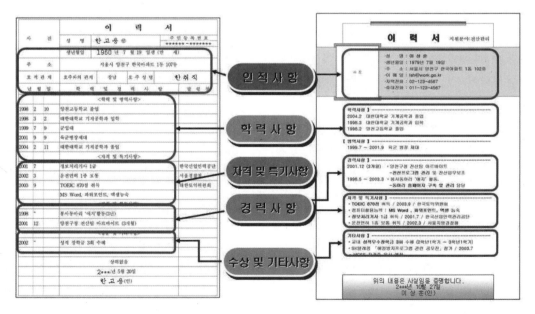

한국고용정보원, 「특성화고 CDP-교사용 매뉴얼」, 2014, 262면.

한편, 이력서를 제출하는 경우에도 다음과 같은 원칙을 준수해야 한다. 먼저, 이력서 제출은 해당 기업이 원하는 방법으로 한다. 회사에 따라 온라인지원, E-mail지원, 우편 접수, 또는 직접방문의 제출방법을 요구할 수 있다. 이메일로 서류 제출 시에 유의할 점으로는 이메일 제목에 지원분야와 성명을 반드시 기재하도록 한다. 특히 메일 본문에 지원자의 간단한 인적사항 및 채용지원 분야를 강조하는 것이 좋다.

이와 관련해서 메일의 제목에 각별히 신경을 쓰도록 한다. '안녕하세요~'라는 식으로 제목을 다는 경우는 진지하지도 못하고, 경쟁력도 없게 된다. 제목에서부터 명확하게 지원분야와 성명, 그리고 그 의지를 밝히는 게 강렬한 인상을 준다. 예를 들어 "[웹디자인] 김철수입니다. 꼭 입사하고 싶습니다!"등으로 제목을 달면 좋다. 그런데, 제목이 너무 튀지 않아야 한다. 많은 지원자들이 이력서와 포트폴리오만 첨부해 놓고 정작 메일 내용은 성의 없게 쓰기도 한다. '이력서와 자소서 첨부했습니다. 좋은 인연 되었으면 좋겠습니다.'라고 끝낸다면, 그러한 짧은 메일이 간혹 성의 없어 보이기도 한다. 그러므로 최대한 예의 있게 정성을 들여 5줄~10줄 내외의 내용을 적으면 첨부파일을 아무래도 더 제대로 읽어보게 된다는 것이 인사담당자의 전언이다.

성적증명서, 졸업증명서, 자격증 등은 스캔을 해서 첨부한다. 이러한 증빙서류는 한 번의 클릭으로 모두 열람할 수 있도록 하고, 출력이 가능하도록 해주는 것이 좋다. 가급적 압축파일은 피하는 것이 좋다. 보낸 사람의 이름(nick name)은 너무 튀지 않는 것이 좋으며, 메일주소 역시 좋은 인상을 줄 수 있어야 한다.

2. 자기소개서의 작성 원칙

1) 자기소개서

자기소개서는 지원회사 및 지원분야(직무)에 대한 분석에 기반하여, 자신이 맡게 될 업무의 내용을 예측하고 자신의 능력과 경험을 회사의 직무와 연관시켜 소개한 것이다.[2] 자기소개서가 단순히 자기를 '설명'하는 데 그치지 않고, 이를 통해 직무와 관련하여 명확하고 구체적인 목표의식과 비전을 전달할 수 있어야 한다. 자신의 장단점조차 자신이 지원하는 직무와 관련해 부각시켜야 한다. 그러므로 회사의 주력상품, 수익모델, 그리고 시장상황을 고려하여 회사발전에 자신이 어떻게 기여할 것인지를 전달해야 한다. 그러므로 자기소개서 작성의 대원칙은,

① 목표 중심의 자기소개서를 써라 : 직업 방향 및 직무와 연관된 비전을 부각시킨다!

② 능력 중심의 자기소개서를 써라 : 특정한 직무에 대한 경험과 전문성을 부각시킨다!

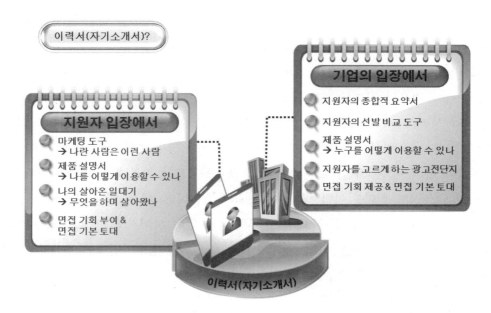

사이버진로교육센터 www.cyber-edu.keis.or.kr, 취업길라잡이 1장.

2) 자기소개서의 구성 내용

"기업의 입장에서 기업이 파악하고자 하는 나의 모습을 표현하자."

이력서가 지원자에 대한 개괄적인 정보를 간략하게 전달하는 문서라면, 자기소개서는 지원자를 깊이 있게 이해시키는 문서이다. 즉, 그 성격, 인생관, 성장배경, 대인관계, 직무 관련 능력, 그리고 조직적응력을 포함한 인성능력 등을 중심으로 작성한다.

(1) How

내가 어떤 사람인지, 어떤 경험을 통해 어떤 삶의 가치를 배웠고 어떻게 살고 싶은지를 표현한다. 그러한 경험과 가치에 기반하여 회사에서 어떻게 일할 것인지를 진정성 있고 체계적이며 효율적으로 전달한다.

(2) Why(지원 동기)

　자신만의 뚜렷하고 열정적이며 적극적인 지원동기, 직무에 대한 열정을 전달한다. 특히, 지원회사의 직무조건에 부합되는 장점이나 경험을 최소한 2개 정도 집중적으로 부각시키는 것이 인상적이다. 내가 왜 이 회사와 이 직무에 지원했는지와 관련하여 진정성 있는 경험과 생각과 경험, 태도가 글을 통해 전달되도록 한다.

3) 자기소개서의 재료는 경험!

　음식전문가들은 좋은 요리를 만드는 데는 싱싱한 재료를 사용하는 것이 필요하다고 한다. 마찬가지로 자기소개서와 면접 역시 가치 있는 경험(재료)을 기반으로 만들어진다. 삶에 대한 통찰을 통해 깊이 있는 사유와 건전한 인생관을 전달해야 하며, 직무와 연관된 자신의 그 동안의 치열한 노력을 전달하여 자신의 가치와 매력을 전달하여야 한다. 음식에는 좋은 재료와 나쁜 재료가 구분이 있지만, 자기소개서에는 좋은 경험과 나쁜 경험이 명료하게 구분되지 않는다. 왜냐하면 방황이나 고통조차도 그 극복 노력을 통해 교훈을 얻을 수 있어 중요하며, 그러한 교훈을 통하여 지원자가 더욱 단련되고 인성 역량이 함양되었다는 것을 증명하면 긍정적 평가를 받을 수 있기 때문이다. 모든 경험은 나름대로의 의미와 가치를 가지고 있다. 경험의 수준과 경험에 대한 해석이 중요하며, 이러한 경험을 손질하여 회사가 원하는 바대로 조합하여 제공하는 것이 바로 자기소개서라고 할 수 있다.

　실제 기업에서 인사를 담당하는 관계자들의 이야기를 들어보면 수천 장 되는 입사지원서나 자기소개서를 보는 데에는 1분도 채 걸리지 않는다고 한다. 왜냐하면 대부분의 자기소개서가 거의 비슷비슷한 경험들에 기반한 진부한 내용들로 획일적으로 채워져 있기 때문이다. 1분 안에 버려지지 않는 자기소개서를 작성하기 위해서 고려사항이 있다.

　자기소개서는 "살아 숨 쉬는 자기 자신만의 이야기"를 "구체적인 사례를 들어" 직업이나 직무와 연관시켜 설명하는 것이다. 이를 위해서 첫째, 특별히 남과 차별성을 갖는 자신만의 이야기를 찾자. 둘째, 그 이야기에 관한 에피소드(경험, 사례)를 찾자. 셋째, 에피소드에서 자신만의 가치(의미, 교훈)를 만들어라(부여해라). 넷째, 그렇게 찾아낸 의미와 가치를 직무와 연관시켜라. 이러한 에피소드의 경험이 반드시 거창할 필요는 없다. 친구와의 우정과 갈등의 해결과 같은 교우관계, 동아리활동, 세미나 개최, 아르바이트, 그리고 (사회)봉사활동 등 지원자의 인성과 능력을 검증할 수 있는 여러 경험이 에피소드의 재료가 될 수 있다.

4) 자기소개서의 기본 구성 및 핵심사항

(1) 자기소개서의 기본 구성

① 성장배경 또는 가정환경

- 지원하는 기업의 이미지에 맞는 자기의 특성을 기재한다.
- 어린 시절부터 남다른 면이 있는 지원자를 선호하는 경향이 있다.
- 전달할 내용을 명확하고 짧게 작성한다.

② 가치관과 성격의 장단점(자기분석)

- 기업 이미지에 맞게 자신의 장점과 사례를 부각시킨다.
  기업 및 직무에의 적합성, 인성을 설명한다.
- 장점 위주로 작성하고, 단점은 짧게 하되, 그 단점의 극복에 대해 언급한다.

③ 학교생활과 경력

- 지원자의 삶의 자세와 열정, 직무수행 능력을 판단하게 한다.
  직무와 관련된 특별활동, 대인관계, 아르바이트, 연수, 인턴, 프로젝트, 공모전, 봉사활동 등

④ 지원동기 및 입사 후 포부

- 지원 기업에 대한 관심, 입사를 위한 준비와 노력 등을 기재한다.
  인사담당자가 가장 관심을 갖고 평가하는 부분이다. 시간을 갖고 정성껏 기술한다.

(2) 자기소개서 작성의 핵심사항

① 눈에 띄는 자기소개서 작성 전략

자신에 대한 분석과 시장에 대한 내용과 흐름에 대해서 파악한 후, 다음으로 눈에 띄는 자기소개서를 작성하기 위한 핵심을 정리한다. 인사담당자에게 선택될 가능성이 높은 서류는 인사담당자가 어떤 인재를 원하는지 분석하고, 그와 관련된 자신의 경험들을 강조한 것이다. 예를 들어 자동차와 관련된 업종에 관심을 가지고 있는 지원자라면, 자신의 경험 중에 자동차와 관련된 경험 즉, 자동차에 관심을 가지게 된 동기(성장과정이나 지원 동기 부분), 자동차와 관련된 전공이나 또는 박람회 참가(학교생활 부분), 관련 아르바이트나 동호회 활동을 통해 배운 점(성격의 장단점 부분) 등을 정리하면 된다.

② 인사담당자는 지원자의 경험을 주로 본다.

　최근의 불경기와 불확실성의 증대로, 기업들은 신입사원에 대한 평가 요소로서 직무 관련 경험을 중시하고 있다. 실제 서류전형에서도 지원자가 채용과 동시에 현장에 적응할 수 있는 회사의 업무와 관련된 경험이 있는지, 관련된 아르바이트나 자격증, 혹은 전문교육을 받았는지를 중시한다.

■ 이력서의 핵심 점검 사항

- 지원분야 관련 자격증, 공모전
- 지원하는 기업 관련 인턴 경험
- 지원분야 관련 전문교육 이수
- 지원분야 관련 박람회 참가 및 세미나 참석
- 지원분야 관련 아르바이트

3. 자기소개서 작성의 사전 작업

　취업이란 결국 자기분석을 통해 자신의 적성과 능력을 대상회사 및 직무와 연결시키는 것이며, 나와 가장 궁합이 맞는 회사 및 직무를 선택하고 지원하는 과정이다. 이러한 취업과정에서 자기소개서는 '자기분석'(나는 이런저런 사람)+'지원동기'(나는 이런저런 적성과 능력을 가진 사람인데, 이러저러한 이유로 당신의 회사의 직원으로 적당하다)+'입사 후 포부'(내가 가진 이런저런 적성과 능력, 경험을 통해 이러저러하게 귀 회사의 발전에 기여할 수 있다)를 구체적으로 명료하게 담고 있어야 한다. 즉, 자기소개서에는 회사가 당신을 채용해야 하는 이유를 자기분석에 기반하여, 회사 및 직무와 연관시켜 설득력 있게 PR하여야 한다. 그러므로 자기소개서는 자기와 회사와의 운명적 인연 및 결합을 인상적으로 표현하는 기회이다.

　자기분석과 직무 및 회사 분석 등을 제대로 수행하지 않는다면, 당신은 평균적 혹은 평균수준 이하의 지원자에 불과할 뿐이다. 예컨대, 결혼을 위한 중매 자리에 나가서 "저는 결혼을 왜 하는지 모르겠습니다.", "나는 당신에 대해 잘 모릅니다.", "내가 당신을 사랑하는지 확신이 부족합니다."고 말하는 얼간이나 얼치기가 되지 말자. 결국 자기소개서나 면접에서 궁극적으로 자신이 어떤 사람인지, 내가 이 일에 얼마나 부합하는지, 내가 회사를 얼마나 사랑하는지를 호소력 있게 전달하도록 한다.

    그러므로 자기소개서를 작성할 때에는 전술한 바와 같이 사전에 철저한 자기분석과 대상분석에 기반하여, 자신의 다양한 경험과 능력, 그리고 경쟁력 등을 정리하고, 지원한 직무 및 회사에 맞춰 '선택과 집중'을 해보도록 한다. 정리한 능력과 목록 중에서 자신의 현재 목표와 가장 잘 부합하는 능력들을 선택하여 정리한다. 여기에서 나의 적성과 능력을 고려하여 직무 및 직업을 선택할 때에는, "내가 이 일에 적당한 사람을 뽑는 채용자의 입장이라면 어떤 자질과 능력을 중요하게 볼까?"에 대하여 냉정하게 반문하고, 부족한 능력이 발견되면 바로 보완하는 실천에 옮기도록 한다. 이런 노력이 모두 자기소개서에 구체적인 경험으로 제시되어야 하며, 아울러 이는 면접관의 입장에서 면접 질문의 재료가 된다. 끝으로 지금까지의 분석 내용을 바탕으로 자기소개서 및 면접에서 자기의 성격 및 직무와 연관된 경험, 그리고 능력이 부각되었나 확인해보도록 한다.

나의 경쟁력 파악 및 정리

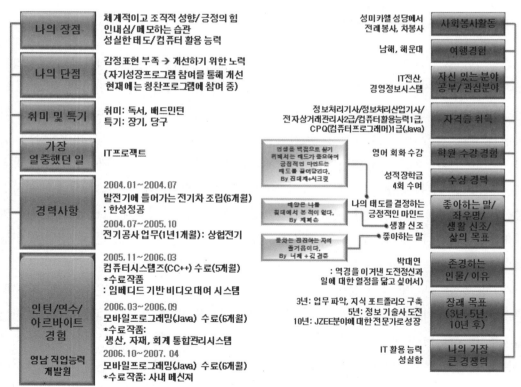

사이버진로교육센터 www.cyber-edu.keis.or.kr, 취업길라잡이 3장.

지금까지 설명한 사항들을 중심으로 하여, 다음의 4가지 핵심질문에 대한 답변 요령을 정리해본다. 만약 이 대답을 자신 있게 체계적으로 작성할 수 있다면 당신은 '준비된 예비직장인'으로 평가될 수 있다. 자기소개서에서 뿐 아니라, 면접 시에 어떤 질문이 쏟아지더라도 당신은 면접의 달인이 될 수 있다.

① 자신의 직업 목표에 대해 기술하고, 지원회사가 그 목표를 달성하는데 어떤 의미를 가지는가?

② 사람은 모두 개성이 있는데, 자신의 개성이 어떻다고 생각하는가? 자신이 다른 사람과 차별화된 특징 5가지를 적고, 이 중 지원자로서 강점이라고 생각하는 것은 무엇인가?

③ 인생을 살아가면서 많은 성취와 실패가 있는데, 그중 가장 성공적으로 평가하는 경험 3가지와 실패라고 평가하는 경험 3가지를 기록하고, 가장 성공적인 경험과 실패한 경험 1가지씩을 구체적으로 기술해보라. 이 경험을 통해 당신은 어떻게 변화하였는가?

자기소개서 작성을 위한 아이디어 모으기

www.jobyoung.work.go.kr

④ 현재 지원한 직무/위치에 필요한 지식과 스킬에 대해 10가지를 기록하라. 그 중 가장 자신 있는 지식/기술 5가지를 기록하고, 특히 그 중에서도 가장 자신 있는 한 가지를 골라 어떻게 훈련했고, 어떤 결과를 산출했는지?를 구체적으로 설명해보라.

결국 자기소개서는 다양한 자신의 경험과 성격, 능력, 경쟁력 중에서 기업의 입장에서 기업이 알고 싶은 나의 모습을 만드는 것이며 그것은 크게 세 가지 과정으로 구성된다.

첫째, 직무분석 : 자기 경쟁력 분석

둘째, 자기분석 : 원하는 직종 및 업종 선택

셋째, 자기와 회사를 연결하기 : 지원회사가 요구하는 핵심능력의 파악

■ 자기소개서 ― 대학생활 ― 에 무엇을 담을 것인가

- 전공수업에 대한 경험이 중요하다. 전공수업과 졸업작품 혹은 졸업논문, 그리고 전공 발표회 등을 준비하면서 체험한 경험을 정리하라. 취업준비 또는 프로젝트를 하면서 힘들었던 점과 그것을 극복하기 위해 노력했었던 점을 정리하고 기록하면, 이력서와 자기소개서 작성에 도움이 된다.

- 학창시절 아르바이트 경험도 중요한 기록이다. 그 경험을 취업과 연결시키자. 예컨대, 대학시절 내내 과외 아르바이트를 했다고 치자. 이는 특히 커뮤니케이션 능력을 키워주는 경험이 된다. 학습능력이 부족한 피학습자설명하고, 설득하는 경험을 통해 배운 점이 있게 된다. 내 경력을 어떻게 인사담당자에게 어필할 것인가를 미리 생각해 보자.

- 학창시절 참가했던 박람회나 세미나 등의 경험을 정리하는 것도 중요하다. 그 동안 읽은 책이나 잡지 등의 내용도 기록하고, 포트폴리오도 작성해보자. 실제로 전공이 기계공학도였던 구직학생이, 그간 참가했었던 자동차 경진대회, 자동차박람회 참가사진, 자동차 관련세미나 참석들과 같은 자료들을 바인더에 모아온 경우가 있었다. 면접 때 이를 제출을 했는데, 스펙이 빈약했어도 좋아하는 분야를 위해서 노력한 경험이 면접관들에게 감동을 줘 좋은 점수를 받았다.

4. 감동적인 자기소개서

1) 자기소개서의 작성 원칙

(1) 모든 회사 혹은 모든 직무에 제출 가능한 획일적인 내용이나 추상적인 소개, 일상적이고 평범한 이야기, 진부한 교훈들은 피하라. 자신의 성격 및 장단점과 관련해서도 자신만의 구체적인 경험에 기반하여 능력을 입증하여야 믿음과 기대를 줄 수 있다.

(2) 성격 및 장단점의 진정성을 전달하라

성격 및 장단점과 관련하여 '성실함', '도전정신', '창의력', '열정' 등 막연하고 진부한 수식어는 더 이상 인사담당자를 감동시킬 수 없다. 이러한 단어나 표현들에 대해 인사담당자들이 이미 식상한 상태이다. 성실함이나 도전정신 등이 구체적으로 지원자의 생활이나 혹은 성과에 어떻게 드러났는지를 구체적인 경험으로 제시해야 한다. 더구나 책임감, 성실성, 정직함 등은 더 이상 돋보이는 매력도 못 되며, 실제로 그런 인성을 가졌는지 공감하기도 힘들다. 자기소개서에는 그럴 듯하게 과대포장해 놓았지만, 실제 면접에서 진상이 폭로되는 경우도 발생한다. 그러므로 철저한 자기분석에 기반하여, 자신이 가진 인성역량 및 자신만의 경쟁력 등을 구체적인 경험을 기반으로 설명하고 그 진정성을 전달할 수 있어야 한다. 한편, 단점에 대하여도 솔직하게 말하는 것이 좋으며, 중요한 것은 단점에 대한 극복 의지와 그러한 노력의 성과를 구체적으로 압축하여 설명하는 것이다.

(3) 입사 후 포부 : 나의 꿈이 아니라 '회사 입장에서 회사 중심으로 사고하라!'

가장 중요한 평가항목의 하나이고, 회사가 지원자를 채용해야 하는 결정적인 이유로 삼을 수 있는 부분이다. 중요한 것은 자신의 꿈이 아니라 자신의 성장이 회사 발전과 어떻게 연관되는지를 설득력 있게 전달하는 것이다. 기본적으로 언제 어떤 계기로 회사에 관심을 가지게 되었고, 해당 업무에 적합한 인재가 되기 위해 어떠한 노력을 기울였으며, 자신의 역량으로 어떠한 성과를 이루고 싶은지를 구체적으로 기술하도록 한다. 비전 있는 회사, 시장을 선도하는 회사, 글로벌 회사라는 식상한 수식어는 좋은 인상을 주지 못하며, 다른 지원자와의 차별화에 실패하게 한다. 지원한 회사의 이름과 업무를 구체적으로 표기해야 하며, 자신이 왜 해당업무에 적합한 인재인지를 적극적으로 알려야 한다. 귀사, 당사라고 표현하거나 구체적인 업무내용을 표기하지 않고, 막연하게 슬쩍 넘어가는 것은 입사의지와 진정성에 의구심을 갖게 할 수 있다. 심지어 자기소개서에 다른 회사의 이름을 기재한 경우에는 합격하기 쉽지 않다.

> ### ■ '입사 후 포부'를 업그레이드하라!
>
> 회사의 주력상품, 수익모델, 그리고 시장상황 등을 고려하여 자신의 활용가치와 매력을 호소하는 것이 인상적이다. 그러므로 입사하게 된다면, 회사 발전에 어떻게 기여할 것인가? 그 기여 방법과 단계를 구체적으로 제시할 수 있어야 한다.
>
> **사례 1)** 입사 후 5년 혹은 10년 내에 자기발전에 기반한 이런저런 성과를 내서 조직발전을 달성하겠다든지 혹은 경쟁사보다 구체적으로 어떤 향상된 위치에 도달하게 하겠다는 다짐과 계획을 작성하는 것이다. 예를 들어, 스마트폰 회사의 개발부서에 지원할 경우, "저의 뛰어난 상상력과 독창성은 스마트폰의 콘텐츠 개발에 크게 기여하면서, 귀사가 스마트폰 업체의 선두 주자로서 위치를 확고히 하는데 일조할 것이다." 등의 포부를 제시할 수 있다. 아울러 이런 가시적인 성과에 부합하여 어떤 역할과 책임을 맡게 될 것이라는 개인적인 계획도 제시되면 좋다.
>
> **사례 2)** "특별한 영업 노하우를 개발하여 연매출 10억 원 이상의 실적을 올릴 것이며, 이를 기반으로 5년 후 입사 동료들보다 1~2년 먼저 과장으로 승진하도록 노력하겠다, 승진 이후에는 팀워크와 리더십을 발휘하여 상사와 부하 직원의 교량 역할을 통해 업무실적 뿐 아니라, 신나게 일할 수 있는 조직문화를 만들 것이다." 등등의 구체적인 목표와 계획, 노력을 제시해야 한다.

(4) 모든 내용을 한꺼번에 담으려 하지 말라!

한정된 분량에 모든 경험을 적는 것은 오히려 역효과를 초래한다. 지원서류 검토자는 비슷비슷한 자기소개서를 수천 장 읽어보아야 한다는 것을 명심하라. 그러므로 회사가 찾는 능력과 연관된 경험과 전문성을 명확하게 효과적으로 전달해라. 일단 면접을 보고 싶다는 느낌이 들게 만들어야 한다. 그러므로 일단 직무전문성이 부족한 지원동기 및 입사 후 포부는 절대 금물이다. 간혹 힘들었던 어린 시절이나 인생의 역경을 장황하게 서술하는 자기소개서가 있는데, 이는 전혀 감동을 줄 수 없다. 그런 경험이 자신의 끈기와 인내심, 강한 의지에 어떤 영향을 주었는지를 설명하거나 혹은 자신의 경험에 기반한 인성 역량이 조직생활 및 직무 수행에 어떻게 기여할지를 명료하게 설명해야 한다.

(5) 직무와 무관한 활동이나 아르바이트 등을 피상적이고 장황하게 묘사하지 마라

앞에서도 설명하였지만, 자신이 지원한 직무관련 경험을 위주로 작성하고 그런 경험이 주는 의미와 교훈을 명료하게 제시해야 한다. 예를 들어, 유통업계에 지원한 지원자라면 게임업체에서 1년간 아르바이트를 한 경험보다는 편의점에서 수개월간 아르바이트를 하면서 배운 지식과 경험, 그리고 교훈을 유통업과 관련하여 상세하고 비중 있게 작성하는 것이 유리하다. 꼭 아르바이트가 아니더라도 자신이 지원한 분야와 연관된 활동을 서술하는 것은 업무에 대한 경험 부분에서 다른 지원자에 비해 긍정적인 평가를 받을 수 있는 기회가 된다. 자신이 지원한 분야에서만큼은 어떠한 일에서든 능동적으로 대처할 수 있는 사람이라는 인상을 심어주어야 한다. 때문에 직무와 연관성도 없고 특징도 없는 밋밋한 경험을 줄줄이 나열하기보다는 지원분야와 연관된 활동이나 경험 위주로 작성해야 한다.

(6) 사실에 근거하라

간혹 자기소개서를 작성하다 보면 의도했든 의도하지 않았든 거짓된 이야기를 쓰거나, 과장된 경험담을 서술하는 경향이 있다. 그러나 면접과정에서 이런 지원자들은 오히려 도덕성이나 진정성에 있어서 치명적인 평가를 받게 될 가능성이 높다. 그러므로 거짓이나 과장의 유혹을 극복하고, 차라리 작고 사소한 경험일지라도 자신만의 적극적인 의미와 교훈을 부여하는 것이 훨씬 바람직하다.

2) 자기소개서 작성의 실제 요령

(1) 자신의 고유이미지를 설정한다

작성에 들어가기 전에 한 가지 주제를 잡아 이에 맞추어 자신에 대해 기술할 방향을 설정한다. 자기 자신의 독특한 이미지를 부각시키는 것이다. 예를 들어 '성취욕이 강한 나'라는 이미지를 부각시키고자 한다면, 이를 나타낼 수 있는 에피소드를 먼저 골라내고, 이에 맞추어 글을 작성한다. 뚜렷한 이미지를 남길 수 있으면, 일관적인 자기소개가 가능해진다.

(2) 참신한 문구로 시작한다

지원자는 자기소개서를 통해 인사담당자와 처음으로 대면하게 되며, 첫 문장은 첫인상과 같은 효과를 발휘하게 된다. 따라서 자기소개서는 끝까지 읽어보고 싶다는 생각이 들

정도로 흥미를 유발시킬 수 있는 문장이나 문구로 시작하도록 한다. 출생지나, 집안, 자기 이름을 나열하는 첫 문구로 나열하는 것은 피하도록 한다.

(3) 작성 중간에 타이틀을 넣는다

자기소개서는 회사에 자신이라는 상품을 홍보하는 것으로서, 구매자 즉 인사담당자들의 관심을 끌기 위해서는 자신의 특성을 한눈에 파악할 수 있도록 하여야 한다. 남다른 경험이 있어도 단순 나열식으로는 인사담당자의 눈길을 끌지 못한다. 특히 그들은 짧은 시간에 많은 자기소개서를 보기 때문에, 하나의 글에 많은 시간을 할애할 수 없다. 따라서 자기소개서의 목차만 봐도 그 내용을 짐작할 수 있도록 간략한 문장이나 단어를 이용하여 타이틀을 넣는 것이 효과적이다.

(4) 지원동기를 구체적으로 밝힌다

회사의 경영철학, 인재상, 비전과 자신의 철학, 그리고 비전 등을 대비시키고, 전공 등과 연결하여 입사지원 동기를 밝히는 것이 좋다. 지원동기가 확실치 않으면 성취의욕도 적을 것이라고 생각되기 때문이다. 이를 위해서 우선 자신에 대해서 정확히 알 필요가 있다. 자신이 추구하고자 하는 바에 대한 점검이 필요하며, 지원하고자 하는 회사의 특성이나 정보도 수집해야 한다.

(5) 구체적인 경험을 바탕으로 작성한다

자기소개서를 읽은 것만으로 '이 사람은 이런 사람이구나'라는 것을 알 수 있도록 작성하려면, 자신의 경험도 적절히 언급하며 묘사하는 것이 필요하다. 흔히 자신을 보다 멋지게 보이기 위해서 추상적으로 서술한 자기소개서는 지원자의 특징을 파악할 수 없게 만든다. 따라서 자신을 부각시킬 수 있는 에피소드나 인생의 변환점을 가져온 사건 등을 구체적으로 기재하고, 이들 사건이 자신에게 어떤 영향을 미쳤는지 설명한다.

(6) 경력자는 자신이 담당했던 업무와 실적을 강조한다

이전 직장에서 수행했던 업무를 강조와 실적을 강조하고, 특히 지원하고자 하는 업무수행에 도움이 되는 부분을 집중적으로 부각시킨다. 과거 수행했던 프로젝트도 구체적으로 명시하고, 그와 관련해 만들어둔 포트폴리오가 있다면 참고자료로 첨부하도록 한다. 운영하고 있는 홈페이지가 있는 경우, 그 주소를 명시하는 것도 업무능력을 홍보할 수 있는 한 방법이며, 지원 분야와 관련된 수상경력이나 자격증에 대해서도 기술한다.

(7) 자기의 장점을 부각시킨다

자기의 장점과 단점을 함께 밝혀야 하나, 장점에 중심을 두는 것이 좋다. 기본적으로 장점이 많은 사람을 선호하기 때문이다. 그리고 단점에 대하여는 간단히 솔직하게 적고, 이를 극복하기 위해서 기울인 노력이나 그 결과 자신이 어떻게 변화했는지 등에 초점을 맞추도록 한다. 장점은 지원업무등과 관련해 자기의 성격이나 능력이 유익하게 작용할 수 있는 점을 기술한다.

(8) 비전을 제시한다

지원하는 업체의 업종, 특성을 고려해 자신의 포부와 비전을 제시하고, 입사 후 이를 이루기 위해 어떤 자세로 업무에 임할 것인지 등을 구체적으로 설명한다. 자기 나름대로 뚜렷한 목표가 있는 사람이 그에 필요한 열의도 있다고 판단되는 것이 보통이며, 뚜렷한 목표의식이 없는 지원자는 단순히 취업을 위해 지원했다는 인상을 주게 되기 때문이다.

(9) 지원한 기업에 맞추어 자신의 삶과 경험을 재구성한다

앞서도 설명했지만 자기소개서는 자신을 기업에 팔기 위한 홍보수단이다. 면접을 통해 본격적으로 자신을 홍보하기 전에 최소한의 자기 정보를 제공하여 기업이 흥미를 갖도록 하기 위해서는, 입사하고자 하는 기업의 기호에 자신이 맞는 사람이라는 것을 증명해야 한다. 이를 위해 어느 정도 해당 기업에 맞춰 자신을 포장하는 것이 필요하다. 작성 중간이에 유념하고, 최종 점검 시에도 이들 조건이 충족되었는지 확인하도록 한다.

3) 변화하는 자기소개서

이제 더 이상 성장배경, 성격, 장단점, 학창시절, 그리고 입사 후 포부 등의 순서에 의한 천편일률적인 자기소개서에 만족하지 못하는 기업이 늘고 있다. 아래의 경우처럼 아예 기업이 요구하는 인재에 부합하는 경험과 노력, 인성역량을 갖추고 있는지를 직접적으로 묻고 있는 것이다.

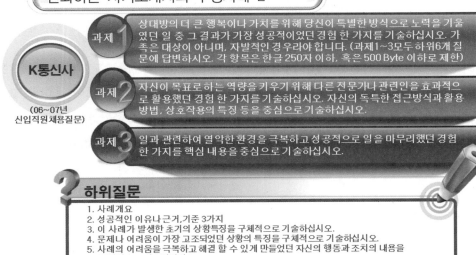

변화하는 자기소개서의 구성사례 1

신입직원채용질문

[S그룹]

1. 우리회사를 지원하게 된 동기와 희망직무 및 그 이유에 대해 서술하십시오.(9줄이내)
2. '자신'에 대해 기술하십시오.(9줄이내)
3. 나의 삶 속에서 겪은 사회생활과 해외경험에 대해 서술하십시오.(9줄이내)
   (동아리 활동, 봉사활동, 사회활동, 해외연수 경험 등)
4. 내 삶에 있어 가장 기억에 남는 일에 대해 상세히 기술하십시오.(15줄이내)
   (사건, 원인, 과정, 결과를 중심으로)
   예) 인생에서 가장 힘들었던 경험/실패사례 및 가장 큰 성취사례
5. 기타 우리회사에 하고 싶은 말이 있으면 기술하십시오.(5줄이내)

변화하는 자기소개서의 구성사례 2

K통신사
(06~07년 신입직원채용질문)

과제1 상대방의 더 큰 행복이나 가치를 위해 당신이 특별한 방식으로 노력을 기울였던 일 중 그 결과가 가장 성공적이었던 경험 한 가지를 기술하십시오. 가족은 대상이 아니며, 자발적인 경우라야 합니다. (과제1~3모두 하위6개 질문에 답변하시오. 각 항목은 한글 250자 이하, 혹은 500 Byte 이하로 제한)

과제2 자신이 목표로 하는 역량을 키우기 위해 다른 전문가나 관련인을 효과적으로 활용했던 경험 한 가지를 기술하십시오. 자신의 독특한 접근방식과 활용방법, 상호작용의 특징 등을 중심으로 기술하십시오.

과제3 일과 관련하여 열악한 환경을 극복하고 성공적으로 일을 마무리했던 경험 한 가지를 핵심 내용을 중심으로 기술하십시오.

하위질문

1. 사례개요
2. 성공적인 이유나 근거,기준 3가지
3. 이 사례가 발생한 초기의 상황특징을 구체적으로 기술하십시오.
4. 문제나 어려움이 가장 고조되었던 상황의 특징을 구체적으로 기술하십시오.
5. 사례의 어려움을 극복하고 해결 할 수 있게 만들었던 자신의 행동과 조치의 내용을 구체적으로 기술하십시오
6. 사례가 당시 어떻게 마무리 되었습니까?

사이버진로교육센터 www.cyber-edu.keis.or.kr, 취업길라잡이 3장.

그리하여 역량 중심의 자기소개서가 부각되고 있는데, 이는 구체적인 상황에서 자신이 맡은 역할과 능력 발휘, 성과, 그리고 자신에게 미친 영향 등을 중심으로 자기소개서를 작성하는 것이다. 차별적인 자기소개서는 직무와 연관한 경험과 능력, 그리고 비전을 부각

시키는 내용으로 작성되어야 한다.

5. Good or Poor 자기소개서

이제 자기소개서에 대한 평가에 있어 감점을 받는 A군과 높은 평가를 받게 될 B양의 자기소개서 내용을 항목별로 비교해보도록 하자. 두 명 모두 영업관리직에 지원하였다고 가정하자.[3]

1) 성장배경

■ A군 (Poor)

"1989년 3월 25일 서울에서 엄하신 아버지와 자애로운 어머니 밑에서 1남 1녀 중 첫째로 태어났습니다. 집안의 가훈은 '성실과 정직'이었습니다. 때문에 누구 못지않게 성실하고 정직하다고 자부합니다. 또 1995년 3월 1일 ○○초등학교에 입학했고, 중학교, 고등학교까지 모두 서울에서 다녔습니다."

⇨ 개선할 점 ; 이력서와 중복되는 내용이며 개성이 부족하고 막연한 내용들로 가득 차 있다.

■ B양 (Excellent)

"어렸을 때 들었던 이야기 중 가장 기억에 남는 말은, '어디에 내놓아도 살아남을 아이'라는 말입니다. 이는 제가 외동딸이었기 때문에, 어려서부터 자립심이 강한 아이로 키우려던 부모님의 노력 덕분입니다. 제가 용돈을 벌기 위해 처음 팔았던 물건은 유리구슬이었고, 이때부터 거래라는 것이 무엇인지 어렴풋하게 알게 되었습니다."

⇨ 영업직에 필요한 마인드가 형성된 과정을 구체적인 사례를 들어 설명하고 있다.

2) 성격의 장단점

■ A군 (Poor)

"저는 추진력이 강하고 적극적입니다. 맡은바 임무는 완벽히 처리하려는 책임감도 있습니다. 말수가 적은 편이어서, 남들로부터 처음에 다가서기 쉽지 않다는 말을 듣고는 합니다. 그러나 한번 친해지면 쉽게 다가갈 수 있는 성격입니다. 언제나 따뜻한 관심을 갖고 생활하며 원만한 대인관계를 유지하고 있습니다."

⇨ 문제점 ; 자기소개서에 자신의 장단점을 솔직하게 이야기하는 것이 나쁜 것은 아니다. 그러나 영업직에 지원하면서 "사람을 쉽게 사귀지 못한다."는 치명적인 단점을 제시하는 것은 어리석은 고백이다. 직무가 요구하는 성격이나 적성에 대한 파악을 게을리 한 것으로 평가받게 된다.

■ B양 (Excellent)

"영업활동에서 가장 필요한 것은 고객의 입장에서 생각하는 것입니다. 저는 주변 사람들로부터 '팔방미인'이란 소리를 들을 정도로 다양한 취미와 특기, 관심사를 갖고 있습니다. 이로 인해 처음 만난 사람과도 자연스럽게 대화를 이끌 수 있는 능력이 있습니다."

⇨ 희망 직무가 요구하는 적성과 성격을 정확히 파악하고 있으며, 그에 맞게 자신의 성품 및 강점을 잘 부각시키고 있다.

3) 학창 시절

■ A군 (Poor)

"학창시절에 다양한 동아리 활동을 했습니다. 고등학교 때에는 서예부에서 활동하였고, 전시회도 했습니다. 대학에서는 학과 내 학회인 '시사연구반'에서 활동하며, 사회적으로 이슈가 되는 문제에 대해 서로 토론한 경험이 있습니다."

⇨ 문제점 ; 역시 희망직무와 연관성이 떨어지는 경험일 뿐 아니라, 활동의 구체적인 내용과 교훈, 그리고 그 영향 등도 제시되어 있지 않다.

■ B양 (Excellent)

"고등학교 시절 방송반에서 PD로 활동하였는데, 저의 프로그램이 가장 인기가 높았습니다. 수많은 노래와 콘텐츠 가운데 개인적인 관심과 흥미보다는, 청취자 입장에서 재미

있는 것을 제공한 것이 비결이었습니다. 이때 영업업무가 제게 맞는 최고의 적성이라고 느꼈습니다."

⇨ 영업직 지원 전의 관련 경력과 직종을 위한 노력을 부각시키고 있다. 활동 내용 및 교훈도 구체적이다.

4) 지원동기와 입사 후 계획

■ A군 (Poor)

"귀사에서 경력을 쌓아 인정받고 필요한 재원으로 성장하고 싶습니다. 비록 지금은 자격증이 하나도 없지만, 회사와 나를 위해 자격증을 취득하겠습니다. 저는 성실한 자세로 회사의 발전을 위해 열심히 일하고, 주어진 상황에서 최선을 다하는 자세로 생활하겠습니다. 생활하면서 부족하다고 느끼는 부분은 조직을 위해서 늘 배우는 자세로 탐구하겠습니다. 저에게 이런 능력을 발휘할 수 있는 발판을 마련해 주시기 바랍니다."

⇨ 한계 ; 피상적이고 막연한 내용과 의지에 머물고 있다. 사실상 "시켜만 주신다면" 무엇이든지 하겠다는 것인데, 이런 지원자들은 오히려 직무에 대한 구체적인 준비가 안 되어 있거나 직무에 대한 열정이 부족한 것으로 평가될 수 있다.

■ B양 (Excellent)

"그동안 소비자와 함께 현장에서 느끼고 익힌 경험을 바탕으로 진정한 영업우먼으로 거듭나고 싶습니다. 사훈이 없는 기업이라는 것에 저는 강한 인상을 받았습니다. 항상 미래를 준비한다는 회사의 핵심가치는 제 생활신조와 일치합니다. 회사와 직원이 같은 목표의식을 갖고, 개인의 발전과 회사의 발전이 떨어질 수 없는 관계라고 한다면 그 기업의 도약은 보장된 것이라고 생각합니다."

⇨ 회사에 대한 관심을 부각시키면서 회사의 핵심가치와 부합하는 인재임을 부각시키고 있다.

1) JobKorea 보도자료(2014. 9. 26.)

2) 이시한, 「이시한의 취업 자기소개서 불패노트」, 랜덤하우스코리아, 2011; 하정필, 「취업의 정답: 스펙쌓기로 청춘 을 낭비하지 않으면서도 취업에 성공하는 비결」, 지형, 2010.

3) 이하의 내용들은 고용정보원이 운영하는 〈사이버진로교육센터〉의 관련 콘텐츠를 변형, 재구성하였다.

CHAPTER

04

면접의 유형과
대응전략

면접의 유형과 대응전략

이력서와 자기소개서가 연애편지라면 면접은 맞선이다. 신입 면접의 관건이 직무능력과 자세와 미래의 가능성이기 때문에, 회사에 대한 관심과 열정을 보여주는 게 중요하다. 자료조사를 통해 회사가 원하는 인재상, 제품, 경영상황, 기업문화들을 머릿속에 넣고 자신감 넘치는 모습으로 인터뷰에 임하되, 단점과 부족한 부분에 대해서는 철저히 대응논리를 준비해 당당하게 의견을 피력해야 한다. 면접이란 자신이 어떤 사람인지를 적극적으로 알리는 기회이며, 자기와 회사와의 '발전적 결합'을 설득력 있게 전달하는 자리이다.

1. 면접심사란?

요즈음 면접 중 심층면접, 압박면접 등 심리면접이 대세를 이루고 있다. 채용 시 면접 비중이 늘어난 이유는 학력이나 시험점수 등의 방법을 통한 기존의 채용 내지 기존의 인재선발 방식이 한계를 노정했기 때문이었다. 한 연구에 따르면 최근 기업들의 채용 실패율은 20%에 달하고, 이로 인해 발생하는 직접비용과 기회비용의 낭비도 가벼이 넘길 수 없는 수준이 되었다.[1] 최근 유행하는 역량면접은 지원자가 경험한 과거의 행동과 이유, 논리 분석을 기반으로 지원자의 미래의 행동패턴을 파악하고자 한다. 그러므로 지원자 입장에서는 직무 및 인성과 관련된 자신의 경험과 교훈을 보다 면밀하게 분석하고 정리하면서, 경험과 관련된 질문에 자신감 있고 깊이 있는 통찰 능력을 보여 주어야 한다.

1) 면접

기업의 규모와 소재지를 불문하고 면접을 통해 채용을 최종 결정하며, 그 비중도 해마다 높아지고 있다(노동부의 조사에 의하면, 면접이 최소 50% 이상을 차지하는 것으로 나타남). 편의점에서 아르바이트생을 채용하더라도 책임자가 직접 인터뷰를 진행한 후에 최종적으로 결정을 내리는 것이 현실이고, 면접의 중요성은 아무리 강조해도 지나치지 않다. 일반적으로 면접시험이란, 서류전형과 필기시험이 끝난 후, 최종적으로 응시자의 인품, 언행, 그리고 지식의 정도 등을 알아보는 구술시험 또는 인물시험이다. 보통 필기시험 또는 서류전형으로 그의 기초실력은 확인할 수 있으나, 그것만으로는 그 수험생의 사람 됨됨이를 모두 알 수 없기 때문에, 직접 지원자의 면모를 접해보고 잠재적인 능력이나 창의력 또는 업무추진능력, 사고력 등을 알아보고자 하는 것이다. 면접심사란 취업을 위해 넘어야 할 최종 관문이며, 면접관에게는 지원자의 전반적인 능력을 확인할 수 있는 기회이고 지원자로서는 자신의 재능을 전반적으로 보여줄 수 있는 기회이다. 면접의 비중과 중요도가 훨씬 증가된 이유는 서류전형이나 필기시험에서 우수한 성적을 받은 사람이 실제 직무수행 능력은 기대에 미치는 못하는 경우가 빈번하여, 그 선발방식을 100% 신뢰할 수 없었기 때문이다. 그러므로 면접은 서류 및 필기시험에서 좋은 성적을 받은 지원자들에게는 합격을 확정짓는 기회가 되며, 서류 및 필기시험에서 좋지 못한 성적을 받은 지원자에게는 막판 역전의 기회가 될 수 있다.

면접심사에서 기업이 행하는 사항은 다음과 같다. 면접관들은 지원자가 입장하는 순간부터 지원자의 모든 언행을 세밀하게 관찰하여 걷는 태도, 인상, 앉아 있는 자세, 용모, 혈색, 음성, 말하는 태도, 나갈 때의 뒷모습, 행동 특성 등 외부적 요소를 파악하고, 질문을 간격 없이 하여 솔직한 답변을 유도하고 결점으로 보이는 사항, 불명확한 부분을 집중적으로 질문하여 확인하려고 한다. 그리고 기본 인품과 전공분야 지식을 종합하여 최종평가를 하게 된다. 특히, 역량평가로서는 업무수행능력, 업무수행태도, 전공지식, 그리고 전문기술 등을 중점적으로 평가하고, 회사에 대한 관심 정도, 해당 업무에 대한 관심과 준비, 몰입 정도 등을 평가하며, 조직문화와의 적합성(적응력, 장기근속 여부), 조직융합 가능성 등을 살펴본다. 최근의 유행하는 역량평가는 직무적합성에 결정적인 중요성을 부여하고 있다. 즉 지원자가 해당 업무를 얼마나 효과적이고 주체적으로 할 수 있느냐 여부이다. 경력사원에 대하여는 이 부분에 아주 많은 비중을 둔다. 중간관리자의 경우에는 전 직장에서의 성과와 프로젝트 경험 여부, 그리고 조직원 통솔력 등 과거 성과에 대한 평가에 주안점을 둔다. 반면에 신입사원에 대하여는 전공이나 경험 중에서 지원한 직무와의 연관성에 비중을 둔다. 교육이수 여부도 평가요소가 될 수 있다. 예를 들어서 객실승무원의 경우 비즈니스매너 교육의 수강, 그리고 금융권 지원자의 경우 금융관련 교육의 이수 여부에 따라 가산점을 받을 수도 있다. 또한 아르바이트 경험도 직무연관성에 해당될 수 있다. 유통업 희망자의 경우, 유통관련 회사에서 아르바이트를 한 경험이 가산점으로 작용될 수 있다.

2) 직급별 면접관의 평가포인트

면접관의 직급을 먼저 확인하면, 면접관이 원하는 체크포인트를 알 수 있다. 직급별로 원하는 인재상을 확인하고, 전략을 세워 합격가능성을 높여 보자.[1] 국내 기업은 일반적으로 팀장직급이 실무능력을 검증하는 1차 면접을 진행하고, 2차 면접은 임원면접으로서 인성 및 적성 위주 심사를 진행하는 것이 상례화 되어 있다.

Microsoft 나 P&G 등 외국계 기업의 경우 무려 7~8차례의 1:1 심층면접을 진행한다. 1단계 면접에서 불합격 판정을 받으면, 다음 단계로 진행할 수 없는데, 이는 기업이 역량 있는 핵심인재만을 선별채용 하겠다는 의지로 해석할 수 있다.

(1) 팀장이 찾는 직원

가장 가까운 거리에서 가장 많은 시간을 보낼 팀원을 찾는 팀장이 면접관이기 때문에, 꼼꼼하게 관찰하려 한다. 지금 당장 실무에 적용시킬 수 있는 경력을 갖추었는지, 조직 적응에 문제가 없는 인성을 갖추었는지, 곧 이직할 사람인지 등등 구체적인 여러 관점에 착안하게 된다. 일을 하면서 부딪힐만한 사안들을 하나하나 시뮬레이션 하면서, 업무역량은 물론 인성까지 꼼꼼하게 알아보려는 것이 팀장의 체크포인트이다.

(2) 임원이 찾는 직원

임원은 채용시 사원에서부터 팀장급까지 면접한다. 사원들과는 업무적인 교류가 많지 않다 보니 실제로는 팀장에 비해 기준이 까다롭지는 않다. 대신 회사 전체에 도움이 되는 사람인지, 스스로 비전을 찾을 수 있는 사람인지, 가치관이 무엇인지, 미래 발전가능성이 있는지 등 거시적인 안목에서 평가한다.

(3) CEO가 찾는 팀장급 직원

전문경영인(CEO)이 보는 팀장급 인재의 관점은 사업개념을 가지고 있고 비즈니스 마인드가 있으며, 기술파트라면 제품의 출시와 직결되는 문제를 해결해 줄 사람인지, 시장에서 당장 활용될 기술을 가졌는지 여부가 관건이 된다.

■ 외모에 의한 인상 평가 : 얼굴이 아니라 마음을 성형수술해라!

외모에서 받는 인상적인 요소는 아무리 강조해도 지나치지 않는다. 그 요소로는 건강상태, 용모, 자세, 명랑성, 협조성, 젊음, 그리고 호감도 등을 들 수 있다. 기업은 널리 외부와의 접촉을 필요로 하고 있으므로 그 사원은 다른 사원들에게 혐오감을 주어서는 안 되며, 가능하면 좋은 인상을 주어야 한다. 이러한 이유로 신입사원 채용 면접시험에서는 외모적 평가요소를 중시하게 된다.

그러나 면접에서의 외모의 중요성은 단순히 좋은 인상을 넘어선다. 왜냐하면 지원자가 어떻게 살아왔는지, 어떤 고민과 인생관을 가지고 얼마나 치열하게 살아왔는지, 평소의 생활태도가 그대로 얼굴에 드러나기 때문이다. 면접관은 지원자의 눈빛과 표정, 그리고 말을 통해 지원자의 인성을 평가한다. 그러므로 단순히 잘 생기거나 예쁜 얼굴이 아니라, 진지하고 성실하며 조직이 원하는 역량을 갖춘 '향기로운 얼굴'이 중요한 것이다.

그래서 취업전문가들은 얼굴이 아니라 마음을 성형수술 하라고 권한다. 최근의 채용동향을 보면 스펙보다 중요한 것이 인성이며, 인성보다 중요한 것이 얼굴에 나타난 심성이라는 것이다. 심성은 마음가짐에 의해 바뀌고, 삶에 대한 태도와 마음가짐이 바뀌면 얼굴과 관상도 바뀌고 인생이 달라지기 때문이다.

평소에 이기적인 사고와 부정적인 마인드를 가진 사람의 얼굴에는, 그러한 사고방식과 생활습관이 그대로 드러나게 된다. 그것은 아무리 숨기려 해도 드러나는 것이다. 게으름과 나태함, 무기력, 패배의식, 게임중독, 사치와 낭비 같은 향락에 빠져있으면서, 겉으로는 아무리 성실하고 진지한 척 해도, 자신의 얼굴과 태도에서 나타나는 평소의 태도와 습관을 숨길 수는 없는 것이다.

평소에 게으름과 향락의 유혹을 거부하고, 치열하게 정신과 영혼을 살찌우려는 노력에 의하여 얻은 경험과 교훈을 바탕으로 새로운 의미와 가치를 부여하면서, 끊임없이 새로운 자기를 만들어 온 지원자의 얼굴은 인사담당자의 입장에서도 참으로 매력적이다. 일상에서 경험하는 모든 스트레스와 짜증, 고통에 까지도 긍정적인 의미를 부여하면서 자기발전의 계기로 삼으려고 노력한다면, 그런 지원자의 얼굴에서는 학벌과 학점상의 불리함을 극복하고도 남는 무엇을 발견할 수 있다. 매일매일 그리고 순간순간, 여러분들의 고민과 생각, 그리고 실천들이 여러분들의 얼굴을 만들어 나간다는 것, 그리고 면접관들은 지원자인 여러분들의 말을 듣는 순간 지원자들이 어떻게 살아왔는지를 날카롭게 통찰해낸다는 것을 알아두자.

2. 면접의 유형 및 준비

1) 면접의 형식적 분류

다양한 면접 유형 중에서 일반적인 면접유형의 특징 및 대응에 대해 좀 더 자세하게 알아보자.[3]

(1) 단독면접

다른 면접에 비해 많은 시간이 소요되고, 면접관의 주관이 개입될 경우도 있지만 지원자의 특성을 가장 잘 파악할 수 있는 방법이다. 1:1 면접에서 특히 주의할 사항은 단 두 사람이서 매우 여러 가지 측면에서 질문과 답변을 해나가는 만큼, 아주 심도 깊은 면접이 이루어지므로 많은 준비가 필요하다는 것이다.

(2) 개인면접(일대다 면접)

개인면접은 여러 명의 면접관이 한 사람의 지원자를 대상으로 질문과 응답을 하는 형태의 면접방식이다. 면접관이 다수이므로 다양한 방면의 질문이 나올 수 있어서 지원자에 대해 다양한 측면에서 질문할 수 있는데, 다수의 면접관을 상대해야 하는 지원자로서는 다른 면접방법보다 어려움을 느낄 수도 있지만, 그만큼 자신을 인상적으로 PR할 수 있는 기회가 될 수 있다.

(3) 집단면접(다대다 면접)

집단면접은 다수의 면접관과 다수의 지원자가 질문과 응답을 하는 방식의 면접이다. 중견기업 혹은 대기업에서의 공개채용 등 일정 규모 이상의 인원을 채용하는 경우의 최종면접 이전에 사용하는 면접방법이다. 여러 명을 한꺼번에 평가하는 집단면접의 장점은 시간을 절약할 수 있다는 것이다. 집단면접 시 유의사항은 자신에게 질문을 하지 않고, 다른 지원자에게 질문을 하는 경우에도 타인의 대답을 경청하는 태도를 보여야 한다는 것이다. 면접관들은 경청하는 태도 역시 비중 있게 체크하고 있기 때문이다. 답변 시 지원자가 유의해야 할 사항은, 질문은 어느 한 면접관이 했더라도 지켜보는 눈은 많기 때문에, 모든 면접관에게 대답한다는 기분으로 응답해야 한다는 것이다.

■ **면접관과 이야기를 나눌 때, 시선 처리는 어떻게 하는 것이 좋은가요?**

면접을 볼 때 Eye Contact은 매우 중요하다. 서양에서는 눈을 바라보며 이야기하는 것은 신뢰를 갖고 이야기한다는 의미를 가지는 반면, 동양에서는 눈을 바라보며 이야기하는 것이 반항한다는 의미를 갖는 것으로 인식된다. 따라서 동양권인 우리나라에서는 면접관의 눈을 너무 뚫어지게 쳐다보는 것은 '도전적'으로 보일 수 있다. 눈썹과 눈썹 사이의 미간을 바라보거나 인중을 바라보면서 이야기를 하면 부드러운 시선 처리가 된다. 눈을 위로 치켜 떠서 천장을 보거나 고개를 숙여 바닥을 바라보는 시선도, 또한 긴장한 상태에서 시선이 불안하게 왔다갔다 하거나 면접관의 눈을 피하는 것도 안 된다.

또한 면접관이 다수인 경우에는 내게 질문을 한 면접관에게 70% 시선을 보내고 나머지 면접관에게도 30% 정도의 시선을 배분하여, 모든 면접관을 나의 이야기에 집중하게 하는 것이 바람직하다.

(4) 집단토론(그룹토론) 면접

집단토론(그룹토론) 면접은 여러 명의 지원자(5~6명)들에게 특정한 주제를 주고 토론을 시키고, 면접관들이 발언의 내용이나 토론 자세 등을 평가하는 방법이다. 대체적으로 6인에서 8인 정도가 그룹토론에 참여하여 찬성과 반대로 나눠 토의하거나, 하나의 결론을 도출하기 위해 집단토론을 하는 방식으로 이루어진다. 토론시간은 30분에서 1시간 정도 주어진다. 시간 내에 결론을 내리기 위해 노력해야 한다. 이때 주의해야 할 사항은 다음과 같다.

- 나만이 튀기 위한 돌출행동을 하지 말라.
- 다른 사람의 의견에 무조건적인 반대를 하지 말라.
- 다른 사람이 말할 때 절대로 끼어들지 말라.
- 나 혼자만 토론을 독점하여 이야기하지 말자.
- 감정을 드러내는 것도 절대 금지
- 같은 의견을 제시하는 토론자에게 무조건적인 긍정도 주의한다.
- 중간적인 입장에서 애매모호한 이야기를 하지 말자.
- 지고이기려는 것이 아니다. 좋은 결과를 내는 데 대한 나의 역할이 중요하다.
- 소극적인 태도로 토론에 임하는 모습은 가장 나쁜 점수를 받는다.

□ 집단토론(그룹토론) 면접에서 나왔던 주제들

• 청소년 성범죄자 명단 공개에 대해 찬반토론을 해보시오.
• 사립대의 기부금입학(기여입학제)에 대해 찬성과 반대로 나눠 토론을 해보시오.
• 인간복제에 대해서 토론해보시오.
• 대형할인마트가 지방으로 확산되면 미치게 될 영향에 대해 논하시오.
• 냅스터(Napster)와 소리바다에 대한 지적소유권에 관한 찬반논쟁을 해보시오.
• 대학생 혼전 동거 문화에 대해 논하시오.
• 회사 내 금연정책에 대해서 찬반토론을 진행하시오.

2) 면접 대비 준비사항

일반적으로 필기시험 혹은 서류전형을 통과한 사람에게 면접시험 일자가 통보된다. 이 때 수험자는 면접시험을 대비해 사전에 자기가 지원한 계열사 또는 부서에 대해 폭넓은 지식을 알아둘 필요가 있다. 이미 지원서를 제출하는 시점부터 면접준비가 시작된다고 할 수 있다. 왜냐하면 자기소개서를 작성하는 노력과 과정 자체가 면접을 준비하는 과정과 연결되기 때문이며, 면접 시 질문 역시 자기소개서의 내용에 기반하여 지원자를 보다 심 충적으로 파악하고 평가하려는 의도를 가지기 때문이다.

취업이 결국 자기분석을 기반으로 자신의 경험, 적성, 능력을 회사와 직무와 연결시키는 작업이라면, 면접에 앞서서 자기분석을 제대로 하는 것이 절대적으로 필요하다. "나를 알아야 회사에 내가 어떤 사람인지 자신 있게 말할 수 있다." 과거의 경험을 반추해 내가 무엇을 좋아하고 무엇을 잘 할 수 있는지, 특별히 어떤 직무에 소질이 있는지를 진정성 있게 말을 통해 전달해주자. 자신의 인성역량과 직무역량을 정확히 파악하고 있다면, 면 접관이 어떤 질문을 하더라도 당황하지 않고 나를 객관적으로 표현해낼 수 있을 것이다. 그러므로 면접 준비과정에서 다시 한 번 다음 항목에 대하여 자기분석의 결과를 차분하게 재정리할 필요가 있다.

• 삶과 직업을 통해 이루고자 하는 목표는 무엇인가? 인생관, 가치관, 직업관
• 목표를 이루는데 도움이 될 만한 성격, 장단점, 경험, 경쟁력 등은 무엇인가?
• 자신의 능력과 직업적 목표가 잘 부합하는지를 냉정하게 파악하고 있는가?

기본적으로 면접 역시 이러한 사항들을 중심으로 지원자를 더욱 냉정하게 파악하기 위한 질문들이라고 볼 수 있다. 이와 함께 면접을 위해 각별히 준비해야 할 사항은 다음과 같다.

(1) 지원회사에 대한 사전지식을 충분히 갖는다. 지원 회사에 대해 최대한 이해한다는 마음으로 준비를 한다.
　① 회사의 연혁
　② 회장 또는 사장의 이름, 그의 출신학교
　③ 회장 또는 사장이 요구하는 신입사원의 인재상
　④ 회사의 사훈, 사시, 경영이념, 창업정신
　⑤ 회사의 대표적 상품, 특색
　⑥ 업종별 계열회사의 수
　⑦ 해외지사의 수와 그 위치
　⑧ 신규 개발품 기획 여부
　⑨ 회사의 장단점
　⑩ 회사의 잠재적 능력개발에 대한 제언

(2) 요구사항 탐구
　이는 자기소개서 작성 과정에서 기왕의 직무분석을 통해 어느 정도 숙지하고 있는 사항이다. 다만 일반적인 수준에서 직무 분석보다 지원한 회사의 특수성을 더욱 고려하여 회사에서 내게 요구하는 보유 기술/지식의 수준이나 직무능력의 수준 등을 미리 파악한다.

(3) 자기 탐구
　이도 자기소개서 작성 과정에서 어느 정도 파악된 내용이다. 특별히 지원회사와 연관하여 나에게 요구되는 직무와 관련된 경험을 정리하고, 내게 적합한 일인지, 부족한 부분은 무엇인지를 미리 생각해둔다.

(4) 사전 연습 및 모의면접
　면접에서의 예상 질문을 생각해 보고, 그 대답을 미리 준비해 연습해본다. 이 경우 대답 내용을 통째로 외우기보다는 핵심 키워드를 머리에 각인하고 답변 방향을 준비한다.

3) 면접 시 금기사항[4]

① 지각은 절대 금물이다.

② 10분 내지 15분 일찍 도착하여 회사를 둘러보고 환경을 익혀두는 것이 필요하다.

③ 앉으라고 할 때까지 앉지 말라.

④ 의자로 재빠르게 다가와 앉으면 무례한 사람처럼 보이기 쉽다.

⑤ 옷을 자꾸 고쳐 입지 말라. 침착하지 못하고 자신 없는 태도처럼 보인다.

⑥ 시선을 다른 방향으로 돌리거나, 긴장하여 발장난이나 손장난을 하지 말라.

⑦ 응답 시 너무 말을 꾸미지 말라.

⑧ 질문이 떨어지자마자 바쁘게 대답하지 말라.

⑨ 혹시 잘못 대답하였다고 해서, 혀를 내밀거나 머리를 긁지 말라.

⑩ 머리카락에 손대지 말라. 정서불안으로 보이기 쉽다.

⑪ 질문에 대해 대답할 말이 생각나지 않는다고 천장을 쳐다보거나, 고개를 푹 숙이고 바닥을 내려다보지 말라.

⑫ 개성을 너무 드러내지 말라. 여전히 대부분의 기업은 보수적이며 점잖고 진지한 사람을 선호한다. 개성이 튀는 사람을 선호하는 기업은 그야말로 특정 직종의 소수 기업에 불과하다. 적절한 자기주장을 절제 있게 해야 하며, 과장이나 허세로 면접위원을 압도하려 하지 말라.

3. 면접의 실제와 실습

1) 면접 실제의 기본

(1) 기본면접 질문들

- 자기소개를 해보세요.
- 지원 동기를 말해 보세요.
- 학창시절에 대해서 이야기해 보세요.
- 미래의 비전에 대해서 말해 보세요.
- 입사 후 우리 회사에 언제까지 다닐 계획인지 이야기해 보세요.

(2) 면접에서 자주 나오는 질문들

- 자기 자랑을 해보세요.
- 가장 자랑스럽거나 보람찼던 일은 무엇이며, 그 이유를 설명해보세요.
- 본인 성격의 단점은 무엇인가요?
- 첫 월급을 받으면 무엇을 할 것인가요?
- 기업이 가장 중요시해야 하는 게 무엇이라고 생각하나요?
- 관련 공부를 한 게 있나요? 설명해 보세요.
- 1960년대 10대 기업 중 지금까지 남은 건 LG와 삼성뿐인데, 변화하는 시대에 대응하기 위한 기업의 전략은 무엇이라고 생각하나요?
- 하드디스크의 원리와 ODD(optical disc drive)의 원리를 설명해 보세요.
- 부실시공을 막기 위한 방법은?
- 적자생존에 대해 어떻게 생각하나요?
- 4차 산업혁명 시대에 30년 후의 세상은 어떻게 달라져 있을까요?
- 자신이 살아오면서 가장 보람찼던 일이나 후회했던 일은 무엇이었나요?
- NGO에 대해 어떻게 생각하나요?
- 회사에 들어온다면 어떤 부분에서 일을 하고 싶은가요?
- 인생을 살아가는데 있어서 가장 중요하다고 생각하는 것 한 가지를 말한다면?
- 남들과 구분될 수 있는 자신만의 장점이 있다면?
- 회사에서 영업을 시킨다면 어떻게 하겠나요?
- 아이디어를 낼 때의 방법, 노하우가 있다면?
- 가장 힘들었던 때가 언제인가요?
- 면접에 떨어진다면 어떻게 할 것인가요?
- 요즘 시민단체가 대기업의 세습에 대해 문제를 제기하는 것에 대해 어떻게 생각하는가요?

2) 최근의 면접 동향

(1) 역량면접이 대세이다.

역량면접(competency based interview)은 구체적인 사실을 토대로 지원자의 기술, 지식, 능력, 인성 등 총체적인 역량을 과학적으로 평가하고자 하는 면접유형이다. 단순히 지원자의 성격이나 장단점, 능력을 평면적으로 평가하기 위한 것이 아니라, 지원자의 과거 경험과 그에 기반한 직무 및 인성역량을 파악하고 미래의 발전가능성을 예측하기 위한 면접이라고 볼 수 있다. 특히, 특정한 상황에서 지원자가 구체적으로 취한 대응논리, 결과를 질문하여 입사 후 지원자의 행동 패턴과 역량을 구조적으로 예측하기 위한 면접기법이다.

(2) 역량면접의 질문, 어떻게 구성되는가?

역량면접의 질문 구성은 다음과 같은 구조를 기반으로 형성된다. 직무 혹은 인성 역량과 연관된 특정한 주제를 중심으로 다음과 같은 총체적인 질문들이 구성될 수 있다. 각각의 질문에 대해 '구체적이고 상세하게' 설명하거나 대답할 수 있어야 한다.

① 상황(Situation) : 당신이 처해있던 상황에 대해 말해보시오.

② 임무(Task) : 당신이 수행한 과제/과업은 무엇이었습니까?

③ 행동 및 대응(Action)

    ㉠ 어떻게 대응했습니까?

    ㉡ 취한 행동에 대해 말해 보십시오.

    ㉢ 이를 위해 구체적으로 어떤 노력들을 하셨나요.

④ 성과(result) : 구체적으로 어떠한 성과를 산출하거나 어떤 교훈을 얻었나요.

(3) 역량면접 실례

① 역량면접 질문 예

"팀을 구성하여 어떤 목적을 가지고 일을 했던 경험에 대해 말씀해 보세요."

이는 최근 기업에서 가장 선호하는 인재형으로서 조직적응력 및 협동심, 의사소통 능력, 리더십, 그리고 진취적 사고와 성취욕 등을 총체적으로 갖추었는가를 파악하기 위한 면접질문이라고 볼 수 있다.

② 역량면접의 질문 구성

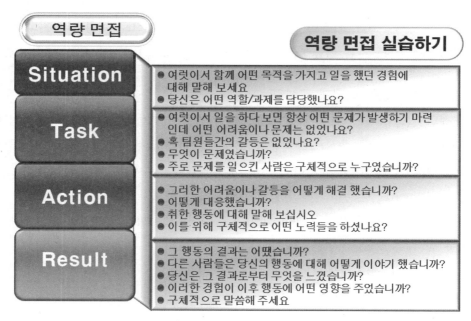

역량 면접

역량 면접 실습하기

Situation
- 여럿이서 함께 어떤 목적을 가지고 일을 했던 경험에 대해 말해 보세요
- 당신은 어떤 역할/과제를 담당했나요?

Task
- 여럿이서 일을 하다 보면 항상 어떤 문제가 발생하기 마련인데 어떤 어려움이나 문제는 없었나요?
- 혹 팀원들간의 갈등은 없었나요?
- 무엇이 문제였습니까?
- 주로 문제를 일으킨 사람은 구체적으로 누구였습니까?

Action
- 그러한 어려움이나 갈등을 어떻게 해결 했습니까?
- 어떻게 대응했습니까?
- 취한 행동에 대해 말해 보십시오
- 이를 위해 구체적으로 어떤 노력들을 하셨나요?

Result
- 그 행동의 결과는 어땠습니까?
- 다른 사람들은 당신의 행동에 대해 어떻게 이야기 했습니까?
- 당신은 그 결과로부터 무엇을 느꼈습니까?
- 이러한 경험이 이후 행동에 어떤 영향을 주었습니까?
- 구체적으로 말씀해 주세요

사이버진로교육센터 www.cyber-edu.keis.or.kr/, 취업길라잡이 2장.

3) 면접질문의 유형

면접질문은 동일한 주제에 대해서 기본면접, 심층면접, 압박면접으로 질문의 깊이와 강도가 구분된다.[5]

(1) 사실, 압박성 질문은 서비스업종에서 일반적으로 사용되었지만, 지금은 전 직종으로 이미 확산되고 있다. 특히 조직적응력을 평가하기 위해 '압박면접'을 많이 활용한다. 현장에서 일을 하다 보면 터무니없는 요구를 받거나 인간관계에서 괴로운 상황에 직면할 경우가 종종 있다. 인사담당자들은 지원자가 스트레스 상황에서 어떻게 반응하는지 확인해보고 싶어 한다. 지원자에게는 괴로운 일이지만, 인사담당자들에게는 압박면접이 지원자의 성향을 짧은 시간 내에 파악하는 데 효과적이다. 또한 겉으로 드러나지 않는 지원자의 숨겨진 인성 및 직무역량 수준을 파악하기 위해서도 효과적으로 사용된다.

즉, 어떠한 위기상황에서도 기지를 발휘해서 이겨내려고 하는 문제해결능력을 알아보기 위해서 압박질문을 한다. 어차피 오늘 면접본 분들은 회사에 입사하면 나의 직장상사들일 가능성이 크다. 그냥 마음 편하게 생각하자. 나의 문제해결능력을 알아보기 위해 의도적으로 아픈 질문을 던지지만, 곧 나의 자상한 상사가 될 사람들이라고 생각하면 압박면접의 불쾌감에서 벗어날 수 있을 것이다.

압박면접용 질문은 크게 2가지로 나눌 수가 있다. 하나는 기분을 상하게 하는 인신공격용 질문이고, 또 다른 하나는 예상하지 못한 질문을 통해 면접자를 당황하게 하려는 질문이다.

■ 어떤 압박질문들이 나오나?

· 기분 나쁘게 하는 압박질문
- 학창시절 학점이 너무 안 좋네. 학교에서 놀았나요?
- 전공하고 지원 분야가 전혀 안 맞는데, 왜 지원했나요?
- 이 정도 토익 점수 갖고 우리 회사에 합격할 수 있다고 생각했습니까?
  서류 전형을 통과한 게 신기하네요.
- 나이가 너무 많네요. 졸업하고 취업 안 하고, 그 동안 놀았나요?
- 우리 회사에 들어오고 싶어 하는 열의가 안 보이네요.

· 예상 못한 가정형 압박질문
- 직장 상사가 보증을 서달라고 하면 어떻게 하겠습니까?
- 지방 발령이 갑자기 났습니다. 어떻게 하시겠습니까?
- 이번 면접에서 떨어진다면, 어떻게 하시겠습니까?
- 우리 회사에 대해 좋지 않은 기사를 읽어본 적이 있습니까?
- 만약에 당신이 면접관이라면 무엇을 질문하고 싶습니까?

---

(2) 지원동기

"왜, 어떤 방법으로 우리 회사를 선택했는가요?"

■기본질문 : 왜 우리 회사에 지원하셨습니까?

■심층질문 : 최근에 우리 회사 업적이 타사보다 악화되고 있는데, 왜 우리 회사에 지원했나요?

■압박질문 : 같은 업종의 다른 회사도 많은데, 왜 꼭 우리 회사이어야 합니까?
　　　　　 우리 회사에 떨어지면 어떻게 하겠습니까?

(3) 자기분석 및 표현 능력

"자기 자신을 어느 정도 알고 있는가?"

- ■기본질문 : 자기소개를 1분 이내로 해보세요.
- ■심층질문 : 휴일에는 무엇을 하십니까? 당신의 성격을 설명해 주시겠어요?
  즐겨 하는 활동은?
- ■압박질문 : 성적이 별로 안 좋은 것 같은데요?

(4) 대학생활

"무엇을 했고, 무엇을 얻었는가?"

- ■기본질문 : 졸업논문의 주제와 내용에 대해 간단히 말해보세요.
- ■심층질문 : 대학생활 중 가장 인상에 남는 일은 무엇입니까?
- ■압박질문 : 당신의 전공은 우리 회사의 업무와는 관계가 없지요?
  대학생활 중 우리 직무와 관련된 경험이 없는 것 같아요?

(5) 업무관계

"직무(일)에 대해서 얼마나 구체적으로 알고 있는가?"

- ■기본질문 : 당사에 입사하게 되면, 어떤 일을 하고 싶습니까?
- ■심층질문 : 업계의 장래에 대해 어떤 전망을 하고 있습니까?
- ■압박질문 : 당신의 적성이나 능력이 직무수행에 부적합해 보이는군요?

4. 면접 시 대답의 비법과 사례별 훈련

1) 상황별 대응전략

(1) 경험을 기반으로 스토리를 구체적으로 설명하고, 성과 역시 구체적인 수치로 인용한다.

상 황 만약 A 지원자가 제과회사에 지원해서 면접을 본다고 가정하자. A지원자는 과자 혹은 케이크를 만들어 본 적이 있냐는 질문을 받았다. 다음의 순서는 높은 평가를 받을 수 있는 대답으로 발전하고 있는 내용이다.

① "저는 딸기 치즈케이크를 만들어 판매해본 적이 있습니다."

② "저는 이전에 근무한 베이커리에서, 고객 설문조사를 거쳐서 모양과 향기가 매우 독특한 딸기 치즈케이크를 만들어 본 적이 있습니다."

③ "저는 딸기 치즈케이크를 고객설문을 바탕으로 독특하게 만들어 본 경험이 있습니다. 당시, 그 케이크가 나오고 난 후 첫 1/4 분기에, 매상액이 20% 정도 올랐고, 현재까지 베스트셀러로 판매되고 있습니다."

(2) 자신이 가진 장점이나 능력, 경험이 지원 회사 및 직무에 어떻게 기여할지를 구체적으로 설명하라.

"저는 성실함이 가장 큰 강점입니다."

① 구체적인 상황 묘사 : 언제, 어디서, 어떻게

"지난 여름방학에 ○○유통에서 두 달 동안 아르바이트로 고객을 관리하는 일을 맡았습니다. 마침 상사가 병원에 입원하셨지만 저는 가장 먼저 출근하고 가장 늦게 퇴근하였으며, 모든 주문을 두 번씩 점검했으며 매주 단위로 고객에게 확인전화를 걸었습니다."

② 결과 : 일어난 좋은 일

"그 기간 동안 고객들은 어떤 불평도 하지 않았습니다. 그래서 사장님은 저의 일 처리에 대해 신뢰를 하셨고, 계속 근무하면서 일을 맡아 달라고 하셨습니다."

③ 지원 회사 및 직무와 연결

"○○회사는 훌륭한 고객서비스로 고객들에게 좋은 이미지를 심어주고 있는 것으로 알고 있습니다. 저의 이런 성실성이 귀사의 고객 서비스의 질을 유지하고, 나아가 향상시킬 수 있으리라 믿습니다."

2) 압박질문에 대한 대처요령

사실 압박성 질문 외에도, 지원자를 의도적으로 당황하게 만드는 면접이 유행하고 있다. 이는 대답 과정에서 드러나는 지원자의 인성을 파악하기 위한 것이다. 극단적인 예를 들자면, 반말형 질문, 공격형 질문, 의도적으로 질문하지 않기 등의 면접 방법에 의하여 지원자를 당황하게 만들면서, 지원자의 표정이나 몸짓, 목소리 등에 나타난 평소의 인성과 생활태도, 직업관, 그리고 조직적응능력을 파악하려 한다. 그러므로 평소 인성을 단련하고 심성을 가꾸지 않으면, 자신의 한계가 그대로 표출된다. 직무에 대한 완벽한 분석과 자기의 인성 및 능력과의 연결도 준비해둬야 한다. 평소 자신의 인성과 능력을 거짓 없이 전달하겠다는 마음가짐과 적극적이고 긍정적인 마인드로 면접을 즐긴다면, 좋은 결과가 나올 것이다. 설사 면접에서 탈락한다고 할지라도 후회가 적을 것이다.

(1) 지원회사 및 직무분석에 기반하여 자신의 업무를 예측하고 자신의 준비상태 및 비전을 제시하라.

사 례 "우리 회사는 의료보건 분야 졸업생 위주로 채용하는데, 생물학 출신이 용감하게 지원했네요?"

⇨ Comment : 약학과 출신만 채용하는 제약회사 연구원에 생물학과 출신 여학생이 합격했다. 면접과정에서 면접관들이 의도적으로 "생물학과 출신이 용감하게 지원했네요?"라는 압박성 질문을 던졌음에도 불구하고 당황하지 않고, 회사 및 직무관련 분야의 최신 기술동향을 완벽하게 분석하고 자신의 직무전문성을 설득력 있게 전달하였다. 결국 어떠한 압박성 질문이 쏟아지더라도 회사 및 직무와 관련된 지식과 경험, 그리고 실력이 갖춰졌다면 당당하게 극복할 수 있게 된다.

(2) 'Yes' or 'No'의 단답형 대답은 금물이다.

사 례 "지난 해에 탈락하셨는데, 올해 또 다시 지원하셨군요."

⇨ Comment : 만약에 이런 질문에 대해 "예"라고 간단히 대답해 버리면 면접장 분위기는 썰렁해질 것이다. 성의 없는 대답으로 비쳐질 것이며, 입사 의지도 의심받게 될 것이다. 물론 장황한 대답 역시 감점의 대상이 된다. 질문의 취지와 의도를 정확하게 파악하고, 가급적 두괄식으로 대답의 첫머리에서 핵심적인 주장을 명료하게 제시하자.

이 경우에 "그렇습니다. 귀사의 가치와 비전을 함께 하고 싶은 저의 꿈을 결코 포기할 수 없었습니다. 그래서 열정과 도전정신으로 다시 도전하게 되었습니다. 그동안 지난 채용에서 탈락한 이유를 냉철히 분석하여 저의 부족한 부분을 보완하고 제 자신의 능력을 발전시키려 이러저러한 노력과 훈련을 지속하였으며, 그 결과 소기의 성과와 실력 향상을 성취했습니다."

(3) 뼛속까지 직무에 대한 열정의 소유자임을 호소하라.

사 례 "작업을 하다보면, 야근이 잦을 수밖에 없는데 괜찮겠습니까?"

▷ Comment : 이 질문은 정답이 주어져 있다. 중요한 포인트는 얼마나 진정성이 담긴 답변을 하는지 여부와 답변을 하는 과정에서 지원자의 눈빛이나 표정, 목소리에 진실성이 강하게 느껴져야 한다는 점이다. 또한 자신의 건강상 태를 자신 있게 말해야 한다.

"실제로 이 일이 힘들고 야근이 많다는 것을 알고 있습니다. 오히려 저에게 열심히 일할 수 있는 프로젝트가 많이 주어지기를 바랍니다. 저는 하고 싶은 일을 할 때는 좀처럼 피로를 느끼지 않는 스타일입니다. 대학시절 전시회를 위해 3일간 6시간을 자며 작업에 몰두하기도 했고, 공모전 참가를 준비하면서도 거의 한 달 동안 잔뜩 긴장한 채 생활하기도 했었습니다. 물론 학창시절의 경험과 사회생활의 일의 긴장감이나 스트레스의 강도 면에서 비교가 안 된다는 것은 잘 알고 있지만, 해야 할 일은 어떠한 상황에서도 하고야 만다는 의지와 건강한 신체로 능히 극복할 수 있습니다."

아울러 강도 높은 직무에 대비하여 자신이 특별히 체력관리를 위해 꾸준히 운동해 오고 있다는 것을 강조한다면 고득점을 할 것이다.

(4) 회사에 대한 과잉 충성은 오히려 역효과를 부를 수 있다. 합리적이고 균형 있는 사고를 부각시켜라.

사 례 "주말에 지원자의 상견례와 상사의 특근 지시가 겹쳤다. 어느 것을 선택할 것인가?"

"무조건 회사에 출근하겠습니다." "팀장이 허가하지 않더라도 상견례에 참석하겠다."

두 가지 대답 모두 적절하지 않다.

"상견례와 특근 모두 중요합니다. 상견례는 개인의 인생에 있어 가장 중요한 만남이며, 특근은 회사와 운명을 같이하겠다는 결단입니다. …… 그러나 최종 결정은 팀장의 의견에 따르겠습니다."

⇨ Comment : 가정생활 역시 중요하다는 정상적인 생각과 회사업무의 중요성 사이에서 균형을 잡을 수 있는 유연하고 합리적인 정신의 소유자라는 인식을 주도록 한다.

(5) 적극적이고 긍정적인 인성의 소유자임을 부각시켜라.

사 례 "만약 지방으로 발령을 받는다면?"

⇨ Comment : 서울 및 수도권 출신 지원자들이 지방 근무를 꺼린다는 것은 면접관들 모두가 잘 알고 있다. 그러므로 지원자가 회사에 대한 사랑과 직무에 대한 열정으로 지방 근무를 전혀 문제 삼지 않는다는 것을 진정성 있게 전달해야 한다. 만약 이 경우 자신의 희망근무지를 강하게 주장하면, 다루기 힘든 사람이며 입사 의지가 약한 사람이라는 인상을 주게 된다.

"제 나름의 소신을 가지고 지원한 이상, 근무지가 지방으로 결정된다고 해서 달라질 것은 없습니다. 물론 낯선 곳에서의 불편함도 있겠고, 서울을 떠나서 다시 돌아올 수 있을까 하는 불안감이 전혀 없지는 않겠지만, 제가 원했던 일을 할 수 있다는 즐거움보다 중요한 것은 없다고 생각합니다. 특히 제 경우는 태어난 이후로 줄곧 서울에서만 살아왔기 때문에, 지방에서 혼자 생활해보는 것도 제 자신의 성장과 시야를 넓히는 데 큰 도움이 되리라 생각합니다."

(6) 일관성 없게 대처하지 마라.

사 례 "우리 회사의 주력 상품인 LCD와 휴대폰 중에서 어느 것이 롱런할 것이라고 예상하십니까?"

⇨ Comment : 이 경우 A 지원자가 LCD의 롱런을 지지했지만, 임석한 면접관 중에서 휴대폰 생산팀장이 강하게 반박하고 나섰을 경우, 만약 A 지원자가 곧바로 입장을 바꿔 휴대폰의 롱런을 지지한다면 그 지원자는 상당한 감점을 감수해야 한다. 이 경우에 바람직한 답변은,

"휴대폰 생산팀장님 말씀도 이런저런 이유로 충분히 일리가 있지만, 그러나 시장 동향 및 경쟁업체 수준 등 이러저러한 변수를 고려했을 때 LCD의 롱런 가능성이 좀 더 높다고 생각합니다. 물론 추후에 좀 더 연구를 해서, 보다 신중하게 판단해 보겠습니다."

(7) 어떤 경우에든 도덕성을 포기하지 말라.

【사 례】 "당신이 다니고 있는 회사가 위기에 처해 있고, 회사의 상사는 당신에게 대기업 간부를 매수해 납품계약을 체결하라고 지시하였다. 어떻게 대처할 것인가?"

⇨ Comment : 최근 기업의 투명성 제고 노력과 사회적 분위기에 따라, 면접에서도 직원들의 도덕성과 품성을 강조하는 경향이 일반적이다. 이런 상황에서 만약에 "매수를 해야만 회사가 회생할 수 있다면, 기꺼이 매수하겠습니다." 라고 대답한다면, 회사에 대한 충성을 표출했지만 상당히 감점될 소지가 있다.

"매수가 최선의 선택지가 될 수 없으며, 그것이 오히려 더 큰 위기를 부를 지도 모릅니다. 매수 외의 방법으로 회사의 위기를 극복할 수 있는 방안을 모색하면서, 우리 회사 상품의 경쟁력을 높이도록 선후배 동료들과 함께 몸과 마음을 바쳐 일하겠습니다."

⇨ Comment : 평소 지원자의 합리적 사고와 도덕성을 부각시킬 수 있는 대답이다. 문제는 이런 대답에도 불구하고 면접관이 "회사가 망하더라도 괜찮다는 말인가?"라는 압박성 질문을 계속해 올 수가 있다. 그러나, 어떠한 경우에도 도덕성을 포기하는 답변을 해서는 안 된다. 직업 현장은 끊임없이 부도덕하고 불합리한 거래의 유혹이 존재하기 때문에, 비리의 유혹을 이겨낼 수 있는 지원자의 도덕적 품성을 파악해보려는 의도이기 때문이다.

(8) 모든 압박성 면접의 탈출구는 팀워크 능력과 커뮤니케이션 능력의 부각이다.

사 례 "업무 능력이 떨어지는 동료 때문에 상사가 당신에게 과도한 업무를 부탁한다. 당신의 인내심도 한계에 도달했다. 어떻게 할 것인가?"

"팀의 화합을 위해 구성원 간 협조는 필수적입니다. 우선 상사의 지시사항을 따를 것입니다. 그러나 업무분담의 합리적 조정에 대해 상사 및 동료와 의논할 것입니다. 특히 차기 프로젝트에서는 능력에 따른 적절한 업무 분담 및 그에 따른 보상을 정중하게 요청할 것입니다."

⇨ Comment : 소통을 중시하면서도 적극적인 해결 의지를 강조하고 있다. 최근 중시되는 조직 화합과 진취적 사고를 부각시키는 답변이다. 이기적이고 자만심이 강한 자라는 인식을 주거나 자기중심적인 답변을 하지 않도록 주의해야 한다. 조직을 위한 일방적인 희생이 아니라, 자신의 요구와 조직의 이익 사이에서 균형을 추구하는 인성 역량을 부각시켜야 한다.

1) 하영목 · 허희영, 「핵심인재를 선발하는 면접의 과학」, (파주: 맑은소리), 2008.
2) 잡코리아 취업지식 나눔터 www.jobkorea.co.kr/Knowledge 참조.
3) 이하 관련 내용은 www.jobyoung.work.go.kr 및 고용정보연구원, 「특성화고 CDP-교사용 매뉴얼」, 2014, 310~312면. ; 황선길 · 안현희, 「실접면접에 강한 면접질문 202제」, 제우미디어, 2009 등 참조.
4) 이완규, 「취업면접, 이렇게 나온다!」, (서울: 시대고시기획), 2007; 사이버진로교육센터 www.cyber-edu.keis.or.kr; 머니투데이 http://www.mt.co.kr 등 참조.
5) 이하의 내용은 위의 책 및 사이버진로교육센터(www.cyber-edu.keis.or.kr)의 '취업길라잡이 2장'을 중심으로 다양한 언론 기사 및 정보를 취합하여 재구성하였다.

CHAPTER

05

비즈니스
매너

chapter

05

비즈니스 매너

누구든 공동체를 떠나 혼자 살 생각이 아니라면 공동체를 타인과 공유해야 한다. 전혀 다른 가치관과 생활습관을 가지고 있다 할지라도 공간을 공유하고 평화적으로 공존하기 위해서는 타인에게 해를 끼치거나 불쾌감을 주지 않는 생활을 유지해야 한다. 이는 민주적 태도이며 동시에 예의이기도 하다. 이러한 가치는 공동목표를 추구하는 집단에서 함께 모인 사람들 간의 업무 공간에서도 기본적인 생활규범과 예절을 형성한다. 비즈니스의 세계에도 상황과 격식에 맞는 태도와 행동이 있는데, 이를 흔히 '비즈니스 매너'라고 한다. 비즈니스 매너는 외부에 나타나는 형식적인 모습만을 의미하는 것이 아니다. 비즈니스 매너의 기본은 정성을 다하는 것이며 상대방의 입장을 헤아려 주는 마음이다. 그러나 이러한 내적 태도도 일정한 격식을 갖추지 않으면 그 순수성과 진정성이 훼손되기 쉽다. 그러므로 진정한 마음과 함께 표현하는 형식을 갖춘 업무 수행은 상호의 관계를 원만하게 만들뿐만 아니라 이해의 폭을 넓히고 나아가 서로 존중하는 우호적 관계를 만든다.

마음가짐에 대한 옛 현인들의 자세 역시 상대를 이해하고 용서하는 것으로 집약된다. 자공이 공자에게 '평생 받들어 시행할 만한 한마디가 있는지' 여쭈었다. 공자의 답은 매우 단순하고 명쾌했다. '그것은 서(恕)다. 자기가 하고 싶지 않은 일을 남에게 베풀지 않는 것이다.'고 하였다. 자기가 하고 싶지 않은 일을 남에게 베풀지 말라는 '기소불욕 물시어인(己所不欲 勿施於人)'은 근본적으로는 "인(仁)의 핵심적인 실천 지침"[1]이다. 자신을 잘 닦아 사회에 적극적으로 참여하여 잘못된 세상을 바로잡도록 하라는 말이다. 이 말의 좁은 뜻은 기소불욕 무가제인(己所不欲 毋加諸人) 즉 '자기가 하고 싶지 않은 일을 남에게 시키지 않는 것'을 뜻한다. 나만 앞세우는 현대인들의 이기심을 꾸짖는 적절한 말이다. 남의 형편을 헤아리지도 않고 공중도덕조차 무시하여 타인을 불쾌하게 하고도 전혀 자각하지 못하는 무례한 사람들에게 절실히 필요한 예(禮)의 기본이 되는 말이다.

현대 한국인들은 잘못된 민주주의 교육으로 인해 자유와 평등의 진정한 의미를 잘못 알고 있는 경우가 많다. 자신의 의사나 행동에 구속받지 않는 행위가 마치 자유의 본의인양 행동하는 경향이 도처에서 나타난다. 이는 '적극적 의미의 자유'로 '방종'을 의미한다. 남을 해치지 않는 범위에서만 자유가 인정되는 '소극적 의미의 자유'만이 사회에서 인정됨을 명심해야 한다. 자본주의 질서에 대한 인식 역시 오해와 무지로 타인을 불편하게 만들거나 타인의 기본적 권리를 침해하는 경우가 적지 않다. '내가 싫어하는 것을 남에게 시키지 말라'는 공자의 말씀은 현대 한국사회에 그대로 적용되는 민주적 태도이다. 최근 사회 전반에서 갈등구조를 표현한 갑을관계도 인간관계 및 조직관계에서 예(禮)가 지켜지지 않았기 때문이다. 내가 상대편에게 굽실거리고 싶지 않다면 상대편이 나에게 굽실거리는 것을 바라지 말아야 하고, 내가 더러운 일을 하고 싶지 않을 때는 상대편 역시 그러하다는 마음을 헤아려야 한다. 상대방의 입장을 이해하며 용서하는 마음으로 다른 사람의 인격을 존중해야 한다. 이러한 자세는 사회생활에서 반드시 지켜야 할 기본예절의 지침으로 업무에서 일어나는 상담이나 경조사 등의 예절에서도 그대로 적용된다. 아래에 직장생활이든 창업에 따른 직업전선이든 갖추어야 할 몇 가지 기본 태도를 정리한다.

1. 옷차림과 인사

요즘은 옛날의 틀에 박힌 형식에서 벗어나 활동의 편의에 따라 옷차림이 매우 자유로운 경향을 보인다. 이러한 변화는 시대의 흐름에 따른 것으로 지나치게 예의를 따질 일은 아니다. 그러나 어떠한 변화에도 변함없는 원칙은 '옷차림은 단정하고 청결하며 세련되게' 보여야 한다는 것이다. 또한 상황에 맞는 차림으로 상대방에게 거부감을 주지 않아야 한다. 사람들은 흔히 외모를 보고 그 사람의 전부를 속단하는 경우가 많기 때문이다. 흐트러진 외모가 상대방에게 좋지 않은 인상을 심어 사회생활에서 치명적인 손해를 볼 수도 있다. 단정한 복장은 좋은 인간관계의 출발이다. 옷차림새와 몸 차림새는 의사표시의 한 수단으로 그 사람의 경제적인 여유, 사회적 위치, 교양의 정도, 교육수준, 성공 가능성(자아실현을 위한 과거와 현재의 노력 여부), 도덕성 등을 나타내기도 한다.

외형적 옷차림새와 함께 상대방에게 강력한 첫인상을 심어주는 것이 '인사'이다. 인사는 정중해야 하며 상황에 따라 적절한 인사를 통해 상대방에게 좋은 인상을 주도록 한다. 고개만 까딱하는 인사는 상대방을 무시하는 모습으로 비춰기 때문에 상대에게 심한 불쾌감을 준다. 무표정하고 눈을 맞추지 않는 인사나 인사말이 분명치 않은 인사는 무성의하게 보인다. 성의 없는 형식적 수사의 인사는 무례하게 보일 수 있다. 인사말의 선택도 조심해야 한다. 아랫사람에게 하는 '수고했다'라는 표현을 윗사람에게 하는 것은 실례다. 인사와 인사말은 상대와 상황에 맞추어 적절해야 한다.

1) 남성의 옷차림

① 구두는 검은색과 갈색이 무난하다.
② 신발을 자주 바꾸어 신어 발 냄새나 구두모양의 변형을 방지한다.
③ 앞뒤가 모두 막혀있는 정장형을 신는다.
④ 양말은 바지나 구두의 색상을 맞춘 어두운 색이 좋다.

그 외에 땀이 많이 나는 여름에는 땀 냄새로 상대방이 불쾌하지 않게 통풍이 잘되는 옷을 입고 겨드랑이 땀 냄새를 방지한다. 필요에 따라 속옷을 자주 바꿔 입는 노력도 필요하다. 식후와 흡연 후에는 양치질로 입 냄새를 없애는 등 불쾌한 냄새로 나쁜 인상을 주지 않도록 노력한다.

2) 여성의 옷차림

① 여름이라도 정장에는 스타킹을 신는다.
② 스타킹의 올에 이상이 없는지 확인하고 항상 여유분을 보유한다.
③ 액세서리와 핸드백, 서류가방은 업무와 상황에 맞게 착용한다.
④ 화장은 단정하게 한다. 지나치게 진한 화장은 품위를 잃게 한다.

그 외에 향수가 짙거나 독특하면 상대에게 거부감을 줄 수 있으므로 은은하게 하는 것이 좋으며 만찬, 문병, 장례식 등에는 향수 사용을 자제한다.

3) 인사

① 상대방이 먼저 인사를 할 때에는 반드시 대답 후 인사한다.

② 앉아서 인사할 때에는 앉은 자세에서 15° 정도 목례로 인사한다.

③ 복도, 계단을 지나칠 때에는 간단히 예의를 표한 후 적당한 거리에서 눈높이가 맞을 때 인사한다. 인사 후 상대방(고객, 상사)이 지나갈 수 있도록 자리를 약간 옆으로 비켜선다.

④ 전화 통화중인 경우에는 눈인사를 먼저 한다. 용무가 있는 경우 "잠시 기다려 주시겠습니까?"라고 양해를 구한 후 계속 통화하되 가급적 빨리 끊는다.

⑤ 업무 중 상사가 지나갈 때는 앉은 채로 눈인사 혹은 목례를 한다.

⑥ 외출 시에는 목적, 장소, 돌아올 시간 등을 구체적으로 보고하고 인사한 후에 나간다. 다녀와서는 보고 인사를 한다.

⑦ 판매매장의 경우에 제품을 판매하는 중이거나 계산 중인 경우, 공장에서 작업 중인 경우에는 상대방과 눈이 마주치면 가벼운 눈인사로 대신한다.

바른 인사 모습

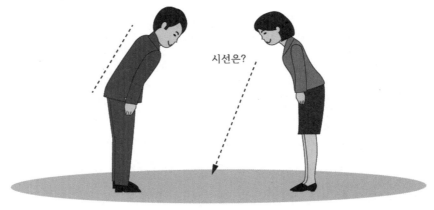

시선은?

바람직한 인사와 바람직하지 않은 인사

바람직한 인사			바람직하지 않은 인사	
가벼운 인사	보통 인사	정중한 인사	무례한 인사	비굴한 인사
15도 숙이기	30도 숙이기	45도 숙이기	고개만 까딱하는 인사	90도 숙이는 인사
눈인사(목례) 협소한 장소 전화받을 때 자주 마주칠 때	기본 인사 처음만난 사람 선배나 상사 앞 고객에게 인사	최고 예의 표현 공식석상 깊은 감사나 사죄 어르신 앞에서	상대방을 무시하는 인상을 준다.	비굴해 보이거나 경우에 따라서는 상대를 조롱하는 모습으로 보인다.

2. 직 무

1) 근무태도

근무태도는 직장인의 인격과 성실성을 표현한다. 올바르고 성실한 근무태도는 직장인과 직장의 미래를 결정하는 중요한 한 요소이다. 냉혹한 경제논리에서도 최선을 다하는 직장인의 성실성은 직장인의 중요한 덕목으로 요구된다.

(1) 출근

정해진 출근 시간보다 미리 출근하여 업무수행을 위한 사전준비를 한다. 업무시간이 시작되면 낭비하는 시간이 없이 업무를 시작할 수 있어야 한다. 출근은 새날을 시작하는 것이므로 주위 사람들에게 먼저 밝고 친절하게 인사한다. 전산으로 출근 입력을 하는 경우에는 출근 즉시 입력한다.

(2) 근무

자신의 능력을 과시하거나 남을 흉보는 태도는 인화를 해치는 행위로 삼가야 한다. 항상 상대의 입장을 존중하며 직무는 성실히 수행한다. 사적인 대화나 통화로 동료의 업무를 방해하거나 자신의 업무시간을 낭비해서는 안 된다. 근무 중에 사적인 외출을 삼가야 하는 것이 당연하지만 부득이한 경우에는 상사의 허락을 얻는다. 회사의 물건 역시 사적인 용도로 사용하지 않도록 하며 일하는 곳을 항상 청결하게 한다.

(3) 자리를 비울 경우

외출을 하거나 자리를 비우게 될 때에는 행선지와 용건, 연락처 등을 동료에게 미리 알려두어 급한 상황에 대비토록 한다. 외부에서 용건이 길어져 귀사가 늦어지거나 퇴근시간을 넘길 경우에는 귀사 여부를 관리자에게 전화로 보고한다. 출장이나 교육, 휴가 등으로 장기간 업무를 볼 수 없을 때에는 책상 위에 표시판을 세워 동료나 고객의 착오가 없도록 알린다. 외출 후 돌아오면 결과를 보고하고 부재중의 용건 유무를 확인하여 업무의 누락을 방지한다. 뿐만 아니라 회사의 기밀이 유출되는 것을 방지하기 위해 외출 시에는 보안에 특히 유의해야 한다. 노트북의 분실이나 허술한 정보관리는 큰 위험을 초래할 수 있다.

(4) 퇴근

오늘 일은 오늘 마무리 한다는 원칙으로 하루 일과를 마친다. 책상과 서류함 등의 청결과 안전을 확인한다. 퇴근 전에는 컴퓨터와 프린터, 기타 전열기구 등을 점검하여 안전에 만전을 기한다. 퇴근 전에는 하루 일과를 점검하여 빠진 것, 인수인계 사항, 다음날의 업무 등을 점검한다. 남보다 먼저 퇴근할 때에는 상사나 동료에게 인사를 하고 퇴근한다. 외근이나 출장 때는 수시로 업무 진행 상황을 보고하여 업무에 차질이 없도록 한다.

(5) 지각, 조퇴, 결근

부득이 하게 지각, 조퇴, 결근을 하게 되면 관리자에게 사유를 먼저 보고한다. 자신이 처리하던 업무를 지속해야 하는 경우에는 동료가 인계할 수 있도록 조치한다.

2) 지시와 보고

직장의 구성원은 사실상 업무의 분업체계에 있으므로 상하 또는 동료 간의 업무협조는 회사라는 유기체가 생명을 유지하는 필수 조건이다. 상호 협조가 없다면 발전은커녕 회사의 존속도 불가능하다. 그러므로 지시사항의 정확한 이행과 상호 협조는 필수적이다.

(1) 지시를 받을 때

상사가 부르면 바로 대답하고 필기도구를 준비하여 신속하게 상사에게 간다. 상황이 여의치 않으면 기다려달라는 말을 하고 가능한 한 빨리 갈 수 있도록 한다. 메모를 습관화하여 지시 사항이 누락되는 일이 없도록 한다. 상황에 따라 메모는 책임소재를 가르는 증빙자료가 되기도 하므로 버리지 말고 보관할 필요가 있다. 기밀사항의 경우에는 달리 조치한다. 메모는 5W2H에 따라 기록하여 일의 진행에 차질이 없도록 한다. 주어진 업무에 대해서는 누구의 지시이며 누구의 책임 하에 진행되는지 또 누구에게 보고해야 하는지(WHO)가 명확해야 한다. 왜 하는지(WHY), 언제까지 완수해야 하는지(WHEN), 무엇을 해야 하는지 그리고 무엇을 요구하고 있는지(WHAT), 어디서 업무를 진행하며 정보는 어디에서 수집해야 하는지(WHERE), 어떤 방법으로 할 것인지(HOW TO), 비용은 어느 정도 드는지(HOW MUCH) 등을 정확히 해야 한다.

지시사항은 끝까지 듣고 지시사항이 애매할 때에는 그 자리에서 확인하여 오류를 방지한다. 지시를 다 받은 후에는 메모한 것을 요약하여 확인한다. 관리자나 윗사람과 의견이 다를 경우에는 상황이 허락한다면 정중하게 방법을 제안한다.

(2) 보고

지시받은 사항에 대해서는 그 실행여부와 결과를 보고한다. 기간이 오래 걸리는 일은 중간보고를 통해 일의 진행 상황을 알린다. 본인이 지시 받은 일은 반드시 본인이 직접 보고하는 것이 원칙이다. 보고는 먼저 결론부터 말하고 과정은 나중에 말한다. 상사에게 보고, 연락, 상담을 하는 것은 조직 유지의 기본이다. 사견을 개입시키지 말고 사실을 정확하게 전달한다. 다른 직원이 알아서는 안 될 보고라면 메모 또는 별도의 자리에서 보고한다.

(3) 업무에 관해 의논할 때

미리 자신의 생각을 정리해 두어야 한다. 자신의 생각을 발표할 때에는 사족을 달지 말고 간결하고 논리적으로 말해야 한다.

3) 통신

업무에 차질이 없도록 전달체계를 명확히 하고 내용을 간결하게 한다. 비밀이 누설되지 않도록 보안에 주의를 기울인다.

(1) 이메일

① 서두에 소속과 이름을 밝히고 반드시 제목을 붙인다. 문장은 간결하고 명확해야 한다.
② 답장이 늦으면 상대방은 불쾌감을 느낀다. 그러므로 답장은 빨라야 하고 만약 처리가 늦어질 경우에는 중간과정을 알려야 한다.
③ 이메일을 발송하기 전에 반드시 수신인, 주소, 내용, 첨부파일 등을 재차 확인하여 실수를 방지한다.

(2) 팩스

① 수신 및 발신자의 이름, 문서의 제목, 총 매수, 보내는 날짜와 시각 등을 적어서 발송한다.
② 팩스 송부 후에는 팩스가 잘 들어갔는지 상대에게 확인하고 답신이 필요한 경우에는 가능한 답신 일자를 확인한다.
③ 업무상 기밀문서나 중요한 문서는 가급적 팩스를 이용하지 않는 것이 좋다. 부득이한 경우에는 수신인이 바로 받을 수 있도록 약속한 후에 보낸다.

3. 대화와 전화의 예절

1) 대화예절

말은 내면의 생각을 표현하는 수단이다. 그러나 표현의 방법에 따라 상대방은 전혀 다른 느낌으로 받아들일 수 있다. 그러므로 자신의 뜻을 전달할 때 어떻게 표현할 것인가 하는 문제는 매우 중요하다. 잘못된 표현은 돌이킬 수 없는 오해를 불러오고 감정대립으로 심각한 지경에 이르게 한다. 그 표현에 상대를 존중하는 마음을 담고 예의를 지키면 좋은 상호관계가 형성된다. 적절한 언어선택은 초면에도 오래 교류한 사람 못지않게 돈독한 유대관계를 형성할 수 있다.

(1) 호감을 주는 대화법

대화는 마음의 교류이며 인격의 교류이다. 말하기와 듣기의 역할 교환으로 상대방을 이해하고 수용하는 과정이다. 대화는 고객에게 감동을 주는 주요 수단이므로 호감을 줄 수 있도록 하여야 한다. 언어는 밝고 명랑하게, 부드럽고 공손하게, 간결하고 쉽게 사용하여야 한다. 긍정형의 언어를 사용하여 고객과 마찰을 피하고 교감하도록 노력한다. 예를 들면, '모르겠습니다.'라고 하기보다는 '잘 모르는 사항입니다만, 제가 확인해보겠습니다.'라고 하고, '제 담당이 아닙니다.'라고 하기보다는 '도와드릴 방법을 찾아보겠습니다.'라고 하여 고객의 마음을 편안하게 하고 성의를 다하는 모습을 보여준다.

(2) 듣기

상대를 이해하려는 마음자세로 상대방의 말을 경청하는 예의가 필요하다. 상대를 정면으로 보면서 부드럽게 눈을 맞추고 밝은 표정과 바른 자세로 듣는다. 이야기 중에 중요 사항은 기록하여 누락되는 일이 없도록 한다. 동의가 필요할 때에는 적절히 맞장구를 치며 중간에 간단히 요약을 하기도 한다. 말하고자 하는 의도를 정확히 알 때까지 성의 있게 듣고 적극적으로 수용한다. 중도에 지레짐작하거나 말허리를 자르는 것은 금물이다. 선입관을 갖지 말고 허심탄회하게 들으면서 상대방의 본심을 잡아내는 노력을 한다.

(3) 말하기

말하기는 자신의 의사를 표현하고 타인과 소통하는 수단이다. 사람들은 말을 통해 사회생활에 필요한 인간관계를 형성한다. 어떤 이야기든 말로 표현할 때에는 목적이 있고 내용이 있다. 그 속에는 인간 생활에 필요한 다양한 정보와 화제가 들어 있다. 그러므로 화법은 바람직한 내용만을 말하지 않는다. 올바른 몸가짐 역시 중요한 요소이다. 말을 할 때에는 상대방 얼굴을 정면으로 보고 눈을 부드럽게 마주하면서 밝은 표정을 짓는다. 이 때 자세도 발라야 하며 적절한 몸놀림은 의사 전달에 도움이 되기도 한다. 단어의 선택은 상대방이 알아듣기 쉽게 하고 정확한 발음과 밝은 목소리, 적당한 속도와 크기로 말한다. 내용 전달은 목적과 상대방 입장을 고려하여 요점을 확실히 전달하도록 한다. 말하기 전에 전달 내용을 설계하고 긍정적인 표현을 사용한다.

2) 전화예절

(1) 올바른 전화예절

통신수단의 발달로 현대인의 생활은 비대면 소통이 절대적 우위를 차지하게 되었다. 많은 사람들이 직접 대면할 필요 없이 전화나 인터넷으로 소통한다. 화상통화가 있지만 대개의 경우 음성에만 의존하거나 문자로 소통한다. 서로 보지 않고 소통하게 되자 상대의 감정을 건드리는 불쾌한 상황도 많이 발생하게 되었다. 상대가 보이지 않는다고 해서 함부로 말해서는 안 된다. 오히려 상대가 보이지 않는 만큼 더 조심해야 한다. 자칫하면 실수하기 쉽고 오해가 생길 소지가 많기 때문이다. 한마디로 전화는 매우 조심스럽고 정확성을 요구하는 의사교환 방법이다. 각종 의사전달이나 주문, 부탁, 요구가 대부분 전화로 이루어지는 현대인의 생활방식에서 전화는 중요한 의사전달 도구이다. 전화를 어떻게 받고 거느냐 하는 문제는 그 회사의 이미지를 결정하는 회사의 얼굴이라고 할 수 있다.

전화는 고객이나 상대방의 얼굴을 직접 보지 않고 대화하는 것이기 때문에 전화를 할 때에는 바로 눈앞에 상대방을 마주한 채로 중요한 대화를 나누고 있다는 마음가짐이 필요하다. 전화는 전화기에 말하는 것이 아니고 고객에게 말하는 것이다. 고객과 얼굴을 맞대고 대화를 하고 있는 상태와 같다. 비록 얼굴은 보이지 않지만 목소리 하나만으로도 상대방의 태도를 감지한다. 그러므로 상대에 따라 갑자기 어투를 바꾸거나 성급한 목소리, 퉁명스런 목소리, 힘없는 목소리로 상대방에게 불쾌감을 주어서는 안 된다. 전화기 주변에는 메모지, 필기구, 자주 거는 상대방의 전화번호 등을 항상 준비해 두어야 한다.

이렇듯 중요한 전화는 통화 시에 먼저 상대방을 확인해야 올바른 내용을 전달 할 수 있다. 전화를 처음 걸거나 받을 때 상대방이 자기를 밝혀도 잘 못 알아듣는 경우에는 다시 정중하게 물어보아야 한다. 특별한 윗사람에게 걸 경우, 상대방을 직접 전화에 불러내는 것이 간혹 실례가 되는 경우가 있다. 이럴 때는 최초로 전화를 받은 사람에게 용건을 말할 상대방의 형편을 묻거나 전갈을 의뢰한다. 만약 통화중에 다급한 일이 생겼다면 상대방에게 사정을 설명하고 일단 끊도록 한다. 단, 통화가 바로 가능한 경우에는 상대에게 양해를 얻은 후 통화대기를 해도 무방하다.

(2) 잘못된 전화예절

① 태도가 불손한 경우 ⇨ "거참! 모르겠다는데 왜 그러세요?"
② 용건을 무시하는 경우 ⇨ "그것도 몰라서 전화를 하셨나요?"

③ 성의 없는 응대 ⇨ "글쎄요, 다른 부서에 문의하시죠."

그 외에 고객을 기다리게 하고 사적인 전화를 길게 하거나 용건이 끝나자마자 먼저 전화를 탁 끊는 것은 무례한 행위로 불쾌감을 준다. 윗사람에게 전화할 때 본인이 직접 걸지 않고 다른 사람에게 시키는 것도 예의에 어긋난다.

(3) 이동전화

이동전화가 없는 사람이 없을 정도로 보편화 되었다. 그 기능이 날로 확대되어 사진기는 물론 컴퓨터의 기능을 상당부분 내장하게 되었다. 기능의 확대는 길거리나 차안의 문화까지 바꿀 지경이 되었다. 그 폐해도 심각해 일부 국가에서는 횡단보도에서의 사용이나 운전 중의 사용을 법적으로 금지하였다. 이미 일부 선진국은 대중교통의 경우 차안에서 아예 통화를 하지 않는 예의가 정착되었으나 우리나라의 경우는 그에 미치지 못하고 있다. 대중교통을 이용하면서 전혀 남을 의식하지 않은 채 큰소리로 마구 떠드는 사람이 적지 않다. 자제하고 고쳐야 할 미숙한 문화이다. 대중교통이나 엘리베이터 등 타인과 공유하는 공간에서는 남이 불편하지 않게 극히 조심해야 한다.

4. 호 칭

상대에 대한 적절한 호칭은 대화의 시작을 부드럽게 한다. 고객에 대한 호칭을 잘못 사용하면 고객에게 불쾌감을 준다. 고객의 이름이나 직함에 '님'자를 붙이거나 '손님' 또는 '고객님' 부르는 것이 무난하다.

직장에서의 호칭은 상사에 대한 호칭, 동료 간의 호칭, 부하직원에 대한 호칭, 이성간의 호칭 등으로 구분할 수 있다. 대개의 경우 성에 직위를 붙여 부른다. 직위란 직무와 책임이 부여된 정도를 말하는 것으로 기업체에서는 대리, 과장, 차장, 부장, 이사 등의 명칭을 사용하고 있다. 공무원이나 일반기업체에서는 1급, 2급, 3급, 4급, 5급 등의 직급을 사용하고 있으나 이는 승진이나 보수체계에서 이용된다.

상사를 호칭할 때는 직함에 '님'자를 붙인다. 그러나 자기부서의 상사를 더 윗사람에게 호칭할 때는 자기 상사의 성에 직위를 붙이되 '님'자 붙이지 않는다. 문서나 안내판 등의 표기에 '님'자를 붙이지는 않는다. 예를 들면, '사장님실'이 아니라 '사장실'이라고 쓰는 것이 맞다.

부하직원에게는 성에 직위를 붙여 호칭하거나 이름 뒤에 '씨'자를 붙인다. 같은 직급이라도 초면이거나 선임자 또는 동료 간이라도 연장자에게는 직급 뒤에 '님'자를 붙이는 것이 한국인의 정서에 부합한다. 이성 간의 호칭은 상대가 불쾌하지 않은 적절한 단어를 사용하거나 상대의 동의를 구한 용어를 쓰는 것도 한 방법이다. 직위가 서로 없을 때는 이름에 '씨'자를 붙이는 것이 무난하다.

5. 소개와 악수

사회생활 또는 비즈니스 상에서 새로운 인물을 만나 서로 소개하는 상황은 흔히 일어난다. 소개 매너는 첫 만남의 분위기 조성과 부드러운 대화를 유도하는데 중요한 역할을 한다. 자신을 소개할 때는 먼저 이름을 밝히고 만남의 목적과 관계된 자기의 역할이 있다면 간략하게 소개한다.

1) 소개

소개는 주체에 따라 방법이 달라진다. 주체를 기준으로 내부인을 외부인에게, 연하자를 연장자에게, 남성을 여성에게, 친한 사람을 덜 친한 사람에게 먼저 소개한다. 그러나 비즈니스에서는 직급이나 직위가 우선한다. 단체일 경우에는 좌측부터 소개한다. 먼저 소개할 주요 인사가 있는 경우 우선 소개한 후 좌측부터 소개한다. 만약 사교모임이라면 소개받자마자 명함을 건네지 말고 나중에 상황을 보아 전달한다.

2) 악수

악수는 상대와의 경계를 풀고 친근한 정을 나타내는 표시이며 마음을 접근시키는 행위다. 상대가 청하는 악수를 사양하는 것은 실례다. 악수는 원칙적으로 손윗사람(연장자, 상사, 선배)이 아랫사람(연소자, 부하, 후배)에게, 여성이 남성에게 먼저 청한다. 단, 국가원수, 왕족, 성직자는 예외이다. 파티에서 호스트인 남성은 여성에게 먼저 청할 수 있다. 악수는 원칙적으로 오른손으로 한다. 만약 오른손에 부상을 당했을 경우는 왼손으로 할 수 있으나 상대의 양해를 얻는다. 너무 강하게 쥐지 말고 적정한 힘으로 쥐어야 한다. 악수는 인사의 한 종류이지 자신의 힘을 과시하는 자리가 아니다. 특히 여성에게는 약간 힘을 빼는 것이 좋다. 손을 너무 오랫동안 쥐고 있는 것도 실례임을 명심해야 한다.

악수할 때는 상대방에게 집중하여 상대방의 눈을 보며 손을 잡는다. 시선을 다른 곳으로 돌리거나 옆 사람과 이야기하면서 하는 악수는 실례이다. 악수를 하면서 왼손으로 상대의 손을 맞잡고 굽실거리거나 머리를 숙여 인사할 필요는 없다. 당당하게 해야 한다. 경의를 표하는 경우에는 악수 전에 가볍게 인사한다. 여성은 남성에게 악수를 청하지 않아도 실례가 아니므로 가벼운 목례와 미소로 대신해도 무방하다. 겨울철에도 악수할 때는 장갑을 벗어야 한다.

3) 명함 교환

사람을 소개하고 악수를 한 다음에 명함을 교환하게 된다. 명함은 회사를 대표하는 표식이며 외부인사에게 자신과 회사를 소개하는 소개장과 같은 것이다. 그러므로 명함은 품위 있게 만들고 바르게 사용해야 한다.

명함의 종류는 여러 가지이나 통상적으로 업무용 명함(business card) 한 종류를 사용한다. 서양의 경우에는 사교용 명함(calling card)이 별도로 있다. 업무용 명함은 업무관계로 사용하기 때문에 직장명, 주소, 전화, 직위를 기입하지만 사교용 명함에는 회사 등 업무상의 주소는 적지 않는다. 명함에 기입하는 내용은 중요한 사항만 간결하게 적는다. 본인을 과시하기 위한 잡다한 경력이나 직책을 나열하는 것은 좋지 않다.

명함은 초면에 서서 소개하는 자리에서 주고받는 것이 일반적이다. 이미 착석한 경우에는 상황에 따라 처신한다. 명함을 내밀 때는 상대방의 가슴 높이가 적당하다. 명함은 하위에 있는 사람이 먼저 건넨다. 상위자의 명함을 받을 때는 왼손으로 가볍게 받쳐 드는 것이 예의이다. 명함을 건넬 때는 반드시 상대방에서 읽기 편하게 자기의 이름이 상대방 쪽을 향하게 한다. 명함을 주고받을 때는 자기의 소개를 간단하게 하는 것이 좋다. 예정된 만남에는 상대방을 기다리게 하고 명함을 찾는 일이 없도록 미리 준비한다. 명함을 받은 즉시 주머니에 넣기 보다는 명함에 적힌 내용을 보고 성이나 이름, 회사나 직위에 대해 잠시 대화를 나누는 것이 본론으로 들어가기 전에 분위기를 부드럽게 한다. 상대방의 명함에 모르는 한자나 어려운 영어발음이 있는 경우 그 자리에서 확인하여 나중의 실수를 예방한다.

복수로 명함을 받았을 때는 앉은 순서대로 명함을 나열하여 호칭에 실수가 없도록 한다. 받은 명함 위에 글씨로 메모를 하지 않는다. 만약 주위에 메모지가 없다면 양해를 구하고 적는다. 서양인은 비즈니스가 아니면 첫 대면에 명함을 주고받는 일이 거의 없고 대화를 나누다가 필요한 경우에는 헤어질 무렵에 교환한다.

직위의 영문표기

국 문	영 문
회장	Chairman
부회장	Vice Chairman
사장	President
부사장	Senior Executive Vice President
전무이사	Senior Managing Director
상무이사	Managing Director
이사	Director
감사	Auditor General
고문·자문	Advisor
부장	General Manager
본부장	Director
부장대리	Deputy General Manager
차장	Deputy General Manager
실장	General Manager
과장	Manager
대리	Assistant Manager

4) 선물

각종 기념일을 비롯하여 결혼, 약혼, 축제일 등에 선물을 주고받는 풍습은 세계 공통이다. 그런데 어떤 선물을 할 것인지는 무척 까다로운 일이다. 흔히 선물은 정성과 마음이라고 하지만 상대방이 선물을 받고 좋아할지 어떨지를 판단하기는 어렵다. 그래서 선물을 선택하는 것은 여간 고민스러운 일이 아니다. 명확한 기준은 어떤 상황에서건 선물이 서로에게 부담이 되어서는 안 된다는 점이다. 선물은 서로 부담 없이 주고받는 것이 좋다.

선물을 선택할 때는 받는 이의 취향을 고려하고, 개인의 기호가 강한 품목 즉 향수, 속옷 등은 삼가는 것이 좋다. 유명 상품권은 무난하지만 정성이 문제가 된다. 선물하기 전에 선물의 가격표를 떼고 축하 또는 감사의 글을 함께 곁들이는 것이 좋다. 선물은 받을 때 기분이 좋도록 해야 하므로 포장에도 신경을 쓴다. 현장에서 직접 선물을 받았을 때는 바로 포장을 뜯고 선물을 확인한 다음 감사의 말을 전한다. 선물을 배달받았다면 전화 등을 통하여 감사의 말을 전한다. 다른 나라 사람과 선물을 주고받을 때는 그 나라의 풍습을 미리 확인하여 기피할 내용을 숙지할 필요가 있다.

6. 회식과 음주

직장생활에서는 다양한 이유로 회식을 하게 된다. 직종에 따라 차이가 있으나 단합이 특별히 강조되거나 구성원의 최선을 항상 독려하는 직종에서는 회식이 잦다. 잦은 회식은 직장생활을 불편하게 할 수도 있으나 단합을 위해 필요한 경우도 있다. 회식은 단순한 식사보다 음주가 동반되는 경우가 일반적이다. 그렇기 때문에 조심해야 할 일도 많다.

1) 회식 매너

회식을 할 때는 미리 참석인원과 예산에 맞는 메뉴, 회식 시간 등을 정한 후 적당한 장소를 예약한다. 회식자리에서 회사의 기밀과 관련된 사항을 이야기 하거나 상사나 동료의 험담을 늘어놓는 것은 절대 금물이다. 옳은 말을 하여도 불평분자로 낙인찍혀 평탄한 직장생활을 하지 못할 우려가 있다.

2) 음주 예절

한국사회가 비교적 술로 인한 실수에 너그러운 편이었으나 이제는 점차 엄격해지고 있다. 때로는 잘못된 음주예절이나 음주습관으로 직장생활을 망치는 경우도 있다. 술도 음식이므로 지나치게 마셔 타인에게 피해를 주거나 자세가 흐트러져 다른 사람에게 불쾌감을 주어서는 안 된다. 특히 술을 마시고 싶지 않거나 마실 줄 모르는 사람에게 강권하여 억지로 술을 마시게 하는 것은 상대방을 고통스럽게 하는 잘못된 음주문화다. 술은 즐거운 마음으로 상황에 맞게 즐기는 것으로 분위기를 망치거나 건강을 해치는 수준의 음주는 삼가야 한다. 특히 젊은이들 사이에서 유행하는 '첫잔은 원샷'이라는 국적 불명의 음주문화는 건강을 해치는 가장 어리석은 음주행위로 빨리 없어져야 할 것이다. 또한 무조건 상급자에게 먼저 술을 올리는 아부의 색채가 짙은 위계적 음주문화도 사라져야 한다.

술은 원래 상하가 동석인 경우에 웃어른이 아랫사람에게 내려주는 것이 옳다. 윗사람의 자애를 바탕으로 아랫사람에게 베푸는 것이 주도(酒道)이다. 그런데 5·16쿠데타 이후 잘못된 군사문화와 산업화 과정에서 형성된 비민주적 위계질서로 인해 윗사람에게 먼저 술을 올리는 천민적 문화가 자리 잡은 것 같다. 그리하여 흔히 상하가 모인 자리에서 서로 윗사람에게 술잔 올리기를 경쟁하고 윗사람은 그것을 마치 자신의 인기나 권위인양 받아들이는 경향이 있는데 이는 모두 주도에 어긋나는 무지한 행위이다. 그러므로 윗사람에게 함부로 술을 권해서는 안 된다. 술을 권할 때에는 정중하게 분명한 의사를 확인한 후 술을 올려야 한다. 단, 회식 등에서 함께 건배를 하는 경우에는 윗사람의 잔부터 채우는 것이 예의다.

(1) 술을 따를 때

건배를 위해 함께 술을 따를 경우에는 상급자나 연장자 순으로 한다. 친구, 동료, 아랫사람이 아닌 이상 모든 사람에게 두 손으로 따르는 것이 예의다. 친구, 동료, 아랫사람이라도 서로 존중하는 의미에서 두 손으로 따르는 것도 좋은 방법이다. 한국은 오른손 문화와 왼손 문화가 공존하는 사회이지만 일상생활에서는 왼손 문화를 천시하는 경향이 있다. 그러므로 왼손으로 술을 따르는 것은 실례가 된다. 술은 천천히 그리고 잔에 넘치지 않게 조심스럽게 따른다.

(2) 술을 권할 때

상대가 누구이든 술을 무리하게 권하는 것은 무례한 일이다. 남에게 술을 강권하는 행위는 자신이 잘못된 가정교육을 받았다는 것을 표현하는 것이다. 윗사람에게 먼저 술잔을 올리는 것을 삼가고 윗사람에게서 먼저 술잔을 받은 후에 그 답으로 정중히 답 잔을 올리도록 한다. 상대방이 어느 정도 술을 마셨다고 생각되면 반드시 "한잔 더 드시겠습니까?" 하고 가볍게 물어보고 권하도록 한다.

(3) 술을 받을 때

취기의 상태나 주변의 상황이 계속 마시는 것이 부담스럽다고 판단되면, "아, 이제 그

만했으면 좋겠습니다만"하고 자신의 의사를 분명히 밝히는 것이 좋다. 잔을 받았을 때는 받은 잔을 바로 마시지 않더라도 입에 살짝 대는 시늉이라도 하고 잔을 내려놓는 것이 예의다.

3) 건배

한국과 일본에서는 격식을 차리는 자리에서 건배를 식사 전에 한다. 그러나 서양에서는 식사 후 디저트 무렵에 한다. 건배는 호스트(host)가 일어나 좌중에서 직위가 가장 높은 사람이나 연장자 또는 유명인사에게 건배해줄 것을 청한다. 제의를 받은 사람은 짧은 건배사와 함께 건배를 외친다. 건배는 잔을 얼굴 높이 정도로 하고, 건배를 외친 후에 가까운 사람들과 잔을 가볍게 부딪친 후 음주한다. 거리가 멀면 눈으로 인사한다.

---

1) 「논어」 위공령편 참고, 배병삼 주석, 「논어」, 문학동네 2권, 2002, 296-297면 참고.

CHAPTER

06

기업경영과
창업의 의의

기업경영과 창업의 의의

미래사회는 제4차 산업혁명에 따른 사회변화가 자동화 및 인공지능에 의한 노동력의 대체로 직무역량이 변화되어 창의성과 혁신성 등 인간만의 가질 수 있는 주요 능력이 가치를 가지게 될 것이다. 또한 기술발전에 따른 산업구조의 변화로 일자리와 고용구조의 변화로 나타날 것이다.

그동안 대기업 중심으로 산업구조의 성장과 고용이 이루어진 무거운 창업이었다면 미래는 핵심역량과 혁신성이 중심인 가벼운 창업(smart start up)의 시대가 된 것이다.

다양한 융합과 기술혁신의 가속화, 변화하는 소비자의 다양한 니즈에 대한 대응능력이 중요해짐에 따라 신속하고 유연성있게 대응할 수 있는 기업, 즉 스타트업과 중소기업의 시대가 도래하였다.

창업은 기업경영의 첫 번째 단계이다. 기업경영에 대한 기본지식이 없이 창업에 뛰어든다면 비용이 많이 들게 마련이다. 제6장에서는 창업의 개념과 창업의 필수요소에 대하여 설명한다.

제1절 기업경영에 대한 이해

1. 기업의 개념과 목적

1) 기업의 개념

한 나라의 경제는 가계, 기업, 정부, 그리고 외국이라는 경제주체로 구성되며 그 중 기업은 국가경제의 근간이 되고 있는 가장 중요한 경제주체이다. 기업은 투입된 자원보다 더 많은 산출을 위하여 구성된 조직이다.

기업은 생산의 주체가 되고, 이윤추구의 주체로서 채권자에게 투자수익을 올려주는 한편, 투자자에게는 배당수익을 돌려준다. 이러한 이윤추구를 통해 기업은 계속기업으로 존속한다. 또 기업은 가장 중요한 이해관계자인 종업원에게 임금을 지불하여 가계의 기초가되며, 지역사회의 구성원으로서 사회적 책임을 다한다.

2) 기업의 목적

기업의 목적은 첫째, 계속기업(going concern)[2]으로 존속하는 것이며, 둘째, 기업가치의 극대화를 추구하는 것이고, 마지막으로 기업의 사회적 책임을 다하는 것이다.

(1) 계속기업

기업은 지속적인 생존과 발전을 위하여 지속적인 경영관리과정이 반복되며 재투자가 지속적으로 이루어진다. 기업은 기간을 정하여 놓고 사업을 하는 것이 아니라 영원히 존속하는 것을 전제로 한다.

재무제표의 자산평가를 할 경우에 기업이 계속 존속한다는 전제하에 자산을 청산가치로 평가하는 것이 아니라 감가상각 방법을 사용하는 것도 이 때문이다. 또 대손충당금 등도 계속기업을 전제로 생겨난 개념이다.

(2) 기업가치의 극대화

기업은 자본을 투하하여 제품과 용역을 소비자에게 제공하고 이익을 실현하는 조직이다. 따라서 매년 얼마나 이익을 냈는지가 중요하다. 기업의 경영자는 당기 이익극대화가 최대의 관심사가 되며, 전문경영자가 경영을 책임지고 있는 경우에는 더욱 심하다. 당기순이익이 경영성과의 잣대가 되고 연봉이나 상여금의 기초가 되기 때문이다.

그러나 기업의 소유자가 일반주주로 확장되면서 기업의 목적은 단기업적주의에 의한 당기 이익극대화에서 장기적인 관점인 기업가치의 극대화로 확대 발전되어 가고 있다. 이를 주식가치의 극대화라고도 한다.

(3) 사회적 책임

기업은 계속기업을 전제로 존속하여 기업가치의 극대화를 추구하며 그 규모를 확대하였다. 이 과정에서 기업이 시장을 독점 또는 과점체제로 지배하게 되었다. 이제 기업의 목적이 이해관계자인 고객과 지역사회 등에 대한 기업의 사회적 책임[3]에도 확대되는 추세이다.

기업의 성장과정에서 사회적 자본과 사회적 자원을 사용하고 정부의 지원도 받게 되면서 기업의 사회적 책임이 커지게 되었다. 적정한 임금의 지불과 기술혁신을 통한 양질의 상품제공, 그리고 다양한 사회기여활동이 요구되고 있다.

2. 기업의 경영관리

기업은 계속기업으로의 존속, 기업가치의 극대화, 그리고 사회적 책임이라는 기업의 목적을 달성하기 위하여, 경영환경을 분석하고 내부 역량을 점검하여 경영목표를 설정한다. 그리고 경영전략을 수립하여 실행에 옮긴 후 그 결과를 평가하여 다시 경영전략에 반영한다.

1) 경영전략의 수립

(1) 기업의 비전과 경영목표의 설정

기업의 경영전략을 수립하기 위한 첫 단계는 경영비전 선포와 사훈 제정, 그리고 경영목표의 설정과 경영방침의 수립이다. 기업의 설립초기부터 경영비전과 사훈을 가지고 있는 경우 전 조직구성원에게 커다란 자극제가 되어 그들의 역량을 모을 수 있고 기업의 성장에 기초 자양분이 된다.

① 기업의 비전

경영비전은 그 기업이 앞으로 어떤 기업이 될 것인지를 그린 '기업의 미래 이상형'이다. 경영비전은 경영자와 종업원이 추구하는 기업의 모델이며 고객이 그 기업에 대한 인식과 그 기업이 제공하는 제품이나 서비스 품질의 수준을 의미하기도 한다. 또 중장기 기업경영을 하는 과정에서 등대 역할을 하는 것이다.

② 경영목표의 설정

경영목표는 기업이 단기 또는 중장기 달성해야 할 경영의 예상실적이다. 경영목표는 계량화 할 수 있는 항목과 그렇지 못한 항목으로 구분할 수 있다. 대다수 기업들은 매 1년 단위의 경영목표를 제시하고 목표대비 실적을 토대로 조직구성원들의 인사고과를 하며 임금과 성과급을 결정한다.

(2) 경영전략의 수립

① PDS

경영전략의 수립은 기업의 목표를 달성하기 위한 기업경영의 필수요소이다. 헨리 페이욜(Henry Fayol)의 관리 5요소를 기본으로 계획(plan), 실행(do), 평가(see) 등의 경영관리 과정이 있다.

계획(plan)은 기업의 경영목표를 제시하고 이를 달성하기 위한 인적자원과 물적자원의 배치활동을 말한다. 실행(do)은 계획된 내용대로 인적자원, 물적자원을 활용하는 것을 말하며 평가(see)는 계획대로 실행이 되었는지를 점검하고 다시 계획에 반영하는 활동이다.

② 중장기 경영계획

경영계획은 기업이 나가야 할 지향점과 활동 과정을 결정하는 것을 말하며 이는 단기계획과 중장기계획으로 구분한다. 단기계획은 1년 동안의 실행계획을 뜻하고 중장기 경영계획은 통상 3년 정도의 계획을 의미한다.

중장기 경영계획의 전제조건은 경영환경의 분석이다. 세계의 정치, 경제동향을 살피고 국내의 정치, 경제동향을 확인하며 업계의 기술혁신내용도 점검한다. 우리나라의 경우는 특히 중국의 경재성장률이 주요 변수가 되고 있다.

③ 목표관리(MBO)

경영목표를 효율적으로 달성하기 위하여 드러커(P. Drucker)는 목표관리(Management of Objective)를 제시하였는데 목표의 설정, 조직구성원들의 참여, 그리고 피드백으로 구성된다. 측정이 가능한 정량적인 목표가 제시되어야 하고 조직구성원들이 스스로 참여하여 목표를 결정하며 주기적으로 조직의 상하가 검토하는 것이다.

기업의 경영환경은 국내외 많은 경영변수에 따라 아주 빠른 속도로 변화하고 있다. 경영환경의 변화에 따른 시나리오를 설정하여 예측했던 경영환경과 이에 맞는 시나리오 경영전략을 채택하여 경영계획을 집행한다.

2) 경영전략의 집행

경영비전과 목표를 달성하기 위한 경영계획의 집행은 크게 조직 및 인사관리, 연구개발(R&D[5]) 및 생산관리, 마케팅관리, 재무관리, 회계로 나누어 볼 수 있다.

① 인사 · 조직관리

조직 및 인사관리는 크게 기업의 조직을 체계화하는 조직관리, 인사관리, 그리고 리더십으로 구분할 수 있다.

조직구성원들로 하여금 자발적으로 조직의 목표달성에 기여하게 함으로써 조직 의 발전과 개인의 발전을 동시에 달성하게 하는 제도 및 기술의 체계를 말한다.

② 연구개발 및 생산관리

연구개발, 생산관리, 공정관리, 재고관리, 그리고 품질관리로 구분한다.

기업이 유형 또는 무형의 자원을 이용하여 제품이나 서비스를 가공하는 생산 시스템을 계획, 운영, 통제하는 일련의 관리활동이다.

③ 마케팅관리

마케팅관리는 홍보 및 광고 전략, 마케팅믹스, 마케팅전략, 제품전략, 그리고 판매촉진으로 구분한다.

조직의 목표를 달성하기 위해서 해당 고객과 커뮤니케이션을 창출 및 유지하고, 이를 위한 구체적인 프로그램의 분석, 계획, 실행, 통제를 수행하는 것이다.

④ 재무관리

재무관리는 자본조달결정, 투자결정, 그리고 경영분석으로 나누어 볼 수 있다.

기업의 경영목표를 달성하기 위해서 필요한 자금의 조달을 비롯하여 자금의 운용, 관리, 통제에 이르는 총체적인 관리활동을 말한다.

경영분석은 경영관리활동에 필요한 적절한 정보를 적절한 구성원에게 적절한 시점에 적절한 형태로 제공하여 주는 정보시스템을 운영하고 관리하는 것을 의미한다.

⑤ 회 계

기업경영활동을 측정, 기록, 해석하고 기업 내부 및 외부의 관계자들에게 필요 한 정
보를 제공하여 의사소통을 원활하게 함으로써 경영의사결정을 지원하는 총체적인
시스템을 말한다.

제2절 창업의 의의와 필수요소

기업경영에 대한 전반적인 개념과 기업경영과정을 살펴보았다. 이제 창업이란 무엇인
가, 그리고 창업을 위한 필수요소는 무엇인가를 알아본다. 경영학적 개념과 정부의 창업
지원을 염두에 두고 중소기업창업지원법에서의 창업, 창업자, 중소기업의 개념을 파악
한다.

이어서 왜 창업을 하는지, 창업의 특성은 무엇인지를 알아보고 창업을 위한 필수 요소
를 파악한다.

1. 창업의 의의

중소창업기업의 보호와 육성을 위한 중소기업창업지원법의 창업개념을 살펴보자.

1) 중소기업창업지원법상 창업

중소기업은 자본력이 취약하고 시장지배력이 약하지만 2013년도 기준으로 우리나라 기
업체수의 99.9%와 취업자수의 87.5%를 차지하고 있다.[7]

헌법은 "국가는 중소기업을 보호·육성하여야 한다."라고 규정하여, 우리나라 중소기업
을 보호하고 육성하도록 하고 있다(헌법 제123조 제3항).

또 중소기업창업지원법은 창업 지원계획의 수립, 창업촉진사업의 추진, 재창업 지원 지
역특화산업 창업의 지원, 창업 정보의 제공, 창업보육센터사업자의 지정, 창업 교육, 대학
내 창업지원 전담조직의 설립·운영, 창업대학원의 지정, 기금의 우선 지원 등 창업을 지
원하는 각종 정책을 담고 있다.

정부는 경제발전을 위한 수단으로 창업을 장려하면서 중소기업 지원정책을 펼치고 있다. 정부의 지원정책의 수혜를 받기 위하여서는 법적 요건에 맞아야 하므로, 창업, 창업자, 중소기업의 법적 개념을 정확히 이해하는 것이 필요하다.

(1) 창업

중소기업창업지원법은 '창업'이란 중소기업을 새로 설립하는 것으로 규정하고 있다(동법 제2조) 대통령령에서는 창업의 범위[8]를 "창업은 다음 각 호의 어느 하나에 해당하지 아니하는 것으로서 중소기업을 새로 설립하여 사업을 개시하는 것을 말한다."라고 하고 있다.

① 타인으로부터 사업을 승계하여 승계 전의 사업과 같은 종류의 사업을 계속하는 경우. 다만, 사업의 일부를 분리하여 해당 기업의 임직원이나 그 외의 자가 사업을 개시하는 경우로서 산업통상자원부령으로 정하는 요건에 해당하는 경우는 제외한다.

② 개인사업자인 중소기업자가 법인으로 전환하거나 법인의 조직변경 등 기업형태를 변경하여 변경 전의 사업과 같은 종류의 사업을 계속하는 경우

③ 폐업 후 사업을 개시하여 폐업 전의 사업과 같은 종류의 사업을 계속하는 경우

(2) 창업자

정부의 창업지원 대상인 '창업자'란 중소기업을 창업하는 자와 중소기업을 창업하여 사업을 개시한 날부터 7년이 지나지 아니한 자를 말한다(중소기업창업지원법 제2조제2호).

(3) 중소기업

'중소기업'이란 「중소기업기본법」 제2조에 따른 중소기업을 말한다. 그 동안 업종에 따라 종업원 수, 자본금 규모 또는 매출액 등을 따져 정하던 것을, 2014년 4월 업종별 규모기준을 '최근 3년 평균 매출액'으로 단일화시켜 중소기업의 범위를 재편하였다.

즉 종전에는 상시 근로자 수, 자본금·매출액 중 하나만 충족하면 중소기업범위에 들었으나, 이제 업종별 규모기준 '3년 평균매출액'으로 변경하여 매출액 단일 기준으로 바뀌었다. 종전에는 제조업 단일 기준이었으나 또 업종구분 기준이 24개 제조업종으로 세분화되었다. 그리고 상한기준을 '자산총액 5천억 원'만 남기고 모두 폐지하였다. 즉 종전의 상시 근로자 수 1천 명, 자기자본 1천억 원, 3년 평균 매출액 1,500억 원 기준이 폐지되었다. 창업기업, 모든 관계기업은 상한기준 초과시에 1회에 한하여 유예된다.

관계기업 판단기준도 개정하였는데 종전에는 모든 기업에 해당되고, 직전사업연도 말일 기준이었으나, 해당 사업연도에 창업·합병·분할·폐업한 경우 해당 사유 발생일 기준으로 변경되었다. 독립성기준 중 '자산총액 5천억 원 이상인 모법인'을 비영리법인까지 확대하고, 외국법인의 자산총액 산정시 환율 적용을 5년 평균치로 변경하였으며, 비영리 사회적기업 및 협동조합도 동일 기준으로 신설하였다.

표 6.1 창업 및 중소기업의 의의

구 분	내 용
경영학상 창업	창업자가 재화나 용역아이디어를 가지고 자본을 출자하여 새로운 기업체를 설립
중소기업창업지원법상 창업기업	중소기업을 창업하여 7년이 지나지 아니한 기업
중소기업	• 업종별 평균매출액등 금액기준 충족(별표1) • 자산총액이 5천억 원 미만일 것 • 상호출자제한 기업집단 비 해당 • 총자산 5천억 원 이상 법인 지배회사 비 해당

2. 창업의 필수요소

창업의 동기는 물론 창업의 성공을 통하여 부와 명성을 얻는 일이지만, 경우에 따라서 생계형 창업도 있고 가업을 이어받는 경우도 있다. 또 대기업에 근무를 하다 창업아이템을 가지고 퇴사를 하여 성공한 사례도 있고, 대기업이 사업부문을 폐쇄하면서 그 사업의 책임자가 독립을 한 경우도 있다.

1) 창업의 동기

창업의 일반적 동기는 경제적 이유, 자아성취에 대한 욕구, 사업을 함으로써 인정과 명예를 얻기 위한 욕구, 다양한 사람들과 교류하고자 하는 욕구, 인류와 사회를 위해 공헌하겠다는 희망으로 들 수 있다.

현실적인 창업의 동기는 당연히 경제적 동기와 생계유지이다. 또 시대별로 창업기업의 숫자를 살펴보면 그 시대마다 창업의 동기를 파악할 수 있고, 최근에는 청년들이 취업의 어려움을 겪고 있어 정부가 청년창업을 장려하고 있다.

(1) 경제적 동기와 생계유지

창업을 시작한 동기로는 창업하여 성공할 수 있는 좋은 기회이기 때문이 28.4%, 창업 외 다른 선택의 여지가 없어서가 27.8%로 나타났다.

표 6.2 창업의 동기

구분	창업하여 성공할 수 있는 좋은 기회이기 때문	창업 외 다른 선택의 여지가 없어서	둘 다 해당
비율(%)	28.4	27.8	43.8

(자료 : 2015년 창업기업실태조사. 창업진흥원)

(2) 시대별 창업동기

중소기업중앙회가 조사한 2015년 중소기업현황 자료에서 창업년도별 사업체수를 살펴보면 그 시대의 창업동기를 알 수 있다.

먼저 1960년대까지는 창업기업수가 적었고 도소매업이 주를 이루어 생계형이 많음을 알 수 있고 1980년~1990년대에는 제조업, 도소매, 운수업, 서비스업이 많아 산업구조가 선진국화 되어가고 있음을 알 수 있다.

1998년 IMF외환위기 이후에는 숙박업 및 음식점업이 많아 다시 생계형 자영업이 주를 이루고 있음을 알 수가 있다. 2000년부터 2009년까지 출판영상, 방송 및 정보통신서비스업의 창업이 12,694개에 이르러 당시 벤처붐을 짐작할 수가 있다.

2013년도 전체 창업기업은 494,201개 중 숙박업 및 음식점업은 144,566개, 도매 및 소매업이 140,005개, 수리 및 기타개인서비스업이 34,134개로 생계형 창업이 늘어난 반면에 제조업은 33,931개, 건설업은 13,763개이다.

최근 청년들의 취업이 더욱 어려워지고 있다. 통계청이 운영하는 '이나라지표'에 따르면 2015년 6월 현재 우리나라 전체 실업률이 3.9%인데 반하여 청년실업률은 10.2% 44만 명에 이르고 있다. 따라서 정부는 청년들의 취업문제 해결의 돌파구로 청년창업에 지대한 관심을 가지고 지원활동을 하고 있다.

표 6.3 창업기업 업종현황 (2016년)

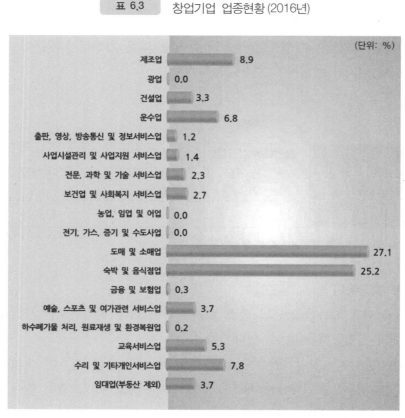

(단위: %)

업종	%
제조업	8.9
광업	0.0
건설업	3.3
운수업	6.8
출판, 영상, 방송통신 및 정보서비스업	1.2
사업시설관리 및 사업지원 서비스업	1.4
전문, 과학 및 기술 서비스업	2.3
보건업 및 사회복지 서비스업	2.7
농업, 임업 및 어업	0.0
전기, 가스, 증기 및 수도사업	0.0
도매 및 소매업	27.1
숙박 및 음식점업	25.2
금융 및 보험업	0.3
예술, 스포츠 및 여가관련 서비스업	3.7
하수폐기물 처리, 원료재생 및 환경복원업	0.2
교육서비스업	5.3
수리 및 기타개인서비스업	7.8
임대업(부동산 제외)	3.7

(2016년 창업기업실태조사. 중소기업청, 창업진흥원)

(3) 취업시장의 어려움과 창업

최근 청년실업의 어려움을 겪고 있는 청년들은 취업이 어려워지자 차라리 창업을 하자는 움직임이 일고 있다. 대기업들이 기술개발로 인한 고용 없는 성장을 추구하고 있고, 정부도 청년창업을 적극적으로 지원하고 있다.

정부는 청년창업사관학교를 개설하고 만 39세 이하인 자로서 창업을 희망하는 경우 1년에 최대 1억 원을 총 사업비의 70% 범위 내에서 지원하며, 창업절차에서부터 기술개발, 시제품 제작, 시험생산, 판로개척 등을 One-stop 지원하고 있다.

2) 창업의 특성

창업의 특성은 불확실한 투자의사 결정이고 많은 자원을 투자하게 되며, 또 모험적인 의사결정이다.

(1) 불확실한 투자의사 결정

투자의사 결정에는 위험회피형, 위험중립형, 위험선호형 등 3가지 유형이 있다. 대체적으로 합리적인 성향을 가진 경우라면 불확실한 창업을 하지 않는다. 그러나 기업가 정신을 가지고 있는 창업자는 위험을 선호함으로써 보다 더 큰 투자수익을 기대하는 것이다. 그러나 창업을 하려면 위험선호형인지 여부를 스스로 점검해보아야 한다.

(2) 많은 자원의 투자의사결정

창업의 두 번째 특성은 일반적인 비용지출보다 상당히 큰 자원의 투자를 결정하여야 한다. 이는 창업자가 가지고 있는 전부를 쏟아 부어야 할 경우도 있고, 이는 바로 위험으로 연결되기도 한다.

(3) 모험적인 투자의사결정

창업은 모험적인 투자의사결정이다. 아무도 가지 않는 길을 스스로 걸어가는 것으로서, 상당한 시간과 에너지를 쏟아 모험의 길로 걸어야 한다.

3) 창업의 요소

정상적인 경영활동을 영위하는 기업의 경우에도 각종 경영상의 어려움에 직면하고 있는데 새로운 기업을 만드는 일은 더욱 어려운 일이다. 기업의 핵심적인 4대 요소를 인사관리, 생산관리, 마케팅관리, 재무관리라고 가정할 때, 창업을 위한 필수요소는 인적자원, 제품과 서비스, 그리고 자본을 들 수 있다.

(1) 창업자와 인적자원

인적자원은 창업의 주체인 창업자, 종업원, 그리고 모험투자자인 동업자를 들 수 있다. 그 중에서 창업자가 가장 중요하다. 종업원이나 동업자는 경영과정에서 찾을 수 있기 때문이다.

창업자는 창업의 목표를 확실히 인식하고 있는 기업가 정신의 소유자여야 한다. 창업을 기획하고 실행하며 전체 리스크를 모두 책임지게 된다. 창업자는 대체로 해당업종에 오래 종사하다 자신의 사업을 하려는 경우이고, 최근에는 청년창업 등 자신의 꿈을 실현할 의지로 시작하는 경우도 있다.

창업기업의 경우 대부분 중소기업으로서, 우수인력을 채용하기가 쉽지 않다. 부문별 업무를 담당할 종업원을 구하기 어렵고 오래 근무하지도 않는다. 따라서 창업기업과 함께 성장할 도전정신이 있는 종업원이 창업의 성공요소이다. 따라서 대체로 가족기업의 창업인 경우 유리한 측면이 있다.

창업의 경우 자본이 부족한 경우가 많으므로 자본투자자를 동업자로 함께 하는 것이 매우 중요하다. 또 핵심기술 보유자는 해당 창업기업의 핵심능력보유자로 성공의 가늠자이다.

(2) 제품과 서비스

고객의 니즈를 만족시킬 수 있는 제품과 서비스가 창업의 두 번째 필수요소이다. 제품과 서비스가 고객의 니즈를 만족시킬 수 있어야 한다. 이미 시장에서 평가를 받고 있는 기존 제품과 서비스가 있는 경우 신규시장의 진입장벽이 높다. 가격경쟁력이나 품질 면에서 기존 제품을 뛰어 넘을 수 있어야 한다.

창업아이디어를 찾는 방법은 고객의 니즈에서 출발한다. 그리고 창업에 대한 타당성 검토를 마친 후 선별하여 아이디어를 좁혀 가장 타당성이 높은 하나의 아이디어를 선택한다. 그리고 이 아이디어를 설계하여 고객의 니즈를 맞춘 파일럿 제품을 만들어 실험을 거쳐 설계를 하고 공정을 거쳐 시장에 출시한다.

(3) 초기 창업자본

창업자본은 창업자가 창업을 하는데 소요되는 시설을 갖추고 인력, 제품 및 서비스를 창출하는데 필요한 근간이 된다. 창업자와 창업 아이디어만 가지고는 현실적으로 창업을 할 수가 없다.

창업에 필요한 시설자금과 운전자금 조달이 필수적이다. 시설자금은 제품을 생산할 공장부지 구입자금, 건축자금, 기계설비자금 등을 들 수 있고, 운전자금은 원재료비, 인건비 또는 판매 및 일반관리비 등을 말한다.

자금조달은 자기자금과 타인자금 조달로 구분할 수 있다. 창업기업의 경우 신용도가 낮아 외부자금을 조달하는데 한계가 있으므로, 창업 초기에는 자기자금으로 조달하게 된다. 그리고 부족한 자금은 정부의 지원책을 최대한 활용하여야 한다. 기술력이 있는 경우라면 벤처캐피탈을 활용하는 것도 방법이지만 주식지분을 상당히 낮은 가격으로 양도하는 부담이 있으므로 신중할 필요가 있다. 최대한 자체의 매출을 늘려 자금력을 확보하며 기업의 신용도를 높여 은행으로부터 일반 자금의 차입을 추진할 일이다.

---

1) 기업의 구성원이나 소유자인 기업가와는 별개로 기업은 계속적인 생명을 가지고 경영활동을 전개하는 조직체라고 보는 개념이다.

2) CSR(Corporate Social Responsibility, 기업의 사회적 책임)이란 기업활동에 의해 영향을 받거나 영향을 주는 직·간접적 이해관계자들에 대하여 발생 가능한 제반 이슈들에 대한 법적, 경제적, 윤리적 책임을 감당할 뿐 아니라, 기업의 리스크를 줄이고 기회를 포착하여 중장기적 기업가치를 제고할 수 있도록 추진하는 일련의 "이해관계자 기반 경영활동이다."(http://www.csr.go.kr/csr/define.asp)

3) Research and Development : 연구개발, research는 기초연구와 그 응용화 연구, development는 이러한 연구성과를 기초로 제품화까지 진행하는 개발업무를 가리킨다(매일경제).

4) 중소기업중앙회, 중소기업위상지표, 2015.5.

5) 중소기업창업지원법 시행령 제2조.

창업기업가 정신

제1절　기업가 정신

1. 기업과 기업가

기업(企業, enterprise)은 일정한 기획 아래 계속적으로 영리활동을 하는 경제적 조직체이다. 기업에는 사람, 사업아이템, 사업자본 등이 중요 요소인데, 그 중에 사람이 제일 중요하고 그중에서도 기업가가 가장 중요하다. 기업가(entrepreneur)라는 프랑스 용어는 18세기 초 아일랜드 출신인 프랑스 근대 중상주의 경제학자 깡띠용(Richard Cantillon 1680∼1734)이 그의 저서 「상업론」(Essai sur la nature du commerce en general, 1734)에서 '자기고용'(self-employment)되는 자가 기업가(entrepreneurship)이며, "기업가는 현재 확실한 가격에 재화나 용역(서비스)을 구입하여 장래에 불확실한 가격으로 판매하는 불확실성의 위험을 부담하는 자"라고 하였다. 고전학파 세이(Jean Baptiste Say, 1767∼1832)는 여기에 생산기능의 개념을 도입하여, 기업가의 핵심 역할은 생산공정·생산요소의 혁신, 제품·시장·조직의 혁신을 담당하여 이윤을 창출하는 것이라고 하고,[1] 기업가는 경제자원을 생산성이 낮은 곳에서 높은 곳으로 이동시키며, "생산과잉이란 있을 수 없으며, 공급은 스스로 그 수요를 창출한다."(세이의 법칙)고 하였다.

'앙트르프러뇌'라는 용어는 개척자 정신이라는 의미를 내포하고 있다. 즉, 기업가는 일정한 수익을 기대하면서 위험을 무릅쓰고 사업을 일으켜 경영하는 사람을 의미한다. 영어 attempt(기도하다)에서 유래된 말이라고 하고, 이에 해당되는 영어 단어가 adventurer(모험가), undertaker(기업가, 기획자)라고 하기도 한다. 어느 조직의 성장과 발전에 있어서 수장(首長)의 영향력은 절대적이며, 기업의 성패의 관건은 기업가인 것이다. 이들의 열성적인 노력과 창의성에 의해 신제품이나 새로운 형태의 서비스가 출현하고, 그로 인하여 국가나 사회의 경제활동이 활력을 띠게 되므로 기업가는 국가나 사회발전의 동인(動因)이 된다.

2. 기업가 정신

기업가 정신에 대해 최초로 체계적인 접근을 한 사람은 오스트리아 태생으로서 빈대학(Universitat Wien) 법학과를 졸업하고 25세에 대학교수가 된 후 본대학 등의 교수, 비더만 은행장, 그리고 36세에 오스트리아 재무장관을 역임하고, 1932년 이후 미국으로 건너가 하버드대학 경제학 교수로 재직했던 슘페터(Joseph Alois Schumpeter, 1883~1950)였다. 그는 저서 「자본주의, 사회주의, 민주주의」(Capitalism, Socialism, and Democracy, 1942)에서 "자본주의 경제발전의 원동력은 경제 내부에 있는 기업가인데, 기업가란 기술혁신(renovation) 즉 신상품의 개발이나 신기술의 도입, 새로운 시장의 개척, 원료 등의 새로운 공급원 확보, 독점 형성 등 새로운 조직의 형성을 통해 창조적 파괴(creative destruction)를 능동적으로 수행하고 리드하는 공헌자"로 보았다.

마찬가지로 오스트리아 빈에서 태어난 프랑크푸르트대학교 법학박사이며, 영국에서 일하다가 미국으로 건너가 뉴욕대학의 경영학 교수로 재직하며 경영학을 크게 발전시켰던 경제학자 피터 드러커(Peter Ferdinand Druker, 1909~2005)는 저서 「혁신과 기업가정신」(Innovation Entrepreneurship, Practice and Principles, 1985)에서 "기업가란 변화(change)를 탐지하고, 변화에 대응·도전(challenge)하며, 또한 변화를 기회(chance)로서 이용하는 자이며, 자원의 생산성에 변화를 가져오는 사람이다."라고 하였다.

뉴욕 브루클린 로스쿨을 졸업하고 자신의 적성을 법조계보다는 사업에서 발견, 1979년 택배회사인 Perfect Courier를 맨해튼에 창업하면서 사업을 시작하였고, 그 후에도 여러 기업을 창업하면서 그 부침을 경험한 CitiStorage의 창업자 놈 브로드스키(Norm Brodsky)는 "기업가는 새로운 벤처에 대한 아이디어만으로 시작하여 그러한 아이디어를 스스로 성장시키며, 그 사업으로부터 나온 자금을 통하여 기업을 지속적으로 발전시키는 사람"이라고 정의하였다.

대표적인 기업가 정신 교육기관인 미국의 매사추세츠주 뱁슨대학(Bapson College)의 티몬스(Jeffry Timmons) 교수는 "기업가 정신이란 가치 없는 것으로부터 가치 있는 것을 이루어내는 인간적이고 창조적인 행동이다." "기업가정신이 있는 사람은 기회를 추구하며, 현재의 보유자원이나 자원부족에 연연해하지 않고 비전을 갖고 사람들을 이끌어가는 열정과 헌신을 발휘하며, 계산된 위험에 대한 감수능력을 갖고 있다."고 하였다. 동 대학에서 벤처기업 연구로 유명한 론스타드(Robert C. Ronstadt) 교수는 그의 저서「기업가 정신」에서 "기업가 정신은 스스로 사업을 일으키고, 이를 자기 인생의 가장 즐거운 일로 받아들이는 것"이라고 하였다. 그리고 워싱턴대 베스퍼(Karl Vesper) 교수는 기업가 정신을 가진 사람은 바로 "타인이 발견하지 못한 기회를 찾아내는 사람, 사회의 상식이나 권위에 연연하지 않고 새로운 사업을 추진하며 행복을 추구하는 사람이다."라고 하였다.

KAIST 신기술창업지원단에서는, 창업기업가 정신을 "현재 통제할 수 있는 자원에 구애받지 않고, 기회를 포착하고 추구하는 방식"(the pursuit of opportunity without regard to resource currently controlled)이라고 정의하였다.[2]

이상의 다양한 내용들을 정리해 보면, 일반적으로 기업가란 단순한 경영자를 뜻하는 것이 아니고, 기업에 자본을 대고 경영을 담당하는 기업가(企業家, business man)라기보다는, 오히려 '높은 소득을 기대하고 왕성한 개척자 정신으로 사업을 일으키며, 위험을 감수하고 난관을 이기며 기존에 없었던 새로운 가치나 새로운 일자리를 추구하며 추진해 나가는 기업가'(起業家, entrepreneur)라고 할 수 있다. 그런 의미에서 기업가 정신은 그러한 마인드와 더불어 도전하고 추진하는 행동양식을 포함하는 의미이다. 한편 entrepreneurship은 창업학의 의미도 갖고 있다.[3]

3. 기업가 정신의 중요성

세계는 이미 대량생산 위주의 산업사회로부터 지식 위주의 정보를 생산·가공·유통·판매하는 지식정보 산업사회로 접어들었다. 제4차 산업이라고도 하는 지식정보 산업은 교육, 출판, 인쇄, 신문, 방송, 통신 분야 등을 망라하며 우리의 기술과 사회구조를 변화시키고 있다. 지금 우리가 소유하고 있는 지식의 90%는 불과 30년 사이에 창출된 것이며, 앞으로 10~15년이 더 지나면 지식의 양은 현재의 2배가 될 것이라고 한다. 이러한 사회구조와 기술변화에 대응하여 새로운 지식을 사업화하거나 사업에 반영하는 의지와 행동으로 상징되는 기업가 정신은 개인과 기업 차원에서 뿐만 아니라 경제발전의 차원에서도 상당히 중요하다.

흔히 기업이 경쟁력이 있으려면 차별화된 기술이 있어야 한다고 한다. 제조업치고 기술력의 중요성을 부정하는 기업은 없겠지만, 단순히 중요성을 인식하는 것에 그치지 않고 그것을 적극적으로 실행에 옮기는 것이 더 중요하다. 기술개발, 특히 첨단 고부가가치 기술을 개발하는 데에는 개발의 성공 여부에 대한 불확실성도 크고 기술개발 경쟁도 치열하다. 성공한 기업들은 모두 열과 성을 다하는 경영자에 의하여 사업이 주도되고, 불확실한 미래에 대한 과감한 도전 정신과 왕성한 추진력 등이 발휘되었다. 이렇듯 기업가에게는 새로운 기회를 모색하고 그 가능성을 보며 아무리 어려운 상황에서라도 위기에 도전하고 이를 극복해내는 불굴의 정신력이 필요하다.

도산 안창호 선생은 "실천 없는 이론은 먹을 수 없는 식량과 같다."고 하셨다. 기업이 새로운 기술의 중요성을 인식하고 있다면 적극적이고 모험도 무릅쓰고 헤쳐 나가는 자세를 가져야 한다. 도전에는 항시 모험이 따르고 난관도 닥치지만, 이를 극복하면 그만큼 성공에 따른 수익도 크다. 기업가 정신이란 현재의 조건에 만족하기보다는 불리한 조건을 극복해내고 성공하려는 의지, 구체적으로 자원의 현실적인 제약을 무릅쓰고 기회를 포착하여 사업화하려는 의지이다.

2008년 미국발 리만 브라더스(Leman Brothers) 사태로 글로벌 금융위기가 발생하였고, 이에 따라 세계경제가 침체하면서 그동안 각 기업들이 이윤추구에 열중해 왔던 시장경제 위주의 경제체제에 의구심이 제기되었다. 그리하여 이러한 경제적 위기와 양극화 및 청년 실업 등 사회적 문제에 대한 해결책과 신성장 동력 확보의 해법을 유능한 정부의 등장과 창조경제를 위한 기업가 정신에서 찾고자 하여, 다시 기업가 정신이 강조되고 있는 것이다.

4. 기업가와 경영자(관리자)의 구별

일반적으로 기업(business)의 설립자인 기업가(entrepreneur)와 이미 설립된 기업을 관리하는 경영자(administrator)는 그 개인적 특성에 있어서 다소 차이가 있는 것으로 인식되고 있다. 이와 관련하여 기업가 정신을 학문의 영역으로 끌어올린 하버드 경영대학원 스티븐슨(Howard H. Stevenson) 명예교수는 그 차이점을 전략적 행동양식, 기회에의 대처 방식, 자원의 투입과 통제 방식, 경영관리 구조, 그리고 보상정책 등 다섯 가지 기준에서 설명하였다.

① 전략적 행동양식(strategic orientation)

기업가는 주어진 자원의 한계를 넘어서 사업기회를 발견하고 추구하는 자세를 보이나, 반면에 경영자는 현재 통제 가능한 자원의 한계 내에서만 사업기회를 찾으려하는 경향이 있다.

② 기회 포착과 과감한 추진(commitment to opportunity)

기업가는 단순히 창의적이고 혁신적인 수준을 넘어서 발견된 기회를 신속히 포착하여 적극적으로 추구하고 완수하는 면모를 보이나, 거대 기업의 경영자는 의사결정이 느려서 사업기회에 대하여 매우 느리게 대처하고 변화를 거의 보이지 않는 경향이 있다. 기업가는 계속 새로운 실험을 하지만, 경영자는 실험정신이 약하다.

③ 자원의 활용과 투입 방식(control of resources)

기업가는 인력이나 자금 등에서 자신의 자원뿐 아니라 타인의 자원도 활용하는 것도 주저하지 않으나, 반면에 경영자는 기업이 직접적으로 소유하는 자원의 한계 내에서만 경영활동을 고수하는 경향이 있어서 자기가 봉급을 주는 사람의 숫자만 세고 고려하는 경향이 있다. 또한 기업가는 주요 의사결정의 단계에 따라 다단계로 자원을 투입함으로써 단계별로 최소한의 자원을 투입하는 반면에, 경영자는 철저한 분석을 통하여 일단 결정된 사안에 대해서는 초기부터 집중적으로 자원을 투입한다.

④ 경영관리 구조(management structure)

기업가는 비공식 네트워크를 적극 활용하는 수평적 관리 방식을 특징으로 하고 탄력적인 경영을 구사하는 반면에, 경영자는 공식적이고 수직적인 위계구조 하에서 주어진 권한을 행사하고 책무를 수행한다.

⑤ 이익의 공유 내지 보상 정책(reward philosophy)

보상 정책에 있어서 창업 기업가의 경영방식은 가치창조 중심의 보상체계를 특징으로 하고, 성과에 따른 보상을 추구한다. 또한 대부분의 성과가 팀워크에 의해 결정되기 때문에 기업가는 팀 중심의 경영을 선호한다. 반면에 관리적 경영방식은 가치창조보다는 개인적 지위와 신분 보장을 위한 보상의 경향이 있으며, 따라서 보상도 팀보다는 개인적 경영성과와 단기적 수익 달성에 따라 승진을 중심으로 이루어지는 것이 보통이다.

또한 스티븐슨(Howard Stevenson) 교수는 "용기를 내서 자기 발에 맞지 않는 신발을 과감히 벗어버리는 전환점(inflection point)이 필요하다. 경주마는 달리기 위하여 생각을 멈추지만, 야생마는 생각하기 위해 달리기를 멈춘다. 인생을 즐기는 야생마로 살아라." 즉 "기업가는 트랙만 도는 경주마가 아니라, 즐거운 야생마로 살아야 한다."고 강조하였다.

표 7.1 기업가(entrepreneur)와 경영자(administrator)

	기업가	경영자
행동양식, 추진 동기	기회의 포착	현존 자원 중심
기회에의 대처 방식	신속한 의사 결정	장기적 의사 결정
자원의 활용 방식	필요 자원의 임대, 차입 불사	필요 자원의 직접 소유 내지 고용
자원의 투입 방식	단계별로 투입, 최소의 위험 부담	의사가 결정되면 전적인 투입
경영관리 구조	다양한 비공식 루트를 가진 수평적 조직	위계를 중시하는 수직적 조직
이익 공유, 보상 정책	개인적 부 획득 가능성 주지, 경쟁방식 활용	단기실적 자료에 기반한 승진

제2절 창업자의 특성과 자질

1. 창업자의 개념과 특성

창업자(創業者, founder)란 기업을 처음에 세우거나 시작한 사람을 말한다. 창업이 성공적이기 위하여는 창업자 자신의 지도력과 능력이 절대적으로 중요하다. 성공적인 창업자의 일반적인 특징으로는 큰 그림을 볼 줄 아는 사업적 시각, 사업기회를 포착 하는 능력 외에, 대의(大義)에 헌신하는 성향, 정의에 대한 관심, 능력의 중시, 인맥의 활용, 특별한 노하우 등 개인적 성향과, 불확실성을 감내하는 심리적 특성, 그리고 가정환경과 교육수준 등 배경적 특성을 들 수 있는데, 대체로 그 교육수준은 임금 노동자보다 높은 수준이라고 한다.[4] 이들이 창업을 하는 동기는 주로 자신의 기술과 재능을 활용한 제품의 생산

욕구, 혁신적 사고의 현실화 및 사업 기회의 추구, 노력의 대가 및 부의 추구, 자유로운 근무 욕구, 독립과 자영 의지, 성취 욕구, 인정받고 싶은 욕구, 그리고 후생에 대한 고려 등이다.

창업자 정신은 일반적으로 기업가 정신과 잘 구별되지 않고 동의어로 쓰이고 있으나, 창업자의 창업에는 업(業)을 만드는(創) 즉 새로운 기업을 만들어 무에서 유를 창조한다는 의미가 있다. 즉 창업자 정신은 급변하며 불확실성이 높은 외부 환경에 잘 대응하면서, 자신의 적성과 역량에 맞는 업을 새로 창조할 기회를 살려 혁신적인 사고와 행동으로 시장에 새로운 활력을 불러일으키는 사람이다. 그리하여 기업의 최고경영자(CEO), 최고재무책임자(CFO), 최고운영책임자(COO) 등 기업가(business man)로 통용되는 자와 구별된다.

창업이 새로운 직업과 일자리를 창출하고 경제를 활성화하는 등 중요한 기능을 발휘하므로, 전반적으로 창업과 창업자 정신의 중요성에 대한 이해가 점증되고 있다. 이에 따라 정부도 창업의 권장에 역점을 두고, 그 교육 지원, 행정 지도, 그리고 세제 지원을 강력 추진하고 있다.

우리나라에서 가장 성공적인 창업자의 대표적인 예를 들면 삼성그룹의 창업자 이병철 회장, 현대그룹의 정주영 회장, LG그룹의 구인회 회장, 코오롱그룹의 이동찬 회장 등을 들 수 있다. 이들 창업자들의 사업 기회의 포착, 근면검약과 불굴의 도전정신, 그리고 많은 사회적 공헌은 우리에게 큰 교훈을 주고 있다. 한편 외국의 성공 창업자의 사례로는 미국 CNN의 창업자 테드 터너(Ted Turner), 이탈리아의 루시아노 베네통(Luciano Benetton), 미국 휴렛패커드의 빌 휴렛과 데이빗 패커드(Bill Hewlett, David Packard), 마이크로소프트의 빌 게이츠(Bill Gates), 애플의 스티브 잡스(Steve Jobs), 페이스북의 공동창업자 마크 저커버그(Maek Zuckerberg)와 더스틴 모스코비치(Dustin Moskovitz), 거버 이유식의 다니엘 거버(Daniel Frank Gerber), 일본 유니클로(UNIQLO)의 모기업 패스트리테일링의 야나이 다다시, 소프트뱅크의 손정의 등을 들 수 있다.

2. 창업자의 자질

창업과 사업의 성공을 위하여 창업자와 기업가가 갖추어야 할 자질은 다음과 같다.

(1) 개념적 능력

개념적(Conceptual) 능력은 복잡한 현상의 핵심을 간파하고 그것을 간결한 형태로 재구성함으로써 보다 효과적으로 문제 해결책을 제시할 수 있는 능력을 말한다. 창업자와 기업가는 이러한 개념적 능력에 기초하여 남들이 간파하고 있지 못하는 기회를 포착하고 효과적인 전략적 대안을 제시하게 된다. 또한 회사 내부에서도 전체 조직의 특성과 문제점을 파악하여, 조직의 각 부문이 사업 성공을 향해 함께 힘을 모을 수 있도록 하여야 한다.

(2) 지적 수준

지적 수준이란 IQ와 지적 능력, 창조적 사고력, 분석적 사고력 등을 포함한다. 창업자는 이러한 정신적 능력에 의하여 사업의 당면문제를 체계적으로 분석해 내고, 창조적인 문제 해결책을 제시하며 합리적으로 일처리를 할 수 있어야 한다. 이러한 능력은 기회를 포착하고 현실화하는 데 중요하다.

(3) 강한 의욕

강한 의욕은 사업과 일에 전념하고 열정적으로 몰입하는 데 필요하다. 특히 새로운 사업을 설립하고 운영하는 데에는 많은 노력과 열정이 필요하므로 이러한 개인적 특성이 요구된다. 그러나 강한 의욕만으로는 부족하며, 합리적인 계획과 판단이 병행되어야 함은 물론이다.

(4) 의사결정 능력

사업운영과 관련하여 시의적절한 의사결정을 적확하게 하는 것이 사업 성공에 필수적이다. 이러한 의사결정을 통하여 기업은 여러 대안 중 가장 바람직하고 적절한 방향으로 나아가며 지속적으로 발전할 수 있다.

(5) 기술능력

사업이 성공하기 위해서는 궁극적으로 시장에서 판매될 수 있는 제품과 서비스를 생산해내야 한다. 여기서 기술적 지식은 고객이 원하는 제품과 서비스를 제작하고 판매하는 과정에서 필요한 우수한 기술과 기법을 포함한다. 예컨대 제품제조 기술, 설비가동 기술, 판매 기법, 재무분석 기법 등이 그것이다.

(6) 대인관계(네트워킹) 능력

대인관계(네트워킹) 능력은 주로 정서적 안정성, 사교성, 대인관계의 기술, 타인에 대한 배려도, 감정이입 능력 등을 포함한다. 예컨대, 감정이입 능력이 뛰어난 기업가의 경우 타인의 입장에서 사물을 바라보고 생각하는 능력이 있어서 거래처나 고객의 느낌과 생각을 효과적으로 파악할 수 있다. 이러한 인간관계 능력은 고객과 종업원의 생각과 입장을 이해할 수 있도록 함으로써 사업운영에 많은 도움을 준다. 창업자와 기업가는 모름지기 거래처(고객)나 종업원 등 이해관계자들과 좋은 관계를 유지해야 하기 때문에 대인관계(네트워킹) 능력은 사업성공의 관건이 된다.

(7) 의사소통 능력

의사소통 능력은 문서 또는 말로써 자신의 의사를 효과적으로 전달하는 능력을 말한다. 사업을 성공적이고 원활하게 운영하기 위하여는 고객, 종업원, 공급자, 그리고 채권자 등과 효과적으로 의사소통을 할 수 있어야 한다.

이상 제시된 7가지 능력이 창업과 사업성공의 필요충분조건은 결코 아니다. 즉, 창업기업의 기업가가 위의 능력과 특성을 모두 갖추었다고 하더라도 성공이 보장되는 것은 아니며, 이러한 능력과 특성이 있다고 하더라도 이를 제대로 발휘하지 못하거나, 간혹 사업에 이러한 개인특성보다 외부환경 등의 상황요인이 더 큰 영향을 미치는 경우에는 사업 자체가 실패하기 쉽다. 그래도 이러한 능력을 제대로 갖춘 창업기업가는 그렇지 못한 경우에 비해 성공할 확률이 더 높은 것은 물론이다.

창업 적성과 창업자의 자질을 테스트하기 위하여 가장 많이 사용되는 설문으로서 미국의 Baumback Test가 있다. 이를 통해 창업자로서의 열성, 경쟁력, 진취성, 책임감, 결단력, 개성, 비판 수용 태도, 독립성, 성실성, 근면성, 학습 선호도 등의 자질을 측정할 수 있다.

□ Baumback 교수의 창업자 자질 테스트[5] : Clifford Mason Baumback & Joseph R. Mancuso

각 항목에 그렇다(3점), 간혹 그렇다(2점), 그렇지 않다(1점)로 답한 후, 점수를 합산해 평가한다.

1. 다른 사람과의 경쟁에 희열을 느낀다. (　　)

2. 보상이 없어도 경쟁이 즐겁다. (　　)

3. 신중히 경쟁하지만 때로는 허세를 부린다. (　　)

4. 앞날을 생각해 위험을 각오한다. (　　)

5. 업무를 잘 처리해 확실한 성취감을 맛본다. (　　)

6. 일단 하기로 결정한 일이면 뭐든 최고가 되고 싶다. (　　)

7. 전통에 연연하지 않는다. (　　)

8. 일단 일을 먼저 시작하고 나중에 의논하고는 한다. (　　)

9. 칭찬을 받기 위해서라기보다는 일 자체를 중요하게 여긴다. (　　)

10. 남의 의견에 연연하지 않고 내 스타일대로 한다. (　　)

11. 내 잘못이나 패배를 잘 인정하지 않는다. (　　)

12. 남의 말을 잘 듣지 않는다. (　　)

13. 웬만해서는 좌절하지 않는다. (　　)

14. 문제가 발생했을 때는 직접 해결책을 모색한다. (　　)

15. 호기심이 강하다. (　　)

16. 남이 간섭하는 것을 못 참는다. (　　)

17. 남의 지시를 듣기 싫어한다. (　　)

18. 비판을 받고도 참을 수 있다. (　　)

19. 일의 완성을 꼭 봐야 한다. (　　)

20. 동료나 후배도 나처럼 일을 열심히 하기를 바란다. (　　)

21. 사업지식을 넓히기 위하여 독서를 한다. (　　)

□ 평가 결과 : 63점 이상　☞ 창업자의 자질 매우 많음
　　　　　　　52 ~ 62점　☞ 창업자로서 좋은 자질임
　　　　　　　42 ~ 51점　☞ 보통
　　　　　　　41점 이하　☞ 매우 부족

3. 창업자의 과업

창업자가 수행하는 일이란 궁극적으로 기회를 감지하고 필요한 인적, 물적 자원들을 동원하여 기회로부터 실제로 성공적 결과를 이끌어내는 일이다. 이러한 창업자의 과업은 다음과 같은 4가지 단계로 나누어 볼 수 있다.

(1) 기회의 포착과 사업 구상

남들이 인지하지 못하는 사업기회를 감지해내고 이를 사업화하기 위한 아이디어가 있어야 한다. 이를 위하여 창업자의 창조적 사고력과 통찰력이 필요하다.

(2) 실제 사업의 수행

실제로 사업 수행을 위한 실무를 담당해야 한다. 이를 위하여 실무 지식과 그 활용 능력이 필요하다.

(3) 좋은 대인관계의 유지

부족한 자원을 조달하기 위하여 창업지원기관, 은행 등 금융기관, 대학, 컨설팅기관 등의 지원과 도움을 받아야 한다. 또한 생산과 판매와 관련하여 거래처(고객)와 공급자 등 외부 이해관계자들과도 좋은 관계를 유지해야 한다.

(4) 리더십의 발휘

종업원들을 고용하여 사업을 하는 경우에 이들에게 비전을 제시해 주고, 이들이 사업목표에 적합한 일을 열정적으로 해낼 수 있도록 동기를 부여해 주고, 그 잠재력을 최대한 이끌어내는 리더십을 발휘하여야 한다.

4. 창업 성공의 기본원칙

그간 경제 부진과 높은 실업률, 그리고 저출산으로 인하여 창업환경이 열악해졌고, 창업에는 실패 가능성도 존재하므로 창업하고자 하는 사람은 신중하게 창업의 성공을 위한 기본원칙을 충실히 점검하는 것이 바람직하다.

① 사업 아이템은 구매를 창출할 수 있는 확실한 것으로 한다.

② 경쟁업체나 경쟁회사의 노하우와 장단점을 부단하게 파악하도록 한다.

경쟁업체나 경쟁회사에게 사업전략에서 뒤지면 그 사업은 실패하기 쉽다. 그러므로 경쟁업체나 경쟁회사의 기업 분위기, 가격, 대고객 서비스 및 특색 있는 경영비결 등을 부단하게 파악하고 분석하여 더 우월한 사업전략을 짜도록 한다.

③ 사업 입지 선정을 잘 하고, 최악의 입지는 피한다.

④ 사업은 가급적 최소 규모로 시작하고, 리스크를 최소화할 수 있는 경영시스템을 갖춘다. 조달 가능한 자본의 2분의 1 내지 3분의 1 수준에서 사업규모를 결정하여 시작하며, 직원 고용보다는 가족 경영을 추구하여 인건비 등의 비용 부담을 줄이고 그 리스크를 최소화한다. 사업에는 항상 추가자금이 소요되기 때문에, 예비비도 확보할 수 있어야 한다.

⑤ 손익분기점인 매출액을 파악한 후 오픈하도록 한다. 창업한 후에는 1일 단위로 결산을 해보고, 월 손익분기 매출액도 계산해보며 점검한다.

⑥ 6개월 이내에는 수지를 맞출 수 없다는 것을 인식하고, 자금을 절약하도록 한다. 사업 의지와 자금이 부족하면 실패 가능성이 더 높아진다.

⑦ 창업자는 샐러리맨의 3~4배 이상 노력해야 한다. 사업계획 수립에서부터 영업, 그리고 그 관리에 이르기까지 철저한 사전 준비와 계획에 따른 행동이 필요하다.

⑧ 거래처와 고객에 헌신한다.

거래처와 고객이 애용해줘야 사업이 잘 된다. 거래처와 고객 위주로 충실하도록 한다.

⑨ 철저하게 자신을 낮춘다.

직장 다닐 때의 직위와 체면은 버리고 현재의 사업에 충실하여야 하며, 업무상 요구되는 만큼 자기 자신을 낮추어야 한다.

⑩ 건강과 가정도 중요하다.

사업상의 명예와 재산보다 건강이 우선이며, 가정이 편안해야 사업에 전념할 수 있고 사업도 번창한다.

제3절 기업과 윤리경영

1. 윤리경영의 요구

기업은 사회로부터 받은 혜택에 대한 보답으로서 이윤의 일부를 사회에 환원할 것이 요구되고 있다. 또한 기업의 속성은 영리의 추구이지만, 그 사회적 책임의 일환으로 윤리경영의 요구가 지속적으로 확산되고 있다. 이와 관련하여 미국의 유기농식품 체인업체 Whole Food Market의 공동대표인 존 매키(Jhon Mackey)는 2013년 1월 「Conscious Capitalism」이라는 저서에서, 자본주의 체제의 위기 원인을 기업의 이윤 극대화 추구에서 찾고 이것이 금융위기와 대중의 비난도 초래하였다고 지적하며, 기업 목표로서 Higher Purpose(보다 높은 목적과 핵심가치의 추구), Stakeholder Integration(주주, 사원, 협력업체 등 이해관계자의 통합), Conscious Leadership(깨어 있는 선량한 리더십), Conscious Culture and Management(늘 깨어 있는 문화와 경영)의 4가지 신조(tenet)를 제시하였다.

한편 2014년 영국의 파이낸셜 타임즈(Financial Times)지가 선정한 런던증권거래소에 상장된 기업 중 자본금 규모 350대 기업(FTSE350)을 대상으로 한 설문조사에서 그 98%가 기업윤리의 실천을 위한 가장 중요한 요소로 기업윤리강령을 들었다.

대한상공회의소가 2009년 중소기업 300사를 대상으로 설문조사한 바에 의하면, 선진국 일류기업을 100으로 했을 때 국내 중소기업들은 41 정도가 윤리경영 제도를 채택하고 있는 것으로 나타났다. 대체로 윤리경영 도입 후에 대외적 이미지와 브랜드 가치가 높아지고 경영실적도 좋아졌으며, 종업원들의 사기와 만족도가 높아지고 회사와의 관계도 개선되는 등 회사 경쟁력을 높이는 긍정적 효과가 있었다고 한다. 선진국 일류 기업 대비 국내 대기업의 윤리경영 점수는 65.1점, 중소기업은 55.2점 정도라고 하여 국내 중소기업들의 윤리경영 수준은 선진국과는 다소 격차가 있었다. 현행 국내기업의 실정상 윤리경영이 가장 필요한 부분으로는 회계(24.6%), 하도급(23.6%), 노사(22.1%) 분야 등이 지적되었으며, 환경(6.7%)과 소비자보호(4.5%) 분야는 상대적으로 낮은 지적률이 나왔다.

미국에서의 2001년 엔론(Enron)사의 회계부정 사건은 기업이 회계 부정 등 비윤리적으로 경영하여 소비자와 시장을 기만하게 되면, 결국 고객의 불신과 시장의 응징을 받게 되어 기업의 몰락과 글로벌 경제적 파국까지 불러오게 된다는 것을 극명하게 보여주었다. 이 사태를 계기로 제정된 미국의 기업회계개혁법인 '샤베인스-옥슬리법'(Sarbanes-Oxley

Act, 2002.7.)은 기업경영진이 기업회계장부의 정확성을 보증하고, 이에 잘못이 있으면 형사처벌을 받는 내용을 규정하고 있다.

최근의 윤리경영 흐름은 이전의 선언적이고 구호적인 차원을 넘어 보다 체계화되고 제도화되고 있는데, 이를 미국 EOA(Ethics Officer Association, 기업윤리 담당임원협회)가 주도하여 미국표준협회(ANSI)에 기업윤리표준을 제출하고 있고 이것이 연방법원의 판결 지침(Federal Sentencing Guideline)에도 반영되고 있다. 또한 국제표준기구(ISO) 산하 소비자정책위원회도 '기업의 사회적 책임(Corporate Social Responsibility)' 관련 표준기준을 승인함으로써, 윤리경영을 ISO 9000(품질 인증), ISO 14000(환경보호 인증)과 같은 범주로 중요시하고 있는 실정이다.

윤리경영에 관한 이와 같은 관심은 전 세계적으로 더욱 확산되고 가고 있으며, 국가 간 그리고 기업 간의 새로운 통상현안으로까지 떠오르고 있다. 즉 선진국들이 자국기업과 동일한 정도의 윤리경영 수준을 자국에 들어와 있는 외국계 기업에까지 요구함으로써 윤리경영은 글로벌 경영전략의 새로운 규범으로 자리잡고 있다.

2. 최고경영자의 의지와 윤리경영

기업의 윤리강령의 제정 및 그 실천과 더불어, 윤리경영의 또 다른 결정적 요소는 최고경영자(CEO)의 의지이다. 즉 국내기업에 있어서 윤리경영이 확산되기 위해서는 최고경영자(CEO)의 윤리경영과 관련된 인식 제고가 중요하다. 미국의 기업회계개혁법(Sarbanes-Oxley Act)이 상장회사의 최고경영자(CEO)들에게 기업회계의 정확성을 보증하는 서약을 하게 한 것도 이들이 윤리경영의 결정적 주체라는 점에 착안한 것이다.

3. 기업의 윤리경영 정착과 윤리경영에 대한 인센티브

1) 기업의 윤리경영 실천 프로그램의 정착화

기업의 윤리경영과 관련된 실천 프로그램으로서 다음의 사항이 정착되어야 한다.
① 윤리경영 실천매뉴얼의 작성, 보급
② 윤리경영 관련 전담부서의 설치
③ 기업윤리경영 전담 임원 및 책임자의 배치

④ 임직원에 대한 윤리경영 교육 실시

⑤ 윤리경영의 인사고과 반영

⑥ 내부고발(whistle blower) 제도의 도입

2) 윤리경영에 대한 인센티브 제도

이는 윤리경영을 모범적으로 잘 실천하고 있는 기업들을 우대하고, 그렇지 않은 기업들이 윤리경영의 장(場)으로 나와 합류할 수 있도록 여건을 조성해 주기 위한 것이다. 기업들은 윤리경영 우수기업에 대해 정부가 세무조사 면제, 신용등급 우대, 민·형사상 처벌 경감 등의 인센티브를 주기를 기대하고 있다.

4. 기업 총수의 구속과 주력사의 신용도·실적과의 관계

1) 최근의 국내 기업 총수 구속 현황

표 7.2 　국내 대규모 기업집단 총수 구속 현황

구속 시기	기업	총수	비고
1994. 1. 2007. 9. 2011. 1.	한화그룹	김승연	외환관리법 위반 보복 폭행 배임
2006. 4.	현대차	정몽구	비자금 횡령
2008. 4.	삼성전자	이건희	배임, 조세 포탈 불구속기소
2011. 1.	태광산업	이호진	
2013. 1.	SK	최태원	횡령
2013. 1.	SK에너지	최신원	
2013. 7.	CJ 제일제당	이재현	
2017. 2.	삼성그룹	이재용	뇌물죄 재산 해외도피
2018. 2.	부영그룹	이중근	100억 원대 횡령
2018. 2.	롯데그룹	신동빈	뇌물공여

2) 국내 기업 총수의 구속과 주력사의 신용도 · 실적과의 관계

대규모 기업집단의 총수가 비리로 구속될 때에도 해당 주력회사의 실적과 신용도에는 별다른 영향이 없는 것으로 나타났다. 즉 대규모 기업집단의 총수가 구속됐던 재벌그룹들의 주요 계열사 재무제표를 살펴보면 총수가 구속된 회계연도의 실적이 전년과 비교해 오히려 개선되는 등 총수의 신병처리와 일관된 방향성을 보이지 않았다. 기업 총수가 구속될 때마다 재벌그룹의 '경영 마비'를 우려하는 재계의 통념과는 사뭇 다른 결과이다.[6]

5. 보부상의 상도의와 경주 최부자댁 6훈

1) 보부상

보부상(褓負商)은 삼국시대부터 유래되는 우리의 전통적 상인제도이다. 조선시대 한양 시가지 종로에 위치하고 있던 큰 상점인 시전(市廛) 육의전에 대하여, 시장(市場)을 중심으로 이동하면서 유통의 주체 역할을 하였던 봇짐장수(褓商)와 등짐장수(負商) 또는 그 조직이다. 이들이 항상 지니고 다니던 신표에는 물망언(勿妄言), 물행패(勿行悖), 물음란(勿淫亂), 물도적(勿盜賊)이라는 네 가지 윤리적 행동강령이 적혀 있었다고 한다. 기업윤리와 관련하여 보부상의 전통적 상도의(商道義)인 12령을 살펴보면 다음과 같다.

□ 보부상의 12령[7]

1. 불량품은 취급하지 말 것
2. 물건의 품질을 보증할 것
3. 터무니없는 값을 받지 말 것
4. 내 물건을 팔기 위해 동료의 물건을 모략하지 말 것
5. 없거나 매진된 물건은 구해 주되, 약속한 날자까지 구해 줄 것
6. 동료가 사정이 있어서 장사를 못할 때에는 내 일을 제치고 도와줄 것
7. 부탁받은 물건은 수소문하여 구해 주고, 약속일자 전에 갖다 줄 것
8. 외국 물건을 요구할 때에는 신분을 확인하고, 그 사용처를 알고 난 후 주선할 것
9. 농민의 물건을 살 때에는 제값을 다 쳐줄 것
10. 사정상 부득이 외상을 요청할 때에는 의심하지 말고 줄 것

11. 나만의 이익을 위하여 개인행동을 하지 말 것

12. 도품이나 의심나는 물건은 취급하지 말 것

2) 경주 최부자댁 6훈

기업의 윤리경영과 관련하여 경상북도 경주 지역에서 10대 300년간에 걸쳐 진정한 노블레스 오블리쥬(noblesse oblige, nobility obliges)를 실천해 왔던 최부자댁에 전해 내려오는 6훈(六訓)을 소개하기로 한다. 이 6훈은 부를 축적하는 데 있어서 수단과 방법을 가리지 않거나 남이 어려울 때를 오히려 축재의 기회로 삼는 일부 모리배 악덕 기업인들에게 가르침과 훈계가 될 수 있다.

(1) 만석 이상의 재산은 사회에 환원하라.

(2) 흉년기에는 땅을 늘리지 말라.

(3) 과객(나그네)을 후하게 대접해줘라.

(4) 주변 100리 안에 굶어죽는 사람이 없게 하라.

(5) 시집온 며느리들은 3년간 무명옷을 입혀라.

(6) 과거를 보되 진사 이상 벼슬을 하지 마라.

마지막 최부자로 불리는 최준 씨 형제 중, 최준(1884~1970)과 그의 둘째 동생인 최완(1889~1927)은 독립운동 유공자로 인정받아 지난 1990년에 건국훈장 애족장이 추서되었다. 최완은 상해임시정부에서 일하다가 일본 경찰에게 체포되어 모진 고문 끝에 1921년에 35세로 순국하였다. 한편 동생 최윤(1886~1969)은 형 최준을 위해 대신 일본참의가 되는 등으로 인해 오명을 뒤집어썼다가, 해방 후 반민족행위자특별조사위원회에서 조사받는 고초를 겪기도 하였다.

□ 최부자 가문의 6연(六然) : 자신을 다스리는 교훈

1. 자초초연(自處超然) 스스로 초연하게 지내고
2. 대인애연(對人靄然) 남에게 온화하게 대하며
3. 무사징연(無事澄然) 일이 없을 때에도 마음을 맑게 가지고
4. 유사감연(有事敢然) 일을 당해서는 용감하게 대처하며
5. 득의담연(得意淡然) 성공했더라도 담담하게 행동하고
6. 실의태연(失意泰然) 실패하더라도 태연히 행동한다.

---

1) 차부근·김철호·최창선, 「창업과 경영의 이해」, 삼영사, 2014, 29면.
2) 강경모 외 2인, 「중소기업창업론」, 신광문화사, 2006.7., 146면.
3) 박춘엽, 「창업학」, 동국대학교 출판부, 2011.9., 18면.
4) 강경모 외 2인, 앞의 책, 149면.
5) Palmer Michael, "The application of psychological testing to entrepreneurial potential," 「Entrepreneurship and venture management」, Prentice Hall, 2nd ed., 1987.
6) 강훈상, '경영마비 된다는 주장은 엄살', 연합뉴스 2014.5.20.
7) 유퍼스트 경영전략연구소, "상인 교육 및 재테크," 2013.11.25.

CHAPTER

08

창업의
유형

창업의 유형

제1절 목적에 따른 창업유형

창업자의 창업목적에 따라 구분하는 경우, 생계 목적으로 소규모사업을 영위하고자 창업하는 생계형 창업과 새로운 사업 아이디어를 통해 기업으로 지속 성장해 나갈 목적의 기회형 창업, 그리고, 모기업의 일부 사업부문을 독립해서 소사장제로 창업하는 협업형 창업 등으로 구분할 수 있다. 그 외 처음부터 창업을 하는 독립적인 창업과 기존 사업장을 인수해서 창업하는 인수창업이 있으며, 업종별로는 제조업, 음식 및 서비스업, 도/소매, 유통업 등이 있는 등 창업유형은 다양하게 분류할 수 있다.

1. 생계형 창업

창업자가 최소한의 생계유지를 목적으로 창업을 하는 것으로서, 그 표현은 다양하며 주로 소상공인, 자영업자, 소호기업 등이 여기에 해당된다. 생계형창업은 최소비용을 출자해서 생계를 위한 안정적인 수익을 창출하는 것을 목적으로 하고 있으며, 일반적으로 부가가치가 낮고 신규진입이 용이하여 경쟁이 심한 레드오션 시장(이미 잘 알려져 있는 시장, 즉 기존의 산업)에 존재하는 창업유형이다.

우리나라 창업의 63%가 생계형이고 기술이나 새로운 아이디어로 창업하는 기술형 창업은 21%에 그쳤다(현대경제연구원, 2016). 저부가가치형 창업비중이 지나치게 높은 편으로 미국(26%), 이스라엘(13%)과 비하면 매우 높은 수준이다.

2. 기회형 창업

창업자의 아이디어나 새로운 기술을 기반으로 사업기회를 살려 창업하는 것으로서, 벤처기업 등이 여기에 해당된다. 기회형 창업의 경우 계속 기업이 성장·발전해 나갈 수 있도록 각종 경영관리, 생산관리 등이 필요하고, 리스크측면에서는 기업특성상 위험은 보유하고 있지만 성공할 경우 많은 수익을 기대할 수 있고, 계속기업으로서 고용창출과 소득증대 효과가 높아 국가경제발전에 기여하는 창업이라고 할 수 있다. 기회형 창업을 일반형 창업과 기술형 창업으로 구분하여 설명하기로 한다. 기술형 창업은 술을 기반으로 하는 제조업 등의 형태로 신기술, 새로운 아이디어를 생산 또는 서비스하는 기업이며 다음 표와 같이 구분된다.

표 8.1　기회형 창업의 분류

분 류	사업유형	사업수행행태	특 성
일반형 창업	- 서비스업 - 도소매업 - 건설업	일반상품을 단순형태로 유통하거나 기술을 기반으로 하지 않는 형태의 용역과 서비스를 제공하는 일을 업(業)으로 하는 창업	- 특정한 기술 불필요 - 진입장벽이 낮음 - 소자본 창업 활발 - 폐업률 높음 - 경쟁력 취약 - 낮은 부가가치
기술형 창업	- 제조업 - 전문서비스업 - 지식문화사업	기술력이 있는 기업이 벤처기업, 이노비즈(INNO BIZ)[1] 기업 등으로 선정되어 기술력을 인정받아 이를 토대로 창업하는 것	- high risk, high return (고위험, 고수익) - 소규모 창업 - 고성장률

기술형 창업은 기술을 기반으로 회사를 창업을 하는 것으로서, 새로운 아이디어 또는 신기술을 갖고 제품을 생산하거나 전문서비스를 제공하는 경우이다. 기술형 창업에는 일반적으로 제조업과 최근 관심이 높은 영화제작, K-POP공연 등 문화콘텐츠산업, 다음카카오, 쿠팡 등 전문유통서비스업 등이 해당된다. 또한, 농업의 경우 과거에는 시골 할아버지가 농사짓는 농업을 1차산업이라고 하였다면, 지금은 여기에 신기술을 적용하여 새로운 품종을 개발하거나 첨단장치를 농업에 접목하여 생산성을 획기적으로 높이는 등 첨단화

하고 있어 이를 6차산업(1차×2차×3차)[2]이라고도 한다.

이처럼 기술형 창업은 기술을 기반으로 창업하여 계속기업으로 성장해 나감으로써 우리나라의 산업발전에 크게 기여하고 해외 수출이나 진출 등을 통해 세계화로 나가는 창업군으로서, 정부에서도 적극 지원하고 있는 창업형태이다.

3. 협업형 창업

협업형 창업이란 사업을 영위하는 기존 기업에서 사업내용 중 일정부분을 분사하여 회사를 별도로 설립하여 일정 사업부분을 맡아 기존 기업체에 납품하는 형태의 창업이다. 통상 기존 기업체의 임직원이 퇴사해서 일정 사업부분을 독립시켜 별도의 사업을 영위하면서, 모기업과 계속 납품관계를 형성해 나가는 창업 형태이다.

예를 들어, 인쇄업을 영위하는 회사가 다양한 인쇄종류 중 특수 인쇄부분을 임직원 중 1인을 독립시켜 소사장으로 운영하는 경우, 소사장이 새로 창업한 경우를 협업형 창업이라고 한다. 새로 독립한 소사장은 통상 모기업과 계속 납품관계를 유지한다.

4. 독립창업과 인수창업

1) 독립창업

독립창업은 처음부터 사업아이템을 가지고 창업하는 형태로서 모든 것을 처음부터 준비해야 한다. 집을 새로 짓는다고 가정할 때, 처음 대지를 구입하고 그 대지 위에 지을 집을 설계하고, 설계에 따라 재료를 구입하고 건축기술자에 의해 건축을 하는 과정을 거쳐야 하듯, 창업과정도 이와 같아 창업아이템을 선정하고 사업타당성을 거쳐 입지를 선정하고 상권을 분석하는 등 모든 과정을 창업자 스스로 하여야 한다. 대단히 복잡하고 어려운 과정일 수 있다. 그렇지만 내 입맛에 맞는 나만의 집을 지을 수 있다는 점에서는 장점이 될 수 있다.

2) 인수창업

기존에 하던 사업을 인수하면서 창업을 하는 것을 인수창업이라 한다. 인수창업은 독립창업에 비해 창업절차가 비교적 쉬운 편으로서 많이 선호되는 방법이다. 그러나 주의해서 점검해야 할 부분도 많다. 먼저, 영업양도 사유를 파악해야 한다. 일반적으로 장사가 잘 되는데 다른 사람에게 사업을 넘기는 경우는 많지 않기 때문에 개인적인 사유인지, 사업과 관련이 있는 사유인지를 파악하는 것이 중요하다. 둘째로 영업과 관련된 사항을 파악한다. 사업인수 전에 인수예정 사업장을 지속적으로 관찰하여 고객분포 및 영업상황을 파악하는 것이 필요하다. 셋째, 입지여건 즉 상권이 활발한지 파악한다. 지하철역이 새로 개통되어서 상권이 변할 수 있는지, 경쟁업체가 새로 개점을 하는지 등을 점검해 본다. 마지막으로 인수할 사업장에 과거에 근무했던 직원이나 현재 직원, 고객, 상품공급자, 전문가들의 의견을 잘 듣고 인수해야 위험을 낮출 수 있다.

제2절 형태에 따른 창업유형

1. 벤처기업

벤처기업(venture business)이란 신기술과 아이디어를 개발하여 사업화하는 기술집약형 중소기업으로서, 벤처기업확인서를 발급받은 기업을 말한다. 벤처기업협회는 이를 '개인 또는 소수의 창업인이 위험성은 크지만 성공할 경우 높은 기대수익이 예상되는 신기술과 아이디어를 독자적인 기반 위에서 사업화하려는 신생 중소기업'으로 정의하고 있다.

주요 특성으로는 첫째, 소수의 기술 창업인이 기술혁신의 아이디어를 상업화하기 위해 설립한 신생기업이다. 둘째, 높은 위험부담이 있으나 성공할 경우 높은 기대이익이 예상된다. 셋째, 모험적 사업에 도전하는 왕성한 기업가 정신을 가진 기업가에 의해 주도된다.

우리나라 벤처인증기업은 성공한 결과로서의 기업이라기보다는 세계적인 일류기업으로 육성하기 위한 지원대상으로서의 기업이라는 성격이 강하다.

벤처기업 인증유형을 살펴보면, 벤처투자기업, 연구개발기업, 기술평가보증·대출기업, 예비벤처기업으로 4가지 유형이 있다.

아래 요건이 충족되면 벤처기업인증을 받을 수 있다.

표 8.2 벤처기업인증 기업

벤처 유형	기준요건(각 항목 모두 충족 요함)	확인기관
벤처투자 기업	- 벤처투자기관으로부터 투자받은 금액이 5천만 원 이상이면서, 자본금의 10% 이상일 것(단, 문화상품 제작자는 자본금의 7% 이상) ※ 벤처투자기관 : 중소기업창업투자회사, 중소기업창업투자조합, 신기술사업금융업자, 신기술사업투자조합, 한국벤처투자조합, 투자전담회사, 기타 대통령령으로 정하는 기관	한국벤처 캐피탈협회
연구개발 기업	- 기업부설연구소 보유하고 연구개발비가 5천만 원 이상일 것(한국산업기술진흥협회의 기업부설연구소 인정서 보유) - 신청 직전 4분기 연구개발비가 총매출액의 5~10% 이상일 것(창업 후 3년 미경과, 매출액이 없는 기업은 비율적용 배제) - 사업성 평가가 우수할 것 ※ 사업성 평가기관 : 기술보증기금, 중소기업진흥공단, 정보통신산업진흥원, 한국발명진흥회, 한국과학기술정보연구원, 한국보건산업진흥원, 전자부품연구원, 산업은행	기술보증기금 · 중소기업진흥공단
기술평가 보증·대출 기업	- 보증·대출(가능 결정) 금액 8천만 원 이상일 것 - 보증·대출(가능 결정) 금액이 총자산에서 차지하는 비율이 5% 이상일 것(창업후 1년 미만 기업과 보증금액이 10억 원 이상인 기업은 비율적용 배제) - 기술성 평가가 우수할 것(총점 65점 이상 및 기술성 부분 25점 이상) ※ 대출금액은 중진공이 취급한 무담보 신용대출에 한함	
예비벤처 기업	- 법인설립 또는 사업자등록을 준비 중인 자 - 기술성 평가가 우수할 것	

2. 소호와 소상공인

1) 소호기업

소호(SOHO : Small Office Home Office)기업은 자택이나 작은 사무실에서 자신의 아이디어로 규모가 소규모의 사업을 하는 것이다. 통상 인터넷 등의 정보매체를 통해 사업하는 소규모 인터넷비즈니스가 주류를 이룬다. 소호기업 특성상 자본이 많지 않고, 특별한 기술을 요하지 않는 마케팅 중심의 사업이 이루어지고 있는데, 최근 쇼핑문화가 과거 오프라인 시장에서 온라인시장으로 확장되고 있어 소호창업이 어느 때보다 활발하다.

온라인시장의 주류는 인터넷쇼핑몰이라고 할 수 있다. 대표적으로 쿠팡, 티몬 등의 소셜커머스시장과 옥션, 인터파크 같은 오픈몰에 상품을 게시하여 판매하는 방식이다. 또한, 자신만의 특기를 살려 인터넷과 모바일 사이트를 직접 개설하여 액세서리, 옷, 신발, 소품 등을 판매하기도 한다.

2) 소상공인

소상공인이란 소기업 중에서도 규모가 작은 기업과 생계형 자영업자들이 해당된다. 도소매업, 음식업, 숙박업, 서비스업의 경우 상시근로자 5인 미만 사업자를, 광업, 제조업, 건설업 및 운수업의 경우는 상시근로자 10인 미만 사업자를 소상공인이라고 한다(소기업 및 소상공인지원을 위한 특별조치법 시행령 제2조).

소상공인과 관련해서는 소상공인지원센터가 전국에 조직되어 있는데 서울특별시 소상공인경영지원센터, 경기도 소상공인종합지원센터에서 창업자금, 경영안정자금 등 소상공인 정책자금을 지원하고 있으며, 소상공인시장진흥공단에서는 예비창업자 및 업종전환 예정자를 대상으로 창업준비단계부터 창업 전 과정에 걸쳐 체계적인 교육과 자금을 지원해주고 있다.

소호기업 및 소상공인의 경우 온라인마케팅에 취약한 편인데, 지원기관을 적절히 활용하면 인터넷마케팅 도구를 손쉽게 마련할 수 있다. 네이버가 출연한 중소상공인희망재단의 경우 온라인 비즈니스 및 인터넷 마케팅 커뮤니케이션 활성화를 위해 중소상공인을 대상으로 "SMB 모바일 프론티어 교육"을 실시하면서 온라인 홍보방법 및 블로그마케팅, 모바일 홈페이지 만드는 방법 등을 교육하는 사업을 무료로 실시하고 있다.

3. 프랜차이즈 가맹점

1) 프랜차이즈(franchise)

프랜차이즈란 프랜차이즈 본사(프랜차이저)가 가맹점(프랜차이지)에게 자기의 브랜드를 사용하여 자기와 동일한 이미지로 상품 및 용역, 마케팅 등 일정한 영업활동을 지원하고 그에 따른 물품대금, 가맹비 등을 지급하는 계속적인 거래관계를 말한다. 가맹점사업은 본사의 지점형태로 이루어지지만, 본사가 직접 운영하는 직영점과 사업자를 모집해서 영업하는 가맹점이 있다.

사업경험이 없거나 생계형 창업자라면 프랜차이즈 가맹점 창업을 고려해 볼 만하다. 가맹점 창업은 사업에 대한 전문지식이 부족하더라도 본사가 갖고 있는 각종 경영관리기법, 조직 및 인력 관리능력, 교육, 점포인테리어, 광고, 판촉지원, 경영지도 등을 창업 시점부터 지속적으로 제공받을 수 있어서, 어느 정도 안정된 사업을 영위해 나갈 수 있기 때문이다.

2) 프랜차이즈 본사(franchiser)

프랜차이즈 본사 선택에 있어 신중을 기해야 한다. 프랜차이즈 본사의 브랜드파워가 낮거나 가맹점 지원시스템이 원활하지 않으면, 직접 창업하는 것보다 못한 경우도 있기 때문이다. 프랜차이즈 창업을 준비 중이라면 이미 개설해서 영업을 하고 있는 프랜차이즈 가맹점들을 사전에 답사하여 영업성과를 직접 체크해 보고, 사업 성공가능성을 가늠해 보는 것이 중요하다.

요즘 청년실업 및 베이비붐 세대[3]의 퇴직자가 증가함에 따라 창업을 고려하게 되는데, 특별한 기술이나 경험이 부족한 경우에는 프랜차이즈 가맹점 창업을 통해 부족부분을 어느 정도 보완할 수가 있어서, 사업성패 여부가 불확실한 자영점포나 여타 사업에 비해 안정적인 사업참여가 가능한 장점이 있다.

3) 우수 프랜차이즈 본사

중소기업청에서는 2010년부터 우수 프랜차이즈를 선정하고 있다, 이들 기업에 대하여는 투자설명회(IR) 개최, 서비스 및 디자인R&D 지원과 해외진출 등을 지원하고 있다. 우수프랜차이즈 본사 선정은 매년 실시하고 있으므로, 프랜차이즈 가맹점 창업시 우수 프랜차이즈 브랜드를 선택하면 리스크를 줄일 수 있을 것이다.

사실 프랜차이즈 본사도 처음에는 독립형 창업을 발전시켜 프랜차이즈 가맹사업으로 확대된 것으로서, 자신만의 캐릭터와 기술력을 가지고 있다면 얼마든지 브랜드화에 성공할 수 있다. 요즘 우리 주변에 떡볶기가게들이 많은데 프랜차이즈인 국대떡볶기의 경우에도 이화여대 앞에서 10년간 떡볶기 가게를 하다가 현재 120개가 넘는 프랜차이즈 가맹점으로 발전시킨 사례이다. 철저히 기업가 정신을 살려 얼마든지 도전해볼 수 있다.

제3절   기업규모 · 업종 · 연령에 따른 창업유형

1. 기업규모별 분류

창업을 고려할 때, 내가 어느 업종을 창업하는지, 기업규모는 어느 정도로 할 것인지를 정하게 된다. 일반적으로 기업을 구분할 때에는 기업규모별로 대기업, 중견기업, 중소기업(중기업＋소기업), 소상공인(소호, 자영업자)으로 분류할 수 있다. 소상공인은 흔히 소호기업, 자영업자로도 불리고 있으며, 중소기업과 소상공인은 다음과 같이 정의되고 있다.

1) 중소기업

중소기업은 업종별로 매출액 또는 자산총액을 기준으로 제한하고 있는데(중소기업기본법 제2조(중소기업자의 범위) 제1항 1호), 구체적인 범위는 동법 시행령 제3조에 게시하고 별표로 구분하였다. 또한 중기업과 소기업의 구분은 소기업을 업종별 평균매출액을 기준으로 정하고, 그 외 것을 중기업으로 하고 있다(동법 동조 제2항, 시행령 제8조).

표 8.3 주된 업종별 평균매출액 등의 소기업 규모 기준 (2017.10.17. 개정)

해당 기업의 주된 업종	분류기호	규모 기준
1. 식료품 제조업	C10	평균매출액 등 120억 원 이하
2. 음료 제조업	C11	
3. 의복, 의복액세서리 및 모피제품 제조업	C14	
4. 가죽, 가방 및 신발 제조업	C15	
5. 코크스, 연탄 및 석유정제품 제조업	C19	
6. 화학물질 및 화학제품 제조업(의약품 제조업은 제외한다.)	C20	
7. 의료용 물질 및 의약품 제조업	C21	
8. 비금속 광물제품 제조업	C23	
9. 1차 금속 제조업	C24	
10. 금속가공제품 제조업(기계 및 가구 제조업은 제외한다.)	C25	
11. 전자부품, 컴퓨터, 영상, 음향 및 통신장비 제조업	C26	
12. 전기장비 제조업	C28	
13. 그 밖의 기계 및 장비 제조업	C29	
14. 자동차 및 트레일러 제조업	C30	
15. 가구 제조업	C32	
16. 전기, 가스, 증기 및 공기조절 공급업	D	
17. 수도업	E36	
18. 농업, 임업 및 어업	A	평균매출액 등 80억 원 이하
19. 광업	B	
20. 담배 제조업	C12	
21. 섬유제품 제조업(의복 제조업은 제외한다.)	C13	
22. 목재 및 나무제품 제조업(가구 제조업은 제외한다.)	C16	
23. 펄프, 종이 및 종이제품 제조업	C17	
24. 인쇄 및 기록매체 복제업	C18	
25. 고무제품, 및 플라스틱제품 제조업	C22	
26. 의료, 정밀, 광학기기 및 시계 제조업	C27	
27. 그 밖의 운송장비 제조업	C31	
28. 그 밖의 제품 제조업	C33	
29. 건설업	F	
30. 운수 및 창고업	H	
31. 금융 및 보험업	K	
32. 도매 및 소매업	G	평균매출액 등 50억 원 이하
33. 정보통신업	J	

해당 기업의 주된 업종	분류기호	규모 기준
34. 수도, 하수 및 폐기물 처리, 원료재생업(수도업은 제외한다.)	E(E36 제외)	평균매출액 등 30억 원 이하
35. 부동산업	L	
36. 전문·과학 및 기술 서비스업	M	
37. 사업시설관리, 사업지원 및 임대 서비스업	N	
38. 예술, 스포츠 및 여가 관련 서비스업	R	
39. 산업용 기계 및 장비 수리업	C34	평균매출액 등 10억 원 이하
40. 숙박 및 음식점업	I	
41. 교육 서비스업	P	
42. 보건업 및 사회복지 서비스업	Q	
43. 수리(修理) 및 기타 개인 서비스업	S	

표 8.4   중소기업기본법 상 중소기업

구 분	법령 내용
중소기업기본법 (발췌)	제2조(중소기업자의 범위) ① 중소기업을 육성하기 위한 시책(이하 "중소기업시책"이라 한다)의 대상이 되는 중소기업자는 다음 각 호의 어느 하나에 해당하는 기업(이하 "중소기업"이라 한다)을 영위하는 자로 한다. 1. 다음 각 목의 요건을 모두 갖추고 영리를 목적으로 사업을 하는 기업 가. 업종별로 매출액 또는 자산총액 등이 대통령령으로 정하는 기준에 맞을 것 ② 중소기업은 대통령령으로 정하는 구분기준에 따라 소기업(小企業)과 중기업(中企業)으로 구분한다.

중소기업기본법 시행령(발췌)	제3조(중소기업의 범위) ① 「중소기업기본법」(이하 "법"이라 한다) 제2조제1항제1호에 따른 중소기업은 다음 각 호의 기준을 모두 갖춘 기업으로 한다.
	 1. 다음 각 목의 요건을 모두 갖춘 기업일 것
	    가. 해당 기업이 영위하는 주된 업종과 해당 기업의 평균매출액 또는 연간매출액(이하 "평균매출액등"이라 한다)이 별표 1의 기준에 맞을 것
	    나. 자산총액이 5천억 원 미만일 것
	제8조(소기업과 중기업의 구분) ① 법 제2조제2항에 따른 소기업(小企業)은 중소기업 중 해당 기업이 영위하는 주된 업종별 평균매출액등이 별표 3의 기준에 맞는 기업으로 한다.
	② 법 제2조제2항에 따른 중기업(中企業)은 중소기업 중 제1항에 따른 소기업을 제외한 기업으로 한다. [전문개정 2015.6.30.]

반면 중견기업은 중소기업 범위를 벗어나고 상호출자제한기업집단(대기업)에 속하지 않는 기업을 말하는데, 중견기업 성장촉진 및 경쟁력강화에 대한 특별법 제2조제1호에 규정되어 있다.

소기업에게는 주어지는 혜택이 많다. 소기업에 대해서는 우선조달제도에 의해 추정가격 1억 원 미만의 물품 및 용역 구매시 입찰우대, 공장설립 및 창업지원에 관한 특례로 $1,000m^2$ 미만의 공장을 소기업이 비수도권에 신설시 농지보전부담금, 대체산림자원조성비, 개발부담금 면제혜택이 있다. 그리고 노란우산 공제 가입, 지역신용보증재단을 통한 자금 및 보증지원 등의 면에서 우대하여 지원하고 있는데 이는 상대적으로 경쟁력이 낮은 소기업에 대한 지원을 통해, 그 안정적인 경영기반을 도모하고 있다.

※ 업종별 중소기업의 범위 : 중소기업기본법 시행령 제3조제1항제1호의 "별표1"을 참조.

2) 소상공인의 범위

소상공인은 소상공인 보호 및 지원에 관한 법률에 의해 업종별로 상시근로자수를 기준으로 분류된다. 소상공인의 경우 규모가 적고 경쟁력이 취약해서 정부 및 지원기관에서 자금지원 또는 마케팅을 적극 지원하기 위하여, 법령에 소상공인의 범위를 규정한 것이다.

표 8.5 소상공인 보호 및 지원에 관한 법률

구 분	법령내용
소상공인 보호 및 지원에 관한 법률	제2조(정의) 이 법에서 "소상공인"이란 「중소기업기본법」 제2조제2항에 따른 소기업(小企業) 중 다음 각 호의 요건을 모두 갖춘 자를 말한다. 1. 상시 근로자 수가 10명 미만일 것 2. 업종별 상시 근로자 수 등이 대통령령으로 정하는 기준에 해당할 것
소상공인 보호 및 지원에 관한 법률 시행령	1. 광업 · 제조업 · 건설업 및 운수업 : 10명 미만 2. 그밖의 업종 : 5명 미만

2. 업종별 창업

우리나라 업종은 통계청의 한국표준산업분류에 의거하여 분류되고 있으며, 통계목적 이외에도 일반 행정 및 산업정책관련 법령에서 적용대상 산업영역을 결정하는 기준으로 준용되고 있다. 산업분류 코드는 대분류-중분류-소분류-세분류-세세분류로 구분되어 있다.

내가 창업하고자 하는 업종의 산업분류가 어떻게 되는지 알아보려면 통계청 사이트에서 한국표준산업분류를 조회하면 된다. 예를 들어, 인터넷쇼핑몰을 창업한다고 한다면 업종코드가 어떻게 될까? 통계분류포털(kssc.kostat.go.kr)을 클릭하고 "인터넷 쇼핑몰"을 입력하면 업종코드는 47911 전자상거래업이 뜨게 된다. 이것이 바로 나의 산업분류코드다. 밑줄친 47이 도·소매업 대분류 산업분류코드이다.

표 8.6 한국산업분류 코드

대분류	업종 및 고유번호
A	농업, 임업 및 어업(01~03)
B	광 업(05~08)
C	제조업(10~33)
D	전기, 가스, 증기 및 수도사업(35~36)
E	하수·폐기물 처리, 원료재생 및 환경복원업(37~39)
F	건설업(41~42)
G	도매 및 소매업(45~47)
H	운수업(49~52)
I	숙박 및 음식점업(55~56)
J	출판, 영상, 방송통신 및 정보서비스업(58~63)
K	금융 및 보험업(64~66)
L	부동산업 및 임대업(68~69)
M	전문, 과학 및 기술 서비스업(70~73)
N	사업시설관리 및 사업지원 서비스업(74~75)
O	공공행정, 국방 및 사회보장 행정(84)
P	교육 서비스업(85)
Q	보건업 및 사회복지 서비스업(86~87)

대분류	업종 및 고유번호
R	예술, 스포츠 및 여가관련 서비스업(90~91)
S	협회 및 단체, 수리 및 기타 개인 서비스업(94~96)
T	가구내 고용활동 및 달리 분류되지 않은 자가소비 생산활동(97~98)
U	국제 및 외국기관(99)

3. 연령별 창업

우리나라에서 창업을 할 때 창업자의 연령에 대해 따로 규제하는 경우는 없다. 다만, 신용보증기관[4] 등 지원기관에서 청년들의 창업과 정년(명예)퇴직자의 일자리 창출을 위해 창업보증을 지원하고 있는데, 이 때 창업자의 연령을 기준으로 만 39세까지를 청년창업, 만 40세 이상을 실버창업으로 구분해서 지원하고 있다.

창업보육센터 입주자격 등, 지원부문별로 연령제한은 달리 적용되는 경우가 많다.

1) 청년창업

청년들이 공무원이나 대기업, 중소기업 등 직장에 들어가려는 구직활동이 있는가 하면, 자신만의 취미와 특기를 살려 희망하는 업종을 선택해서 창업활동을 하는 경우가 있는데 후자의 경우를 청년창업이라고 할 수 있다. 청년창업은 군이 연령을 말하기 보다는 젊은 이가 창업을 하는 것으로서, 청년들은 경험이 적고 자본력이나 기술력이 취약하므로 각종 지원기관을 잘 이용하고 동종업종의 성공한 선배를 찾아 벤치마킹을 통해 착실히 준비해야 성공창업으로 이어질 수 있다.

한 나라의 소득수준이 높아질수록 직장생활보다는 자신만의 일을 하고 싶어하는 사람들이 늘어나게 되며, 직업종류도 선진국형으로 세분화되고 직업도 원래있는 직업이 아닌 새로운 직업을 창조해 나가는 창직(創職)시대가 확대된다. 이에 따라 소규모의 사업이 늘어나고 청년들의 창업이 점차 증가할 것으로 보인다.

최근에는 청년창업자가 아이디어를 사업화할 수 있도록, 경기지방중소기업청에서는 제품디자인부터 제품설계, 시제품제작까지의 전과정을 전문가와 함께하는 전문가 서비스를 지원하고 있다. 각종 정보와 장소를 제공하는 전국 지원센터를 활용하면 많은 도움이 된다. 예컨대 서울시 청년창업센터는 송파구 가든파이브에 설치 · 운영되고 있으며, 경기도는 청년사관학교 등을 운영하고 있고, 지역별로 소상공인지원센터 또는 창업보육센터네트워크시스템(www.bi.go.kr)에서 검색을 통해 전국 창업보육센터 입주에 관한 공고 등을 확인할 수 있는데 이를 잘 활용해 보도록 하자.

2) 실버창업

실버창업은 기존의 직장생활을 하다가 정년퇴직 또는 명예퇴직 등으로, 노후생활이 보장되지 않은 실업자 상태에서 생계 등을 목적으로 창업하는 것이다. 우리나라의 급여생활자의 특징은 평소 직장생활을 하면서 다른 업종에 눈 돌릴 틈이 없이 우직하게 일에만 열심히 몰입하는 경우가 대부분이다. 퇴직을 하게 되면 창업준비가 소홀한 상태에서 창업전선에 뛰어들다 보니, 다른 선진국에 비해 도소매업, 음식업 숙박업, 운수업, 개인서비스업과 같은 부가가치가 낮은 생계형 업종 창업에 집중되어 있어, 안정적인 소득이 보장되지 못하고 있는 실정이다.

실버창업의 특징은 창업에 실패할 경우 다시 일어나기가 어려운 점과, 뛰어들 창업업종에 대한 전문적인 지식이 적다는 문제이다. 따라서, 실버창업은 사업계획을 너무 무리하게 세워서는 안되며, 변화가 급하게 변하는 모험적인 업종 대신 다소 보수적이고 본인이 잘하고 관심이 높으며 풍부한 경험을 잘 접목할 수 있는 업종을 선택하는 것이 바람직하다. 소득보다는 안정적인 사업부분에 진출하는 등 사전에 철저한 창업준비로 성공창업을 만들어 가야 한다.

최근 국민연금연구원에서 2015년 7월 발표한 '중 · 고령자 경제생활 및 노후준비 실태' 연구보고서를 보면, 50세 이상 비임금 근로자의 월 평균 급여비율은 월 100만 원 미만이 44.7%로 가장 높게 나타났고, 100만~200만 원 21.3%, 월 300만 원 이상 17.9%, 월 200만~300만 원 16.1% 순이었다. 자영업자 2명 중 1명의 수입이 월 백만 원 이하라는 우울한 소식을 명심해야 한다.

제4절 법적구조에 따른 창업유형

1. 개인기업과 법인기업

기업을 창업할 경우에는 먼저 개인기업이냐, 법인기업이냐를 선택하여 창업하여야 한다. 창업과정에서 기업형태를 결정하는 것은 매우 중요사항 중 하나이다. 일반적으로 소기업, 소상공인의 경우 개인기업으로 창업을 하고, 소기업이 점차 사업규모가 커지게 되면 그때가서 법인으로 전환하면 될 것이고, 기술력을 토대로 성장을 추구하는 벤처기업 등의 경우에는 바로 법인으로 창업하는 것이 좋다.

법인기업과 개인기업의 차이를 비교해 보면 다음과 같다.

표 8.7 법인기업과 개인기업의 차이

비교항목	법인기업	개인기업
설립절차	개인에 비해 복잡	사업자등록만으로 가능
기업영속성	대표가 바뀌어도 계속성 유지	대표가 바뀌면 신규사업자
대표자책임	유한책임(지분한도내)	무한책임
대외신인도	대체로 높음	대체로 낮음
설립비용	일정 비용 필요	거의 없음
자금조달	자금조달 용이, 대자본 가능	자금조달 한계, 대자본 불가능
이익금 사용	제약 있음(사적 유용 금지) 등	제약 없음(개인 자금 사용)
관리비용	비교적 많음	비교적 적음
세금부담	10~22%	6~38%
과세체계	법인세, 대표급여의 비용 인정	소득세, 대표급여의 비용 불인정
복식부기의무	있음	요건에 따라 다름
외부감사제도	자산총액이 100억 원 이상인 경우 공인회계사의 외부감사를 받음	적용되지 않음

2. 개인기업과 법인기업의 장단점

일반적으로 개인기업은 안정적인 소규모사업에 적합한 기업형태이고, 반대로 법인은 규모가 있고 소득이 많은 사업에 유리하다.

표 8.8 개인기업과 법인기업의 장단점

	법인기업	개인기업
장점	1) 자본조달이 용이하고 대자본 형성이 쉬우며 설립 후에도 일반대중으로부터 소액자금을 신주발행이나 회사채발행 등을 통하여 외부로부터 투자받기가 용이 2) 주주의 개인 재산과 회사의 재산이 명백히 구분되므로 투자는 회사 도산시에도 출자금액 범위 내에서 법적 유한책임을 지게 되어 안정적인 경영이 가능 3) 전문경영인에 의한 기업경영이 가능하므로 소유와 경영의 분리가 가능, 즉 소유와 경영이 분리되어 기업대표자가 사망해도 기업은 영속적으로 존재 4) 제3시장 지정, 코스닥상장 증권거래소 상장 등을 통하여 기업의 대중화 및 거대화 가능 5) 사회 일반적으로 법인에 대한 공신력이 높으므로 영업상 유리	1) 설립등기가 필요 없고, 사업자등록만으로 사업개시가 가능하므로 기업설립이 용이 2) 기업이윤 전부를 기업주가 독점할 수 있고, 이익 및 손실은 기업주에게 귀속 3) 창업비용과 창업자금이 비교적 적게 소요되어, 소자본을 가진 창업자도 창업 가능 4) 기업활동에 있어 자유롭고, 신속한 계획수립, 계획변경 등이 용이
단점	1) 법인의 경우는 설립절차가 복잡, 최소 100원 이상의 자본금이 필요 2) 기업이윤이 주주의 출자지분에 따라 배당(이익배당·주식배당)되므로 대표자의 독점적인 이윤이 보장되지 않음 3) 소유와 경영이 분리되고, 회사기관이 분리되어 있고 각기 견제장치가 있으므로 신속한 경영의사결정이 어려우며, 주주 상호간의 이해관계 대립 마찰의 소지가 있음 4) 대표이사의 개인재산과 법인 재산이 구분되어 대표자가 기업자금을 개인용도로 사용하면, 회사는 대표자로부터 이자를 받아야 하는 등 세제상의 불이익 존재 5) 각종 법상 의무 등이 개인기업에 비하여 많음(예 : 등기의무)	1) 기업주가 기업경영상의 모든 부채와 손실을 전액 부담해야 하는 무한책임이 있음 2) 기업주 개인의 사정이 기업에 직접적인 영향을 미쳐 기업의 영속성이 결여 3) 투자 등 자본조달 능력에 한계 4) 사업주 개인의 사업이므로, 소유와 경영의 일치로 경영능력에 한계

1) 이노비즈 기업이란, Innovation(혁신)과 Business(기업)의 합성어로 기술 우위를 바탕으로 경쟁력을 확보한 '기술혁신형 중소기업'을 말하고 중소기업청에서 선정한다.

2) 1차산업 : 농업, 2차산업 : 공업, 3차산업 : 서비스업

3) 베이비붐 세대란 우리나라 전후 인구가 급증한 1955~1963년에 태어난 세대로서 우리나라의 성장을 함께 하였으며, 2010년부터는 퇴직이 한꺼번에 많아진 세대를 말한다.

4) 신용보증기금, 기술보증기금, 전국지역보증재단

CHAPTER

09

창업계획의
수립

창업계획의 수립

제1절 창업환경 분석

1. 취업시장과 창업시장

1) 취업시장

취업시장의 채용 감소추세는 선진국뿐만 아니라 한국사회에서도 나타나는 현상이다.

기술의 발달로 인간 대신에 기계 또는 로봇이 대체하여 처리하게 됨에 따라 전통적인 일자리가 갈수록 감소하고 있다. 고도의 지식과 기술이 필요하거나 단순한 직무의 형태로, 직업의 양극화 현상이 이어지게 될 것이다. 고용없는 성장 시대에 청년들이 일자리를 가지고 안정된 생활을 누리기 힘든 상황이다.

2016년 6월 말 기준으로 전국 청년(15~29세)의 경제활동참가율은 48.0%, 실업률 10.3%, 그리고 고용률이 43.1%로 나타난다(2016. 통계청 국가통계포털 http://kosis.kr).

그동안 정책적으로 청년의 일자리 제공, 그리고 직업훈련을 중심으로 하는 종합대책을 수립해 왔으며, 공공부문의 적극적 일자리 제공을 추진하여 왔으나, 청년층의 구직난과 미취업 청년층의 증가는 심각한 문제로서 청년일자리의 창출이 경제문제를 떠나 사회적 이슈가 되고 있다. 청년층 고용촉진을 위한 정책이 절실히 필요하다. 일자리 창출을 위한 국가의 전략적 과제로서 신지식·신기술 등에 의한 창업을 중심으로 일자리를 창출할 수 있도록 하는 것이 필요하다.

2) 창업시장

창업의 증가는 전 세계적인 경향이라고 할 수 있는데 최근 미국이나 유럽연합도 경기침체로 인한 실업 해소와 신규 고용창출의 필요성이 증대함에 따라, 기업가 정신 함양 및 창업 촉진을 위한 사회경제적인 기반 조성에 주력하고 있다. 선·후진국을 막론하고 창업 활성화를 중요한 국가적인 정책과제로 설정하고, 각종 지원 대책을 추진하고 있다. 각국 정부는 스타트업의 메카인 실리콘 밸리를 모방해 대도시를 기점으로 창업시장의 허브를 마련하고, 예비창업자를 교육해 배출하거나 신생 기업을 유치하는 등 창업생태계를 위해 다각적으로 노력하고 있다.

창업시장은 저성장과 고실업 현상에 따른 창조경제 구현의 핵심적 수단으로서, 일자리 확충을 통한 경제활성화에 기여한다. 창업은 새로운 시장 및 신산업창출을 통한 창조경제 구현의 핵심요소이다. 창조경제 정책은 창의성과 아이디어 기반의 비즈니스, 그리고 과학기술과 ICT융합을 통해 신 시장과 신산업 창출을 목표로 하고 있다. 이를 통해, 경제 전반에 활력을 불어넣고 경제성장의 한계를 극복하고자 하고 있다.

국내창업 환경은 선진국들과 비교해 볼 때, 전반적으로 창업활동이 저조한 편이고, 창업 중에서 생계유지 목적의 생계형 창업비율이 높다. 이는 우리나라의 창업생태계가 아이디어나 기술을 바탕으로 고부가가치를 창출하는 창업이 아닌 생계유지를 위한 창업이 주를 이룬다는 것을 의미하여 전반적인 창업생태계의 취약성을 시사한다.

전반적인 창업시장을 살펴보면 창업을 수행할 수 있는 기업가 역량이 대체적으로 저조한 데 창업교육이 활성화되지 못하고 있고, 특히 창업 실행에 필요한 실질적인 지식 및 노하우 전달이 취약하다. 취약한 창업교육 환경은 창업 주체들의 낮은 자신감으로 이어져서 창업기업의 활동과 성장에도 나쁜 영향을 미칠 수 있다.

우리나라의 창업문화 조성 정도는 낮은 편으로서, 창업활성화를 저해할 가능성이 있고 창업과 연관된 제도적 요인이 전반적으로 취약하다. 창업과 관련한 행정적 절차의 개선으로 창업에 소요되는 기간은 짧은 편이며, 폐업 비용도 적은 편이다. 그러나 창업 과정에 소요되는 비용은 상대적으로 높으며, 파산에 따른 부담이 크고 지적 재산권 보호 정도도 낮은 상황으로서 전반적으로 제도적 환경이 창업 친화적이지 않다.

이러한 관점에서 국내의 창업 생태계는 다양한 영역에 걸쳐 전반적인 개선이 필요하며, 창업 생태계를 구성하는 다양한 주체의 기능 및 역할을 강화하는 종합적인 노력을 통해 전반적인 생태계 활성화가 필요하다.

2. 청년창업의 창업환경

청년에 대한 정의는 "취업을 원하는 자로서 대통령령이 정하는 연령에 해당하는 자"[1] 이며, "대통령이 정하는 연령에 해당하는 자라 함은 15~29세"라고 규정하고 있다. 공공 기관과 지방공기업이 청년 미취업자를 고용하는 경우에는 15세 이상 34세 이하인 사람을 말한다. 그리고 중소기업진흥공단, 창업진흥원, 서울특별시 등의 정부기관들은 청년창업 지원 프로그램의 지원요건을 40세 미만으로 제한함으로써 청년을 40세 미만으로 정하고 있다.

세계 각국은 다양한 청년창업프로그램을 추진하고 있는 현황이고, 미국은 청년창업지원 프로그램(REAL)을 통해 사업아이디어의 발굴 및 사업계획서 작성 등 창업관련 교육을 실 시하여 청년 창업을 하도록 지원하고 있다. 독일은 연방경제과학부(BMWI)의 주도하에 기 획, 실시되고 있는 도전 창업프로젝트를 중심으로 연구소, 대학, 기업이 연계되는 창업지 원 프로그램을 운영하고 있다.

한국은 중소기업청을 중심으로 다양한 창업지원 프로그램이 운영되고 있는데 창업 아 이템 개발지원, 창업 동아리 지원, 현장견학 및 해외창업 연수지원, 대학창업 행사지원, 학생·교수·연구원 창업경연대회, 벤처창업 로드쇼, 창업강좌 지원, 소상공인 지원센터를 통한 창업·경영·자금 지원, 청소년 기업가 정신 교육 실시, 창업대학원 지정 및 운영 지 원 등 비교적 다양한 창업지원 활동을 시행하고 있다.

이와 같이 창업 활성화를 통한 일자리 창출을 위해 정책적으로 다양한 사업을 추진해 오고 있으나, 체계적인 제도 운용이라는 측면에서 볼 때 다소 미흡하다. 특히 기업가 정 신 함양 및 창업교육 부족뿐만 아니라 창업지원 사업 간의 연계성 미흡, 창업기업에 대한 사업화 자금 지원 부족, 창업 이후 사후관리 미흡 등이 문제점으로 지적되고 있다.

이에 정책적으로 청년창업의 환경 개선을 위하여 크게 창업 친화형 교육 제도로의 전 환, 기술기반 청년창업 활성화를 위한 국가 R&D제도 개선, 투자 중심의 청년 창업자금 지원, 범부처 차원의 창업지원 플랫폼 구축으로 청년창업 생태계를 조성하고 적극적인 지 원사업을 추진하는 것이 필요하다.

3. 국내 창업환경 분석

국내 창업환경은 미국 등 창업 선진국과 비교할 때 질적인 면이나 규모면에서 개선되고 보완되어야 할 점이 많다. 국내 청년들은 창업선호도는 매우 낮고, 창업을 위한 제도적 전승이나 투자의 경로도 부족하다. 대부분 청년층은 창업대신 안정적인 취업을 선호하는 경향이다.

청년 창업이 활성화되면서 청년층의 법인 설립이 증가세에 있으며 생계형 창업보다는 기술형 창업이 성장세를 보이고 있다. 특히 소셜창업 방식이 청년창업에서 주요한 전략으로 확대되고 있는데, 그 중 특히 핵심역량과 기술에 기반해서 외부인력, 기업, 기관과의 연계를 적극적으로 활용하는 소규모의 소셜창업이 새로운 동향으로 떠오르고 있다. 소셜 창업은 SNS(social network service)를 활용하는 대외적인 소집단의 적극적인 조직과 활동으로, 사회적 가치를 추구하는 방향으로 확장되어 가고 있다.

과거의 창업이 연구ㆍ개발, 생산, 품질, 유통, 서비스, 관리 등 모든 분야에 관여하고 개발과 생산설비에 상당한 투자도 필요한 '무거운 창업'이었다면, 현재 창업의 방향은 생태계 중심의 이런 가벼운 창업으로 누구나 창업을 꿈꾸고 창업이 즐겁고 쉬운 것으로 흐르고 있는 추세이다.

청년창업에는 창업의 어려운 장벽과 함께 창업시장에서의 불평등 관계, 창업에 대한 부정적인 사회 인식, 취업위주의 교육과 훈련, 경력ㆍ기술ㆍ인맥의 미비, 개인자본의 부족 등 청년층의 역량부족이 문제점으로 드러나고 있다. 따라서 청년창업 정책은 이러한 진입 장벽을 낮추는 방향으로 법제ㆍ교육ㆍ정보ㆍ공간ㆍ자금의 측면에서 고려되어야 할 것이다.

이러한 문제점을 해결하기 위해 정책적으로 '창업 → 성장 → 회수 → 재도전'이 원활한 선순환 창업ㆍ벤처 생태계를 조성하는 방향으로 추진해야 할 것이다.

① 창업친화적 교육패러다임을 확립하고 지속적으로 추진한다.

② 창업자금 지원을 융자 중심에서 투자 중심으로 확대하여, 패자부활을 통한 재창업이 가능하도록 한다.

③ 창업성공률 제고를 위해 멘토링 및 창업보육을 강화한다.

④ 창업정책 방향을 지속적이고 효과적으로 추진하기 위한 범부처 통합 창업지원체제를 강화한다.

제2절 창업역량 평가

1. 창업의 성공조건

일반적으로 창업의 성공은 창업가의 능력이나 자질에 의해서 결정된다는 견해가 지배적이었다. 이는 기업의 성과를 기업가가 가지고 있는 역량을 중심으로 보는 것으로 주로 벤처투자가들이 기업에 투자를 할 때 많이 사용하는 견해이다.

창업의 성공요인으로서 ① 능력 있는 창업가, ② 시장과 기술에 대해 전문성을 지닌 팀의 존재 유무, ③ 안정된 시장, ④ 연구개발에 대한 신중한 투자, ⑤ 방만하지 않은 경영, 그리고 ⑥ 조직과 전략의 정상적인 균형을 제시한다.

이 중에서도 특히 기업가의 과거 경험이 창업기업의 성공과 강한 상관관계를 갖는다는 관점에서 전략이나 조직 등에 대한 접근보다도 창업가의 역량으로서 창업 이전의 기업가적 경험이 성공가능성에 가장 중요한 영향을 미친다고 보고 있다.

창업의 성공에는 기회(opportunity), 기업가(뛰어난 관리팀), 그리고 회사를 시작하고 성장시키는데 필요한 자원(resources) 등 세 가지 요소가 매우 중요하다. 이에 관한 창업에 관한 성공 모델은 다음 그림 9.1과 같다.

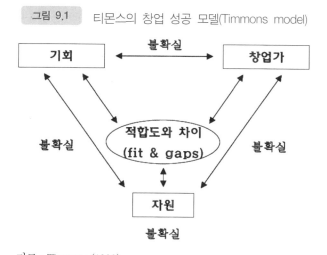

그림 9.1   티몬스의 창업 성공 모델(Timmons model)

자료 : Timmons(1990)

2. 창업역량

역량(competency)이란 동기, 특질, 자아개념, 태도, 가치, 내용 지식, 인지적 행동 기술의 조합으로 일관되게 측정 또는 수량화 될 수 있고, 평범한 성과자들로부터 우수한 성과자를 구분해 낼 수 있는 개인적인 특성 또는 측정 가능하고, 업무와 관련된 개인의 행동적 특징에 기초한 특성 및 능력이다. 역량은 지식, 기술, 능력, 성격 등 보다 행동적 측면을 강조하고, 조직의 활동 및 결과와 밀접하게 관련되어 있으며 성과의 수준을 내포하고 있다.

기업가 창업역량은 실질적으로 아무 것도 아닌 것으로부터 가치 있는 어떤 것을 이루어 내는 인간적이고 창조적인 행동이며 성공 창업가에게 나타나는 공통적인 특징이다 (Timmons, 1990). 창업역량은 현재 보유하고 있는 자원이나 자원의 부족을 고려하지 않고 기회를 추구, 기업가정신은 비전과 그 비전을 추구함에 있어 다른 사람들을 이끌 열정과 헌신을 요구하고 계산된 위험을 감수하는 의지를 필요로 한다.

그림 9.2 　 Timmons의 기업가정신 핵심요소

성공적인 창업가들에게 요구되는 공통적인 특성과 역량은 다음과 같다.

기업가 또는 성공적 인간이 일반적으로 가지는 가장 중요한 자질은 용기, 결심, 환경, 기회, 열정, 행동력 등이다.

① 용기(courage)는 위험을 감수하려는 열성이다. 위험한 상황이 발생하는 것을 두려워하지 않는 것이다. 용기를 가지고 지금 도전한다면 성공으로 나아가는 관문으로 들어서는 것이다.

② 결심(determination)은 위기의 상황에도 중단하지 않고 포기하지 않는 능력이다. 성공적인 사람은 패배를 성공을 위한 기회로 보고 다시 일어날 수 있는 결정을 하고 성공을 위해 재도전을 결심한다. 실패는 큰 배움의 기회이며 새로운 도전을 위한 결정력을 갖추도록 한다.

③ 환경(environment)은 창업을 위한 긍정적이고 창의적인 인적 자원을 갖추는 것을 의미한다. 긍정의 힘으로 에너지를 불어 넣고 지속적으로 추진할 수 있는 사람들과 함께 사업을 추진하는 환경은 성공의 원동력이 된다.

④ 기회(opportunity)를 찾아내는 창의적인 능력이 필요하며, 이는 성공적인 사람이 되기 위한 중요한 요소이다. 기회를 볼 수 있게 되기 위한 가장 큰 요건은 창의적인 사람이 되는 것이다. 기회를 찾을 수 있는 창의력은 능력을 갖추어야 하고 서로 관련 없는 일이나 상황들 사이에서 연결점을 찾을 수 있어야 한다는 의미를 갖는다.

⑤ 열정(passion), 꿈과 목적을 성취하기 위한 열정은 자신이 하는 것을 이루고 성공으로 이끄는 중요한 요소이다. 열정으로 인해 위기를 극복하고 기회를 잡고, 실행하려는 의지를 지속적으로 갖게 된다.

⑥ 실행력(action)은 성공적인 사람에게서 찾아볼 수 있는 특징이다. 위대한 생각이라도 실행하지 않는다면 존재할 수 없다. 좋은 아이디어는 그 일을 실현시키는 추진력이 된다.

3. 창업역량 평가

예비창업가의 창업역량의 핵심요인은 가치추구, 창의적 행동, 기회 추구, 헌신, 열정, 위험감수 의지를 Timmons의 창업역량 지표에 의거하여 평가한다.

1) 개인적 특성(14문항)

① 오랜 시간 일을 추진할 수 있는 열정과 에너지를 가지고 있는가?
② 자신이 세운 목표를 달성할 수 있는 자신감이 충만한가?
③ 일시적이 아니라 장기적으로 특정사업에 참여하고 있는가?
④ 금전을 평가의 척도로 사용하는가?
⑤ 문제해결에 인내심을 가지고 임하는가?

⑥ 명확한 목표를 설정할 수 있는 능력과 결단력이 있는가?

⑦ 자신의 노력으로 성공가능성이 높은 일에 모험심을 가지고 있는가?

⑧ 실패한 경우, 실망하지 않고 문제점을 밝혀내고 배우려고 노력하는가?

⑨ 피드백을 활용하여 개선해야할 문제점을 파악하고 시정조치를 하는가?

⑩ 독립심이 강하고 책임감을 갖고 있는가?

⑪ 주변자원의 활용을 위해 사내외의 상황을 적절히 이용할 수 있는가?

⑫ 자신이 세운 목표와 경쟁하는가?

⑬ 운명을 외적요인이 아닌 스스로 개척하는 자신감을 가지고 있는가?

⑭ 불확실성을 불안하지 않게 극복할 수 있는가?

2) 업무역량(8문항)

① 사업과 가정을 잘 조화시킬 수 있는가?

② 창업을 자기인생의 모든 것으로 보는가?

③ 창업가로서 창의성과 기술혁신 능력이 있는가?

④ 업종에 대한 전문적인 지식은 갖추고 있는가?

⑤ 창업팀을 구성할 수 있는 능력이 있는가?

⑥ 창업가의 자유경제 체제에 대한 경제관이 확실한가?

⑦ 기업윤리관이 확실한가?

⑧ 종합적 능력을 갖추고 있으며 타인으로부터 신뢰를 얻고 있는가?

제3절　창업계획의 수립

1. 창업 아이템의 선정

1) 창업 아이템 선정의 중요성

창업 아이템은 기업이 산출할 상품이나 서비스를 말한다. 성공적인 창업을 하기 위해 필요한 것은 수익성이 있는 창업 아이템을 선정하는 것이다. 창업 아이템은 시장에 흔하지 않으며, 사업을 할 만한 가치가 있고 대체상품이 존재하지 않아야만 성공을 보장할 수 있는 창업 아이템이 된다.

2) 창업 아이디어 발굴의 주요 요점

① 베스퍼(Karl H. Vesper)의 아이디어 창출 유형[2]: 기대치 않은 초대, 권리의 획득, 취미, 자기 고용 등
② 창업업종을 선택시 실패율을 낮출 수 있는 요령
③ 자신의 성격을 파악하고 그에 맞는 업종 선택
④ 자신의 경력이나 특히 전문지식이나 인맥을 활용할 수 있는 업종
⑤ 시대의 변화를 반영 하되, 자신이 따라잡을 수 있는 업종 선택
⑥ 현실성이 있는 아이디어 발굴

3) 아이템 선정의 기본 원칙

① 성장 가능성이 있는가?
② 경험이나 특징을 활용할 수 있는가?
③ 자기의 실력을 발휘하고 적성에 맞는가?
④ 실패의 위험이 적은가?
⑤ 자기의 자본 규모에 적당한가?
⑥ 경쟁력을 갖추기 위해서는 상품조달과 회사규모는 어느 정도가 되어야 하는가?
⑦ 수요와 시장성이 충분한가? 또는 곧바로 수요가 있는가?
⑧ 투입비용에 대비하여 수익성은 높은가?

4) 창업 아이디어의 창출 기법

(1) 경험의 재구성

남보다 앞서 특정한 부문이나 시장에서 얻은 지식과 경험을 전혀 새로운 기술적, 사업적 노하우로 연결시킴으로써 좋은 사업기회를 포착한다.

(2) 창의적 아이디어 창출 기법

① 브레인스토밍, 시네틱스(synectics), 자유연상법(free association)

② 강제연상법(forced relationships), 포커스 그룹(focus group) 등

(3) 창업 아이디어 개발의 구체적인 방법

① 기존 제품을 탐색하는 방법

② 변경 제품을 탐색하는 방법

③ 신제품을 탐색하는 방법

2. 시장조사 및 상권분석

1) 좋은 입지의 구성요소

① 좋은 입지의 전제조건

　　입지조건의 구성요소/적정한 상권인구/최적입지의 요소

② 입지구성의 기본요소

　　매출을 결정하는 요소들/성공하는 입지의 조건/통행량/상권의 질/동선/교통량/시계성/건물과 토지/영업력/경합성

2) 상권 조사 및 입지 분석

① 점포 입지 분석의 기본

　　입지 환경 조사/상권 규모별 입지 조사/입지 조사 방법

② 기존점 상권분석

　　내점객 조사/상품교환권을 이용한 조사/내부자료를 이용한 조사

③ 신설점 상권 분석

　　소규모 점포/도로변 점포

④ 통행자 특성 조사

　　통행량 조사/왕래자 조사/가정방문 조사

⑤ 경합점 조사

　　입점객 조사/상품력 조사/점포와 영업 상황 조사/매출액 추정/경합점 평가표 작성

⑥ 설문조사

표본수집과 질문법/표본 수집의 종류/설문조사와 집계

⑦ 매출 예측

잠재구매력을 이용하는 방법/업종가 업태의 특성을 이용하는 방법/경영 분석 수치를 이용하는 방법

⑧ 채산성 분석

손익계산/투입자본 회수기간 검토

3. 사업타당성과 위험관리

1) 사업타당성 분석

성공적인 사업을 위한 업종별, 분석목적별로 보는 사업타당성 분석의 평가요소는 일반적으로 ① 새로운 사업에 대한 경영자(또는 창업자)의 수행능력 평가, ② 계획된 제품의

그림 9.3　사업타당성 분석의 내용

사업 수행역량 평가	시장성 분석
• 적성 · 자질 분석 • 경험 · 지식 분석 • 업종선택의 적합성 분석 • 창업자의 경영역량 평가	• 시장조사/소비자조사 • 시장세분화 • 제품 포지셔닝 • 제품수급조사 • 동종업계조사 • 총수요 및 점유율 예측 • 가격결정/매출액 추정
기술타당성 분석	재무타당성 분석
• 제품의 기술적 특성 • 입지의 적합성(공장, 사옥, 사무실) • 생산설비 및 장비 • 생산공법 및 공정의 적합성 • 생산자원에 관한 검토 • 공장규모의 건설계획 • 시설소요자금의 검토	• 생산 · 구매–판매 · 일반관리 계획 • 제조원가 및 비용추정 • 추정재무재표 작성 • 재무상태 및 경영성과 분석 • 자금수지분석 • 현금흐름의 추정 • 할인율의 추정 • NPV, IRR, 회수기간 등 • 위험분석 등

생산에 필요한 기술의 해결가능성을 검토하는 기술성 분석, ③ 판매시장의 환경, 경쟁상태, 시장진입 가능성 및 중장기 수급전망 등을 검토하는 시장성 분석, ④ 적정수익률 확보 가능성을 검토하는 재무적 분석, ⑤ 위험요소 분석과 성장가능성 분석 등으로 구성된다.

사업타당성 분석의 내용은 그림 9.3과 같다.

2) 창업의 위험관리

기업경영에 있어 재무적 손실 가능성을 최소화하기 위한 최선의 방법을 모색하는 일련의 위험관리 방법으로서 손실의 원천을 확인하고, 손실발생의 재무적 영향을 평가하며 실제 손실과 그 재무적 영향을 통제함으로써 이루어진다.

위험 관리의 4가지 기본적인 선택사항들은 다음과 같다.

① 위험 회피 : 어떤 활동을 수행하지 않음으로써 위험을 회피한다.

② 위험 전가 : 보험, 헷징(hedging), 아웃소싱을 통해 제3자에게 위험을 전가한다.

③ 위험 완화 : 예방적이고 검출적인 제어 장치를 통해 운영 위험과 같은 위험을 완화한다.

④ 위험 수용 : 확실한 위험 활동을 파악하여 인식하는 것은 주주들의 이익을 증대시킨다.

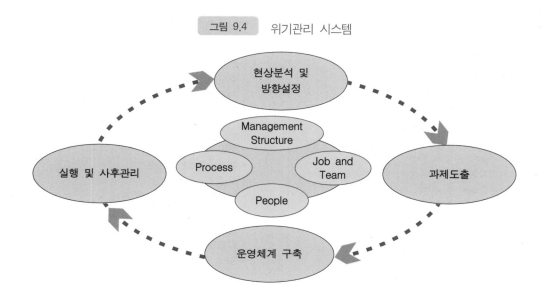

그림 9.4 위기관리 시스템

경영환경이 급변하고 기업 이해관계자의 범위가 점점 확장되며, 예상치 못하는 돌발사태가 발생할 가능성이 상존함에 따라 이에 대한 대응으로서 위기관리 시스템을 구축해야 한다(그림 9.4).

4. 회사설립 절차

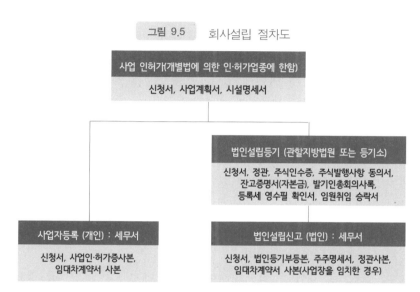

그림 9.5 회사설립 절차도

사업 인허가(개별법에 의한 인·허가업종에 한함)
신청서, 사업계획서, 시설명세서

법인설립등기 (관할지방법원 또는 등기소)
신청서, 정관, 주식인수증, 주식발행사항 동의서,
잔고증명서(자본금), 발기인총회의사록,
등록세 영수필 확인서, 임원취임 승락서

사업자등록 (개인) : 세무서
신청서, 사업인·허가증사본,
임대차계약서 사본

법인설립신고 (법인) : 세무서
신청서, 법인등기부등본, 주주명세서, 정관사본,
임대차계약서 사본(사업장을 임치한 경우)

자료 : http://www.startup.go.kr(창업넷)

5. 사업계획서 작성

사업계획서의 체계는 업종, 규모, 사업계획서, 이용목적에 따라 설계의 형태에 차이가 있을 수 있으나, 일반적인 체계는 다음과 같다.
① 사업개요(Executive Summary)
② 환경분석(Environmental Analysis)
③ 사업목표(Business Goals)
④ 제품과 서비스(Product and Service)
⑤ 생산과 운영(Product and Operation)

⑥ 사업전략(Business Strategy)

⑦ 추정재무재표(Estimated Financial Statements)

⑧ 위기분석 및 대응계획(Risk Analysis and Mitigation Plan)

6. 창업자금 및 세무회계

1) 창업자금

창업계획에서는 우선적으로 자금계획을 세우는데 창업을 준비하면서 가장 핵심적인 분야는 창업에 필요한 사업자금의 마련에 있다. 여유자금 없이 기술을 자본으로 창업하는 경우 창업자금을 조달하는 것이 가장 큰 과제이다.

창업을 준비하면서 자금조달에 어려움이 있는 창업자들은 정부의 창업자금지원제도를 활용하면 큰 도움을 받을 수 있다. 중앙행정기관이나 지방자치단체에서는 각 분야별로 여러 가지 형태로 창업자금을 지원해 주고 있다. 예를 들어 제조업, IT사업, 지식산업 등의 경우에는 중소기업청, 도·소매업, 음식점업, 서비스업 등 생계형 창업의 경우에는 소상공인지원센터, 정보화사업의 경우에는 정보통신부 등에서 장기저리 또는 무상으로 자금을 지원해 주는 프로그램을 운영하고 있다.

자금지원제도는 대부분 창업 후 3년 이내의 기업을 대상으로 하고 있는 경우가 많으므로, 창업한 이후에도 지속적으로 관심을 가지고 여러 행정관청에서 지원해주는 자금규모와 지원시기, 자금소진계획, 자금신청스케줄 등을 수시로 점검해야 한다.

2) 세무회계

회계란 기업의 경제활동을 측정, 기록, 요약, 정리, 보고하는 체계로서 전표의 작성, 장부의 기록, 결산재무제표의 작성 등을 포함한다.

(1) 회계의 중요성
① 경영관리상의 중요성

기업의 현황파악과 향후 예측수단으로서 회계자료 유용, 자산관리의 수단으로 사용한다.

② 내부통제의 수단으로서의 회계시스템

　복식부기에 의한 장부의 기록 자산의 누락이나 부정 방지 수단으로 활용한다.

③ 외부보고용 자료제출시 회계자료이용

　은행이나 관공서 기타 회사의 재무현황에 대한 자료 요구시 회계장부로부터 작성하여 제출한다.

④ 각종 세무신고 자료로서 회계자료

　각종 세무신고시 기장 비치된 회계장부를 근거로 신고서를 작성한다.

(2) 회계의 방법

① 회계처리의 기본시각

　회계는 의무적으로 하는 것이 아니라 사업자 자신을 위한 것이며 회계를 통하여만 관리를 효율적으로 수행하는 것이 가능하다.

② 회계처리의 기본계획 수립

　회계처리조직과 인력에 대한 계획, 전산에 의한 회계처리를 수행한다.

---

1) 「청년고용촉진특별법」 제2조제1항(2004 제정)
2) 기대치 않았던 초대(unanticipated invitation), 전직(prior employment), 권리의 획득(obtaining rights), 자기고용(self-employment), 취미(hobbies), 사회적으로 만난 사람들(social encounters), 단순한 관찰(pedestrian observation)

CHAPTER

10

창업 아이템

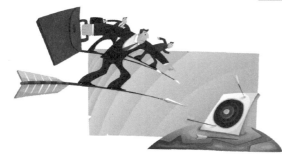

chapter 10

창업 아이템

제1절 창업 아이템 선정

1. 창업 아이템의 원천과 포착방법

창업 아이템은 창업에 있어서 가장 중요한 요소 중에 하나이다. 창업을 생각하고 있는 대부분의 사람들은 뭐 잘되는 사업이 없나 하면서 대박을 꿈꾼다. 그러나 현실은 녹녹치 않다. 그러면 어떻게 하면 성공확률을 높이고, 시류에 적절한 창업 아이템을 찾을 수 있을지 함께 고민해보도록 하자.

1) 창업 아이템의 원천

창업 아이템을 찾을 때 전제요소는 이 아이템이 과연 시장에서 통하고 계속 롱런할 수 있는가에 달려있다. 반짝 유행하다 사라지는 업종을 창업을 할 경우 성공하기가 쉽지 않기에 요즘 트렌드가 적절히 반영되어 있는 성장산업인지 잘 살펴봐야 한다.

그럼 아이디어의 원천은 어디에 있을까?

바로 내 주변에서 일어나는 모든 일이 사업으로 이어질 수 있다. 커피를 다른 사람에 비해 더 좋아한다면 커피전문점, 카페를 고민해 보면 좋을 것이고, 강아지를 너무 좋아해서 아파트에서 2~3마리를 키우고 있다면 강아지 관련사업 즉, 동물병원을 개원하면 되는데, 수의사 자격증이 있어야 하므로 일반창업의 경우에는 동물관련 사료용품점, 동물미용실 등을 창업하면 평소 좋아하는 일이 창업으로 이어지게 된다.

트렌드에 너무 기대어 잘된다고 너도나도 따라하는 사업이 가장 위험하다. 자기가 지금까지 해 왔던 일이나 관련일, 관심있는 사업에 대해 아이디어를 접목하는 것이 좋다. 신문기사내용을 1년간 취합해서 가장 빈번하게 일어나는 단어를 열거해 보면 그 단어에 속한 산업이 트렌드라고 할 수 있다. 그러나 신문 1년치를 분석하는 일은 쉽지 않은 노릇이다. 그래서 인터넷을 활용하는 방법을 주로 이용하고 있다. 창업은 아이디어만 있다고 성공하는 것이 아니라 사업성이 있어야 하는 것이다. 나만의 특출한 기술을 가지고 있어도 그 기술을 구현하기 위해 개발비가 너무 과다하게 들거나 제품 판매가격이 상식을 넘는 고가의 경우에는 망하기 십상이다. 즉, 기술성이 있더라도 사업성이 없어 망하게 되는 것이다.

2) 창업 아이템의 포착방법

(1) 책, 잡지 등을 통한 트렌드 포착

트렌드와 관련한 책, 잡지, 신문 등을 참조해서 시장에서의 트렌드 흐름을 파악할 수 있다. 예를 들어, 서울대학교 생활과학연구소 소비트렌드 분석센터(김난도 교수)에서 매년 책자를 통해 소비트렌드를 제시하는데 2018년에는 「트렌드코리아 2018」를 통해 개의 해, 10대 소비트렌드 키워드로 '꼬리가 몸통을 흔들다'는 현상인 '주객이 전도된 웩더독(Wag the Dog)'을 선정하였다.

(2) 각종 박람회를 통한 트렌드 포착

창업과 관련하여 박람회가 국내외에 1년 내내 열린다. 해외는 그만두더라도, 국내에서 박람회는 업종별, 트렌드별로 계속 진행되는데, 주요 전시장으로는 서울 강남구 무역센터 '코엑스전시장'과 '서울무역전시장', 경기도 일산의 '킨텍스전시장' 등이다.

특히, 창업박람회와 프랜차이즈창업박람회는 소자본 창업에 있어서 중요한 창업정보를 제공하고 있어, 이를 이용하면 창업트렌드를 파악하는데 많은 도움이 된다.

표 10.1 주요 참여업종

외식부문	제과/제빵/커피전문점, 치킨/피자전문점, 맥주전문점, 패스트푸드점, 퓨전요리, 분식점 외
도소매부문	편의점, 사무용품점, 생활잡화점, 실버용품점, 건강용품점, 무점포사업, 자동판매기기, 액세서리점 외
서비스부문	교육, 이미용, 레져, 생활토탈솔루션 외
창업지원부문	컨설팅, 상권분석, 물류, 보안, POS, 인테리어, 점포기자재류 외

(3) 인터넷을 통한 트렌드 포착

창업 아이템과 관련하여 네티즌들의 반응은 어떤지를 인터넷을 통해 알아 볼 수 있다. 소비자의 생각과 니즈를 반영하여 제품 또는 서비스 전략에 활용하면 경쟁력을 높일 수 있다.

특히, 소셜미디어는 기존의 일방적인 메스미디어를 보완한 양방향적인 도구이다. 우리 제품이나 서비스에 대해 모니터링해서 분석한 다음 강점은 더욱 강화하고, 약점은 보완해서 보다 좋은 제품과 서비스를 제공해야하는데 유용한 트렌드 분석 사이트를 알아보도록 하자.

① 트윗트렌드(www.tweetrend.com)

상기 주소를 인터넷에 조회하고 검색어를 넣으면 해당 키워드의 조회수와 추이를 볼 수 있다. 최근 TV에서 집에서 손쉽게 요리를 해 먹는다는 집밥요리 프로그램이 인기인데 아래의 노란 칸에 "집밥"을 검색해 보면 그림과 같이 최근 7일간 14,846건의 조회수와 그래프에서 보듯이 점차 집밥에 대한 관심도를 파악할 수 있다.

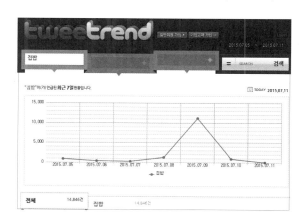

② 소셜메트릭스인사이트(http://www.socialmetrics.co.kr/campaign.html)

네이버에서 "소셜메트릭스"를 조회하면 된다. 실시간으로 만나는 SNS동향으로 주로 블로그와 트위터의 트렌드를 분석할 수 있다. 키워드를 조회하면 연관키워드 순위, 감성키워드 순위, 주간 급증키워드 순위가 나오고 그 아래에는 트위터와 블로그에서의 댓글을 보여주는데 기업의 제품이나 서비스를 조회하면 네티즌의 생각을 알 수 있게 되어, 부정적인 부분은 보완하고, 긍정적인 부분은 더욱 강화하는 등 마케팅 전략에 활용할 수 있다.

예를 들어, "집밥"을 검색해 보았는데 최근 1개월간 소셜 검색결과 59,331건이 검색되었고, 긍정적인 댓글내용이 많음을 알 수 있다.

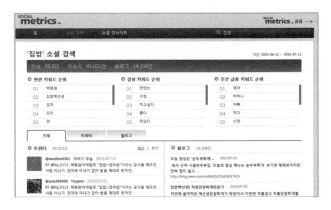

③ 네이버트렌드(trend.naver.com)

"집밥"에 대한 용어가 언제부터 생기고 현재 얼마나 검색되고 있는지를 알 수 있으며, 아래와 같이 PC에서도 검색이 증가되었고, 모바일을 통해서도 조회빈도수가 높아지고 있는 트렌드를 보여준다.

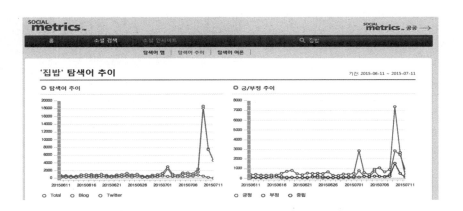

2. 창업 아이템 선정의 기본원칙 및 절차

1) 창업 아이템 선정 기본원칙

(1) 업종의 성장가능성은 있는가?

업종이 시장에서 경쟁력을 잃고 사라지고 있는 업종은 아닌지 살펴보고 시장에서 계속 성장하는 업종을 창업 아이템으로 선정해야 한다.

(2) 경험이나 특징을 활용할 수 있는 업종인가?

남들이 잘된다고 자신의 경험과 전혀 다른 업종에 뛰어들고 있지는 않은지 잘 살펴보고 자신의 그동안의 경험이나 특징을 잘 살릴 수 있는 지를 점검한다.

(3) 허가나 인가를 받아야 하는 업종인가?

창업 아이템이 정부나 지방자치단체장의 허가나 인가를 받아야 할 수 있는 업종이 아닌 지를 사전에 확인한다.

(4) 실패의 위험이 적은 업종인가?

창업 아이템이 실패확률이 높은 업종은 아닌지 점검하고 철저히 준비한다.

2) 창업 아이템 선정순서

(1) 창업 아이템 정보수집

창업자가 지금까지 축적된 경험이나 지식, 동종업계 및 관련업계 근무경력을 활용할 수 있는지 정보를 수집하고, 자신과 가까운 친구, 지인으로부터 자문을 구한다.

또한 각종 관련서적, 업종별 전문잡지, 신문 등을 통해 정보를 수집하고, 앞에서 설명한 인터넷 사이트에서 트렌드를 모니터링하고 분석하여 정보를 수집한다.

(2) 경험자, 전문가와의 면담

기존 기업, 체험자 또는 종사자와의 인터뷰, 방문 등을 통해 정보를 습득하고, 특히 전문가와의 상담을 통해 정보를 수집하는 것이 중요한데, 요즘은 인터넷 포털사이트 동호회 가입을 통해 기 경험자와의 정보를 교류 및 공유하고 인맥도 확장해 나가는 것이 중요하다.

(3) 지원기관 활용

창업과 관련해서 정부의 지원제도를 적극 활용할 필요가 있다. 중소기업진흥공단, 소상공인시장진흥공단, 중소기업청 창업넷, 창업진흥원, 지역별 보증재단, 기업은행 등을 활용하면 많은 도움을 무료로 받을 수 있다.

중소기업청 창업넷	www.startup.go.kr
중소기업진흥공단	www.sbc.or.kr
소상공인시장진흥공단	www.semas.or.kr
창업진흥원	www.kisde.or.kr
신용보증재단 중앙회	www.koreg.or.kr
기업은행	www.ibk.co.kr

(4) 사업타당성 분석

기술적 타당성 분석 및 그 기술이 시장에서 통하는가 하는 시장성 문제, 소요되는 자금을 어떻게 마련하는지에 대한 자금조달계획 등 종합적으로 사업성을 검토한다.

(5) 최적의 아이템 선정

상기와 같은 절차에 따라 최적의 아이템을 선정한다.

제2절 창업 아이템 발굴과 선정방법

1. 창업 아이템 선정시 고려사항

창업 아이템 선정 시 무엇보다 중요하게 고려할 것은, 창업 후 오랫동안 망하지 않고 계속사업을 이어나가야 한다는 점이다. 나의 재산이 창업자금으로 모두 투입되고 때로는 빚까지 내면서 창업을 하기에 더욱 예민하게 신경을 써야 한다. 따라서 창업 아이템 발굴 시 꼭 고려해야 할 사항을 챙겨보도록 하자.

1) 유행에 민감한 아이템은 아닌지?

살다보면 시대별로 유행이 있기 마련이다. 그래서 잘된다 싶으면 너도나도 시장에 뛰어들어 이내 레드오션[1] 시장을 만들곤 한다. 레드오션 시장에서 경쟁이 치열하다 보면 실패할 확률이 높아져서 유행에 민감한 업종은 피하는 게 상책이다. 지난해에 닭 강정이 한참 유행한 적이 있는데 지금은 거의 사라졌다. 물론「강정이 기가막혀」(대표 김홍엽) 프랜차이즈는 닭 강정을 이용한 치킨상품이지만 오랜 영업노하우로 예외이다.

필자가 살고 있는 중계동 은행사거리를 보더라도 업종을 불문하고, 한 달에 한 번꼴로 인테리어 공사가 한창이다. 뭘 의미하는가. 새로운 창업? 아니지 또 한 집이 망했구나가 정답이다. 특별한 사정을 따지기에 앞서, 돈 벌리는데 폐업하는 거 봤나요?

2) 안전한 아이템인가?

우리나라 창업자의 대부분이 영세한 생계형 창업자가 많다. 예를 들어, 명예퇴직 또는 정년퇴직을 한 후 100세 시대에서 노후생활을 하려면 생활비를 벌어야 하는 상황이지만, 경험도 없고 준비도 철저하지 않은 상황에서 무턱대고 창업할 경우 망할 확률이 높아지는데 혹 망할 경우 노후는 불보듯 뻔하게 된다. 돈 된다고 일시에 몰빵하거나 '도 아니면 모'식으로의 창업은 옳지 않다. 무엇보다 중요한 것은 꾸준히 계속 장사 또는 사업을 할 수 있는 업종을 선택하는 것이 대단히 중요하다.

3) 수익은 낼 수 있는가?

"남의 돈을 내주머니에 넣기란 참 어렵다."는 말이 있다. 안정성을 따지다 보면 소홀하기 쉬운 부분이 수익성이다. 수익이 나야 일을 계속할 것이 아닌가? 따라서, 수익성은 대단히 중요하다. 다만, 수익을 많이 보도록 시장환경이 놔두질 않고 계속 시장에서 가격조정을 요구하기 때문에 단기간의 성과에 집착한 수익보다는 적은 수익이라도 지속적으로 수익이 나는 사업을 해야 한다.

4) 창업자금은 잘 조달되고 있는가?

가장 중요한 부분 중의 하나가 바로 창업자금이다. 창업자금 중 자기자본(내가 조달한 돈) 비중이 높아야 성공가능성이 높으며, 창업하면서 무리하게 타인자본(남에게서 조달한

돈) 비중이 높으면 곤란하다. 또한, 입지선정시 창업준비자금에 비해 무리하게 시설투자에 자금을 쏟아 붙는다면 운영자금이 모자르게 된다. 자금이 모자라 중요한 본업은 제쳐두고 자금조달에 뛰어다니다 보면, 1년 버티기가 어려워진다. 창업 후 1년 이상은 해 봐야 고정고객이 생겨 운영될 수 있는데, 그런 기회도 놓치는 결과를 낳기도 한다. 따라서, 창업 전에는 Seed Money를 꼭 챙겨놔야 한다. 누가 도와주지 않는다면 창업 전에 사업자금을 준비를 위한 적금은 반드시 들어놔야 하고, 대출을 받더라도 전체 창업자금의 30%는 넘지 않아야 한다.

창업자금은 자기자금, 부모님자금, 동업자, 개인투자자(Angel), 벤처투자사(Venture Capital), 은행, 저축은행, 사금융회사 등에서 조달할 수 있다.

5) 가치가 있는 아이템인가?

창업 아이템을 선정할 때 그 사업이 남에게 해를 끼치거나 사회적으로 비판을 받을 가능성이 있는 아이템은 피하는 것이 좋다. 예를 들어 이권을 위해 폭력을 서슴지 않는 조직폭력 사업을 한다거나, 불법 성매매, 신용카드 깡을 하는 사업 등 사회정의에 반하는 사업은 하지 않아야 한다. 부(富)를 창출하되, 명예로운 일을 하는 것이 어찌보면 더 중요하다고 할 수 있다. 내가 창업하고자 하는 아이템이 세상의 가치를 높이는 일인가를 짚어볼 필요가 있다.

2. 트렌드를 만들어 가는 성공 창업 아이템

1) 콜라보레이션 즉, 다른 것을 서로 결합해 보는 것이다

N-D-E-N이론이란 필자가 주창한 이론으로 새로움이란(New) 다른(Different) 것이고, 다른 것이란(Different) 바로 편집(Edit)이다. 편집(Edit)이란 결국 새로운(New) 것이다. 따라서 신상품, 새로운 창업 아이템이란 서로 다른 것들의 새로운 조합, 즉 편집을 통해 새로운 시장, 새로운 상품을 만들어낼 수 있다는 이야기이다.

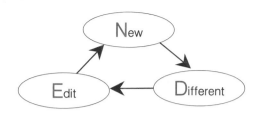

우리가 즐겨먹는 "라면"을 보더라도, 라면을 끓여먹다가 뜨거운 물만 부으면 간단하게 먹을 수 있는 컵라면이 등장했는데, 새로운 결합 즉, 라면에 기능을 더하니 새로운 상품이 탄생하게 된 것이다. 스마트폰의 경우 사실 전화기라는 물건에 여러 기능을 모아놓아 세상에 도움을 주고 세상을 이끌어 가는 엄청난 신상품으로 탄생한 것이다. 즉 세상을 바꿀 신상품은 기존에 있는 것에 다른 것을 편집해 본 결과로서, 요즘은 새로운 시도가 점점 늘어나고 있다.

손정의 일본 소프트뱅크 회장도 매일 항아리에 서로 다른 단어들을 적은 메모지를 넣고는 매일 두 장을 뽑아 서로 연결할 수 있는 고리가 있는지 실험한다고 한다. 여러분도 현재 가지고 있는 물건에 다른 생각을 편집해 보면 대단한 창업 아이템이 탄생할 수도 있다. 요즘 한창 이슈가 되고 있는 사물인터넷이 대표적인 편집의 결과라고 볼 수 있다. 인터넷기반에 사물을 접목해 보는 시도 말이다.

요즘은 제조업에서도 제품을 만드는 것이 아니라, 작품을 만들어야 고객을 충족시킬 수 있다. 오프너가 예전에는 와인뚜껑을 따는데 집중했다면 지금은 와인병을 따는 기구에 예술성을 더해 새로운 예술상품이 탄생하는 것이다. 콜라보레이션이란 기존제품에 다른 것을 더해서 새로운 것을 만들어내는 것을 생각하며 창업 아이템을 만들어가는 것이다.

2) 진정성의 가치 있는 회사를 만들자

'기업의 목적은 이윤창출이다'라는 전통적인 이론 이외에 요즘은 가치창출이라는 표현을 많이 쓰고 있다. 기업의 존재 이유가 꼭 이윤만을 추구한다기보다는, 가치를 높이는데 주력한다.

대표적인 사례로 탐스슈즈(TOMS shoes)이다. 탐스는 미국 캘리포니아에 본사를 두고 있는 신발 업체로서, "내일을 위한 신발(Shoes for Tomorrow)"이라는 슬로건을 가지고 있다. 소비자가 한 켤레의 신발을 구입하면 한 켤레의 신발을 제3세계 어린이들에게 기부하는 일대일 기부 공식(One for one)을 도입하고 있다.

창업자 블레이크 마이코스키(Blake Mycoskie)가 2006년 창립하였고, 창립 의도는 맨발로 다니는 어린아이들을 돕는 취지이다. 아르헨티나의 전통 신발인 '알파르가타'에서 영감을 얻은 가볍고 편한 디자인의 신발들을 주로 판매한다. 지금까지 많은 전세계 아이들에게 신발을 나누어 주었고, 지금은 안경으로 확대하여 안경을 구입하면 안경을 필요로 하는 아이들에게 나누어주는 비즈니스모델로 확대해 나가고 있다.

3) 인터넷/모바일 기반 창업 아이템

(1) 인터넷 시장의 확장

쇼핑의 트렌드가 3일 또는 5일장 ⇒ 재래시장 ⇒ 슈퍼마켓 ⇒ 대형할인점으로 바뀌더니 이제는 온라인쇼핑이 대세로 자리 잡아가고 있다. 과거 젊은 층이 중심이 됐던 온라인 문화가 전 계층으로 확산되면서 인터넷에 미숙한 중년여성까지 인터넷 장보기에 나서고 있다. 온라인 쇼핑 성숙기의 결정적 증거는 40~50대 여성들의 식품과 생활필수품을 구매한 양은 2010년 510만 개였는데 2011년 820만 개, 2012년 1,220만 개, 2013년 1,740만 개로 급증하였고, 온라인쇼핑도 기존 PC에서 모바일쇼핑으로 급격히 증가하고 있다.

(2) 인터넷 쇼핑몰 참여

인터넷 쇼핑몰은 대표적으로 소셜커머스시장과 오픈몰로 나눌 수 있고, 소셜커서스시장에는 쿠팡, 위메프, 티몬 등이 해당되며 별도의 상품설명 제작비용, 매출에 따른 컨텐츠비용 등이 수반되기도 한다. 또한, 오픈몰은 옥션, 인터파크, 11번가, 지마켓 등으로서 대체로 개인사업자가 쉽게 제품을 등록할 수 있는 오픈몰이 있어서 이런 쇼핑몰에 자신의 상품을 올리고 판매할 수 있다. 이 경우 별도의 인터넷사이트를 만들지 않아도 판매할 수 있고 홍보도 따로 할 필요가 없어서 소자본 창업에 유용하다. 수수료율은 소셜커머스 시장은 대략 15~25%, 오픈몰은 8~12% 정도로서, 백화점이나 TV홈쇼핑의 20~30%에 비해 낮은 편이다.

(3) 나만의 인터넷 쇼핑몰 구축

나만의 개성있는 인터넷 사이트를 만들어서 상품을 판매할 수 있다. 자신만의 장점을 살린 사이트를 운영할 수 있지만, 전문적인 사이트 운영과 별도의 홍보활동이 필요하다. 여성의류전문쇼핑몰을 운영중인 난닝구(대표 이정민 www.naning9.com)와 톰앤래빗(대표 이계훈 www.tomnrabbit.co.kr) 사례를 보면, 인천광역시 주안 지하상가에서 10년 이상 난닝구라는 매장으로 옷장사를 시작하다가, 지하상가 리모델링을 계기로 인터넷쇼핑몰 사업을 시작해서 2006년 오픈 이후 3년만에 매출 150억 원을 달성하였고, 2012년에는 350억 원대의 매출을 올리고 있다.

톰앤래빗은 대학시절 F학점을 피해보고자 창업과목을 수강하면서, 과제인 온라인쇼핑몰 창업을 실제 사업으로 연결하여 100억 이상의 매출을 시현하고 있다. 과정에는 많은 시행착오와 리스크를 겪게 되겠지만 관심과 적성이 맞는 업종이라면 과감하게 창업해서, 해당분야를 주도해 갈 수 있다.

> ■ **톰앤래빗 이계훈 대표의 Success Tip**
>
> ① 날라리 기질을 이용하라.
>   놀 때는 화끈하게 놀고, 일할 때는 화끈하게 일하자.
> ② 두려워 하지 말아라.
>   따지지 말고, 겁내지 말아라! 또한 재미있어 보이는 일은 절대 주저하지 말아라!
> ③ 중국시장에 주목하라
>   중국은 향후 10년 안에 가장 큰 시장이 될 가능성이 높다.
>   항상 중국 진출에도 늘 관심을 가져라

(www.tomnrabbit.co.kr)

4) SNS 채널 활용

(1) 유튜브(youtube)를 활용한 취미/특기 살리기

유튜브를 통해서 자신이 즐겨하는 취미나 특기를 동영상으로 제작하여 유튜브에 올리면, 유저들의 클릭수에 따라 수입도 올릴 수 있다. 콘텐츠로 스타가 되고 광고로 수익도 얻는 1석 2조의 아이디어 창구로서, 일반적으로 1클릭당 1원의 수익이라고 보면 되고 제휴광고업체 등에 따라 달리 적용된다.

유튜브에서는 다양한 관심거리를 적극적으로 동영상을 만들어 제공하는 크리에이터가 될 수 있도록 파트너십 제도를 만들어, 유튜브가 광고를 붙여주고 광고수익을 크리에이터에 나눠주는 제도를 도입해 운용하고 있다. 바로 내가 자주 보는 유튜브의 주인공이 될 수도 있다.

표 10.2　사소한 일상이 사업이 된 사례 : 억대연봉 유튜버

주제	회사이름	사업 주요내용	유튜브
한국문화와 생활모습	카페 유아히어 (You Are Here)	캐나다 영어교사 부부 사이먼과 마티나가 K-pop, 한류, 한국음식 등 한국문화를 소개하는 유튜브에 올리면서 광고수익으로 연간 수억 원의 수익을 내고 있다. (광고수익은 1,000건당 1.5~2달러) * 창업 아이템으로 "한국문화"를 선택	Eat Your Kimchi (www.eatyourkimchi.com)
한국어 교육	톡투미인 코리아 (주)지나인 (G9Languages)	유튜브에 한국어를 가르쳐주는 영상을 올려 한국어 교육사업 2009년 설립하여 5년만에 세계 199개국, 870만 명 회원이 이용하는 세계 최대 온라인 한국어 학교로 성장 * 창업 아이템으로 "한국어"를 선택	Talk to in Korean

(2) 배달앱 활용

예전의 주문은 전화를 통해서만 가능한 것으로 인식되었다. 그러나 모바일의 발전에 따라 양방향 채널인 SNS 클릭을 통한 주문이 가능하게 되었고, 이젠 주문을 문자로도 할 수 있게 되었다. 얼마 전 15%가 넘는 수수료 문제로 질타를 받기도 했지만, 이젠 주문에

대한 트렌드로 자리를 잡고 있기 때문에 트렌드를 반영한 마케팅 방식을 간과해서는 안될 것이다. 배달앱의 대표적인 회사로 '배달통', '배달의 민족', '요기요' 등이 있다.

배달앱의 중요한 부분 중의 하나가 고객이 리뷰를 달면 음식점 사장님들이 직접 댓글을 달아 고객과 음식점 사장님과 양방향 소통이 가능하여, 고객마케팅을 가능하게 해주는 장점이 있다.

제3절 창업자와 최적의 창업 아이템

1. 좋아하는 일과 창업 아이템

1) 좋아하는 특기 · 취미 살리기

창업 아이템 선정시에는 가장 중요한 것이 돈만 보고 창업하기 보다는, 본인이 관심이 높고 즐겨하고 재미있어 하는 일을 업(業)으로 창업한다면 이보다 더 좋을 수는 없을 것이다. 좋아하는 일을 하다 보니 돈은 자동으로 들어오게 되는 것이다.

그럼 자신이 좋아하는 일이란 무엇인가? 이를 종이에 써보면서 하나씩 지워가는 방법이 가장 좋은 방법이다. 그리고 자주 생각나는 일이 있다면 그것이 가장 자신이 좋아하는 일인 것이다. 그 일을 창업한다면 얼마나 즐겁겠는가? 자동차를 이리저리 튜닝해보고 꾸미는 것에 관심이 있는지, 사진을 찍고 편집하는데 관심이 많은지, 꽃꽂이나 꽃장식, 생활 도자기, 액세서리를 생각할 때 가슴이 뛰는지 등을 가만히 생각해 보고 가슴뛰는 일을 창업한다면 얼마나 좋은 일인가?

2) 체질별 · 혈액형별 창업 아이템

(1) 사상의학에 나오는 체질별로 구분

사상의학에 나오는 체질별 즉, 태양인, 태음인, 소양인, 소음인에 따라 창업업종을 선택하면 자신이 선호하는 업종을 선택함으로써 만족도가 높게 된다.

FC창업코리아 강병오 대표는 "꼼꼼한 태음인은 재무를, 사교성 있는 소양인은 영업을 맡는 '태음인-소양인' 조합이 적합하다"고 평가했다. 대체로 외향적이고 임기응변에 능한 소양인은 소자본 창업에 적합하다. 소양인 동업자는 어디서나 환영받을 수 있다. 어쩔 수 없이 같은 체질인 사람과의 동업을 하더라도 '태양인-태양인' 조합과 '소양인-소양인' 조합은 피해야 한다. 독단적으로 결정하는 성향이 짙은 태양인끼리는 서로 부딪칠 가능성이 크고, 활동적인 소양인 동업자들 모두 가게를 자주 비우기 십상이기 때문이다.

이와 같은 체질별 궁합은 직원을 고용하거나 업무를 나눌 때도 응용될 수 있다. 체질과 성격으로 업무 분야를 결정하면 좀 더 효율적인 운영이 가능해질 수 있다고 한다.

(2) 혈액형별 성격과 창업 아이템

상기의 체질별과 유사하게 혈액형별로도 창업업종을 선택하여 적성에 맞는 창업업종을 선택하는 것이 성공창업을 이루는 지름길이 될 것이다. 최근 창업경영연구소(www.icanbiz.co.kr)에서 외식업, 판매업, 서비스업 등의 583개 가맹점 점주를 대상으로 혈액형과 매출 운영상태 등을 조사한 결과 아래와 같이 혈액형별 업종분포를 알 수 있는데, 창업에 가장 적합한 혈액형은 B형과 O형으로 나타났다. B형은 창의적이고 도전적인 아이템인 기술형 계통이나 판매, 유통업에서, O형은 전체 창업자 중 33％를 차지하여 창업시장에 가장 적합한 혈액형으로 조사됐다. 낙천적이며, 끈기와 오기로 인해 매출면에서도 상위권 유지가 많다.

2. SWOT분석을 통한 최적의 창업 아이템 선정

1) SWOT분석이란

SWOT분석이란 기업의 내부 환경과 외부 환경을 분석하여 강점(strength), 약점(weakness), 기회(opportunity), 위협(threat) 요인을 파악하고 이를 토대로 경영전략을 수립하는 기법으로, 미국의 경영컨설턴트인 알버트 험프리(Albert Humphrey)에 의해 고안되었다. SWOT 분석을 통해 새로운 사업아이템을 발굴하거나 발굴한 사업아이디어를 내부환경을 분석하여 강점과 약점을 찾아내며, 외부환경 분석을 통해서 기회와 위협을 찾아내어 성공창업을 도모한다.

- 강점(strength) : 내부 환경(창업자의 자원)의 강점
- 약점(weakness) : 내부 환경(창업자의 자원)의 약점
- 기회(opportunity) : 외부 환경(경쟁, 고객, 거시적 환경)에서 비롯된 기회

• 위협(threat) : 외부 환경(경쟁, 고객, 거시적 환경)에서 비롯된 위협

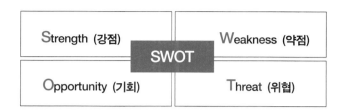

2) 창업 아이템별 SWOT Tool에 적용해 보기

평소 스마트폰으로 사진을 즐겨찍고, 스마트폰으로 온라인쇼핑도 즐기면서, 액세서리를 좋아해 동대문시장에서 팔지 부품을 구입해서 직접 자신만의 팔지를 만들기도 하는 홍길순은 창업 강좌를 수강하면서 창업에 관심을 가지기 시작했는데 혹 내가 창업을 하면 어떤 일을 할까 심각하게 고민을 하기 시작했다. SWOT분석을 통해 창업 아이템 적합성을 분석해 보도록 하자.

표 10.3   SWOT분석을 통한 창업 아이템 적합성

	강점(strength)	약점(weakness)
내부환경	• 액세서리를 취미 이상으로 좋아함. • 성격이 밝고 도전정신이 강하다. • 액세서리(팔지)에 대한 감각이 나름 전문가 수준이라고 생각	• 사업경험이 낮은 점 • 액세서리에 대한 전문성 부족 • 시장을 선도할 상품 • 자본이 부족하여 상품다양성 취약
	기회(opportunity)	위협(threat)
외부환경	• 액세서리 시장이 지속적인 시장 • 유행을 선도할 수 있다면 기회 • 다양한 디자인 연출이 가능 • 온라인 발달로 시장채널이 확대 (국내, 국외)	• 인구통계학적인 변화인식 둔화 • 패션의 변화에 경험 미숙

CHAPTER

11

시장조사
·
상권분석

시장조사 · 상권분석

제1절 시장조사의 개념 및 방법

1. 시장조사의 개념과 활용

시장조사란 상품 및 마케팅에 관련되는 문제에 관한 자료를 수집·기록·분석하는 일이다. 마케팅 의사결정을 위해 기초자료 수집 및 신제품 개발 전에 시장동향이나 고객의 성향을 조사·분석을 통해 새로 진입하려는 시장의 성격을 미리 파악하고 시장전략수립의 정보를 제공하고자 하는 일련의 과정을 의미한다.

이러한 시장조사의 활용으로는 창업 및 신규사업의 경우 시장조사를 통해 판매 가능한 수요를 예측하고, 예측된 수요에 따라 시설을 계획하며 생산 및 판매계획을 세워 평가해 봄으로써 계획사업의 경제성이 어느 정도인지에 대한 분석을 가능하게 해 준다는 것이다. 또한, 시장조사를 통해 광고 등 판매촉진비용, 유통과정상의 비용, 판매가격, 할인 및 신용정책 등에 관한 정보를 입수하고 그 원인과 효과를 분석하여 비용관리, 유통방법, 광고정책, 판매가격정책, 신용정책 등을 수정하고 보완하는데 활용할 수 있다.

세계적인 마케팅 대가 필립 코틀러는 "모든 비즈니스 전략은 마케팅에서 출발하고, 또한 모든 마케팅은 시장조사에서 출발한다."고 말한다. 시장조사는 사업 아이템 구상, 신제품 개발, 마케팅 전략 수립 등 마케팅 활동의 맨 처음에 수행하는 것으로 가장 중요한 과정이다.

2. 시장조사 방법

1) 자료수집

자료수집(Survey) 방법은 크게 정량조사와 정성조사로 구분할 수 있다.

정량조사(Quantitative Survey)는 동질적 특성을 지닌 표본집단을 대상으로 통일된 유형의 설문지와 질문을 통해 규격화된 응답을 구하는 방식이다. 규격화된 설문 문항과 짧은 응답시간으로 대규모 조사가 가능하며, 통계처리를 통하여 그 결과를 수치화함으로써 조사결과를 객관화할 수 있다는 장점이 있다.

정성조사(Qualitative Survey)는 고객의 믿음이나 감정, 동기요인 등 소비자의 심리적인 부분에 대한 정보를 얻는 것으로써 응답이 주관적이라는 이유 때문에 비과학적인 사회과학조사라는 말을 듣기도 하지만, 정량 조사에서는 밝혀내기 힘든 개인의 동기나 태도와 같은 미묘한 심리상태까지 깊숙이 알아볼 수 있다는 장점이 있다. 통상적인 대규모 정량조사를 실시하기 전에 가설을 설정하거나 조사결과를 예측하기 위해서 미리 실시한다.

요즘은 정량적 조사방법보다는 정성적 조사방법을 더 선호하는 편이다. 정량적 조사방법은 객관성 측면에서는 유용하지만 소비심리를 심층적으로 이해하는 데는 한계가 있고, 정량적 자료해석에 치중하여 고객의 숨겨진 마음을 읽지 못해 실패한 경우도 많이 있었다. 고객들이 사회통념이나 도덕에 위배되는 사항에 대해서는 답변을 기피하는 경향이 있으므로 조사결과를 그대로 해석하는 것은 위험한 일이다. 따라서, 소비자 감성과 체험이 중시되면서 정성적 조사방법의 중요성이 더욱 커지고 있다.

2) 시장조사의 필수 요소

(1) 아이템이 속한 시장에 대한 조사

자신의 사업아이템이 속한 시장을 조사해야 하는데, 이때의 시장은 하나의 시장이 아니라 여러 가지 시장이 될 수도 있지만 좀 더 객관적인 결과가 나올 수 있다. 복합적인 분석은 시간이 많이 들지만 조사결과의 신뢰성은 높아지게 된다.

(2) 그 시장의 규모와 잠재력

현재 해당 사업 아이템이 얼마나 많은 사람들에게 팔리고 있으며, 해마다 얼마 정도의 성장을 하고 있는지 그리고 앞으로도 성장할 것인지에 대한 조사가 필요하다. 만약 해당

사업아이템의 잠재력이 앞으로 감소하거나 사라진다면, 해당사업을 해서는 안된다.

(3) 그 시장의 최신변화 및 흐름

사람들이 건강을 챙기면서 육류소비를 줄이거나 자동차 운전자들이 친환경 자동차를 선호하는 등 해당사업의 최신변화와 흐름이 어떻게 진행되고 있는지에 대한 정확한 분석, 즉 트렌드를 읽어야 한다.

3) 일반 시장조사 방법

(1) 인터넷을 통해 자료를 수집하는 인터넷자료 수집방법

이 방법은 자료수집이 용이하고 빠르고, 수집되는 정보가 다양하기 때문에 전체적인 동향이나 흐름, 세부적인 시장조사의 방향설정 등에 도움이 되는 장점을 가진다. 반면, 정보의 깊이가 없고, 꼭 필요한 정보로 재가공을 해야 하는 단점이 있으므로 1차 자료수집에 적당한 방법이라고 할 수 있다. 1차 자료수집에 의해 전체동향을 파악하고, 시장분석의 방향과 흐름을 정할 수 있으며, 이것이 완료되면 2차적으로 세부적인 조사를 실시한다.

(2) 각종 전문서적이나 잡지, 책, 통계청 통계자료 등을 통한 자료조사방법

창업하고자 하는 아이템과 관련되는 서적이나 잡지 등을 통해 자료를 수집하고, 통계청에서 나오는 각종 통계지표를 활용한다.

(3) 현장을 직접 조사하는 방법이나 창업컨설팅회사의 도움을 받는 방법

어떠한 방법을 실시하던지 핵심은 실질적인 조사와 함께 객관적인 근거를 제시할 수 있는 방법이어야 하고, 모두 철저한 조사를 통해 시장조사를 실시해야 한다. 시장조사는 하고자 하는 사업의 가능성을 알려주는 척도이고 사업의 타당성을 뒷받침하는 중요한 요소이기 때문이다.

제2절 SNS 활용한 시장조사 및 시장세분화

1. SNS 활용한 시장조사

1) 지도를 활용한 시장조사

다음지도를 활용하면 좌측에 뜨는 상권 내 주요 업종이 나타나고 이를 클릭하면 해당 업종이 지도에 표시된다. 예를 들어 카페를 창업할 경우 카페를 클릭하면 창업 예정지 인근 커피전문점과 카페의 분포와 브랜드를 통해 상권의 흐름을 파악할 수 있다.

2) 온라인을 통한 설문조사

소셜미디어의 중요성이 증가함에 따라 온라인 소셜미디어 설문조사는 시장을 공략하는 방법에 대한 방안을 찾는데 유효한 수단이다. 서베이몽키 무료 설문조사 또는 facebook에 마케팅 설문조사를 게시하거나, twitter를 통해 신제품 분류 또는 기능에 대한 관심도를 측정할 수 있다. 시장리서치 설문조사를 수행하면 더 스마트한 결정을 내리는데 도움이 된다. 구매습관을 연구하고 새 콘셉트를 테스트하고 해당 시장규모 평가하는데 설문조사를 활용할 수 있다. 아래의 서베이몽키 무료 설문조사사이트를 이용해 보자.

서베이몽키 https://ko.surveymonkey.com

2. 시장세분화 전략

시장조사에 있어서 시장세분화는 필수요건이다. 시장조사 단계에서 무엇으로 시장을 나누고, 세분시장을 구성하는 고객이 누구이고, 어떤 특징을 갖고 있는지 알아야 하기 때문에 시장세분화가 필요하고, 시장세분화를 위해서는 3C분석과 마케팅 전략(S-T-P)의 설명이 필요하다.

3C는 고객분석(customer), 자사분석(company), 경쟁자분석(competitor)을 말하는데 고객분석은 누가, 언제, 무엇을, 왜, 어떻게 구입하는가에 대한 분석이고, 자사분석은 자사가 가지고 있는 핵심역량은 무엇인지, 제품은 경쟁력이 있는지 등에 자사에 대한 분석이고, 경쟁자분석은 경쟁자의 전략과 시장의 주요변화에 대한 방향을 예측하는 것이 경쟁자분석의 목표이다.

마케팅 전략(S-T-P)는 시장세분화(segmentation)와 목표시장선정(targeting), 포지셔닝(positioning)이 있는데, 여기서는 시장세분화에 대해서 살펴본다.

1) 시장세분화(segmentation)

이질적인 전체 잠재고객 중에서 동질적 욕구를 갖는 소비자를 찾아내어 규모의 경제성을 높일 수 있는 집단을 묶어내는 것이다. 차별화된 소비자 욕구를 파악함과 동시에 마케팅 활동의 경제성과 효율성을 달성하기 위한 활동이나 전략이다.

예를 들어, 시장세분화란 커피전문점을 차린다고 가정하면 어떤 콘셉트의 커피점을 차리고, 어느 지역에 매장을 내고, 누구를 주 타겟으로 삼을 것이며, 커피만 팔까 아님 샐러드에 과일까지 팔아서 브런치 제공의 카페형식으로 갈 것인가? 등 시장영역을 정하고 고객을 분석하고 분석된 고객에게 적절한 마케팅 전략이 수립하는 일련의 과정을 말한다.

표 11.1   시장세분화를 통한 시장영역

무엇으로 시장을 나눌 것인가?	세분시장을 구성하는 고객특성은?
• 인구 · 사회 통계 변수	• 연령대, 수입, 거주지역
• 구매행동 변수	• 라이프스타일
• 마케팅 민감도	• 공통된 니즈
• 제품의 사용 상황	• 관심있는 제품
• 심리통계 변수	• 구매행동, 소비성향

2) 시장세분화의 전제조건

(1) 측정 가능성(measurability)

세분된 시장이 시장으로서의 의미를 가지려면 어떠한 소비자가 그 시장의 구성원인지, 규모가 얼마나 되는지 측정해 낼 수 있어야 한다.

예컨대, 머리카락이 빠진 사람이 어떤 효능의 한방샴푸를 사용하는지 등 어떤 사람이 주로 이용하는지를 파악할 수 있어야 한다. 추상적인 개념으로 접근하면 곤란하다.

(2) 접근성(accessibility)

세분시장을 발견했다 하더라도, 해당 제품과 관련된 소비자에게 접촉할 수 있는 방법이 구체적으로 강구되지 않으면 안 된다. 타겟 고객이 관심을 갖고 있지 않는 매체에 실리는 광고는 낭비일 뿐이다.

주말에 자전거 동우회 회원을 세분시장으로 선정한 경우 이들이 모이는 장소나 동호회 사이트를 타겟으로 접근하면 효과가 높지만, 일반인과 섞여서 마케팅을 한다면 효과적인 세분시장으로 보기 어렵다.

(3) 시장의 규모(substantiality)

세분시장은 기업이 이익을 얻을 수 있을 만큼의 규모가 되어야 한다. 예를 들어 1인가구가 늘어나는 상황이라고 너무 세분해서 '1인용 간편식사'를 제공한다면 분명한 소비자군이 존재하는 세분시장이 될 수 있고 높은 소비자 만족도를 보일 수 있겠지만, 생산자에게는 과다한 생산비용으로 이익을 기대하기 힘든 부적합한 시장이 되기 쉽다. 따라서, 적절한 세분화로 대량생산이 가능하도록 해야 한다.

(4) 실행 가능성(actionability)

세분시장을 공략하기 위해서는 추상적으로 구분해 놓는 것이 아니라 효과적인 마케팅 프로그램을 개발할 수 있어야 한다. 예를 들어 어떤 자동차회사가 K3, K5, K7, K9와 같이 각각의 세분시장 기회를 발견하더라도, 각각의 세분 시장에 적합한 마케팅 프로그램을 따로 개발할 수 없다면 이러한 세분화는 의미가 없다. 즉, 종류별로 소비자를 파악하고, 구매하려는 동기유발할 수 있는 요소를 넣어야 세분화 효과가 있는 것이다.

제3절 사업장 입지 선정

1. 입지 선정의 중요성

사업장은 업종에 따라 입지를 선정하게 되는데, 소상공인의 경우 장사의 성패를 결정할 정도로 매우 중요한 요소이다. 성공의 약 70%는 입지에서 좌우된다고 해도 과언이 아니다. 입지선정 시에는 창업아이템과 관련하여 궁합이 잘 맞아야 하므로 내가 선택한 업종이 일반적으로 어떤 지역, 어떤 조건에서 잘 되는지를 파악하고 그 조건에 맞는 사업장을 물색해야 한다.

2. 업종별 입지 선정

1) 제조업 입지 선정 : 공장입지

제조업의 경우 공장 신축을 제한하는 각종 규제가 많고 특히, 화학업종, 위험물취급 등

표 11.2 공장입지 유형 및 장단점

구분	입지 유형	
	계획입지	개별(자유)입지
입지 유형	국가·지방산업단지, 농공단지 아파트형 공장(지식산업센터)	공장설립승인에 의한 입지
장점	- 금융, 세제지원 수혜가능 - 동력, 용수 등 지원시설 양호 - 공장의 집단화에 따른 상호정보교환, 기술교류, 협업화 가능 - 공해배출, 특수업종 입주 용이 - 공장설립 허가절차 간소	- 원하는 시기, 원하는 장소에 원하는 규모의 공장건축 가능 - 향후 사업확장시 공장증축이 용이 - 개별용지(농지, 임야) 저가매입 가능 - 토지 소유권이전 등기 가능
단점	- 적기·적소 공장확보 불가 - 단지건설에 장기간 소요 - 향후 사업확장(증축)이 제한 - 공단, 아파트형 공장은 대체로 분양가격이 개별입지에 비해 고가	- 대체로 공장설립 허가절차 복잡 - 용도전용에 제한 - 입지여건(동력, 용수, 수송) 취약 - 산업기반시설, 편의시설 취약 - 지역주민과의 마찰가능성 있음

업종별로 입주가 제한되는 경우가 있고, 민원발생 소지가 있는지 여부 등 공장확보를 위한 첫 단계인 입지선정 단계부터 철저한 검토와 준비가 필요하다. 공장입지는 계획입지와 개별입지로 구분되는데, 계획입지는 우리가 흔히 알고 있는 산업공단지역을 말하고, 개별입지는 지역에 혼재되어 있는 개별공장을 말한다.

2) 도 · 소매업 입지 선정 : 점포입지

점포입지는 판매방식이 고객과의 직접적인 접촉에 의해서 이루어지기 때문에 다른 업종에 비해 입지선정이 더욱 중요하다. 특히 점포입지는 상권과의 관계가 중요한데 그 지역상권의 전체적인 활성화정도와 특성을 파악해야 한다. 상권은 지하철역이나 도로가 새로 나거나 대형 쇼핑센터 신설 등에 따라서 달라지고, 지역특성상 대학생이 많이 오는지 직장인이 주류를 이루는지에 따라 점포입지는 크게 달라진다.

> ■ **필수 검토사항**
>
> ① 창업입지와 세부업종 및 아이템과의 적합성 검토
>
>   아무리 좋은 입지라도 자신이 하고자 하는 업종과 아이템에 적합하지 않다면 결국 좋은 입지가 아니다.
>
> ② 입지 환경조건 및 장래성에 대한 구체적인 검토
>
>   대상입지의 배후지 세대수, 소득수준, 학력수준, 유동인구 등의 환경조건 및 도시개발계획, 인구증가추세, 택지개발계획, 대형점포의 출점계획 등을 반드시 검토해야 한다.
>
> ③ 점포규모의 적정성 검토
>
>   최적의 입지조건을 가진 점포라 할지라도 규모가 너무 작을 경우 고객이 쉽게 들어오려 하지 않기 때문에 구매욕구가 일어나도록 유인하려면 적정규모의 점포가 필요하다.
>
> ④ 점포 입지의 적정성 검토
>
>   입지가 좋은 곳일수록 점포 매매가격이나 임차가격이 비싸고 그 점포에 타 사업자가 운영 중이면 권리금이 존재하는 것이 일반적이므로 자신이 조달가능한 자금규모에 적합한 입지를 선정해야 한다.

3) 서비스업 입지 선정 : 사무실 입지

서비스업 입지 역시 고객방문이나 공동작업, 바이어 미팅 등의 사정을 고려한 입지 선정이 중요하다.

표 11.3 사무실 입지 선정 평가

평가항목	평가 체크리스트
입지 환경조건	- 주변의 사무실 밀집 정도는 어떠한가? - 대중 교통수단의 편리성은 어느 정도인가? - 주변의 발전 현황과 향후 장래성은 어떠한가? - 주변의 소음이나 악취 등 환경 수준은 어느 정도인가?
건물조건	- 건물은 눈에 띄고 도로, 보도에 인접해 있는가? - 건물 외형과 내부 청결 상태는 어떠한가? - 건물 출입구는 고객 이동 동선과 연계되어 있는가? - 건물에 주차장이 있는가? - 엘리베이터는 이용하기에 편리한가? - 냉난방 시설 수준은 어느 정도인가?
사무실조건	- 사무실의 넓이와 형태는 적당한가? - 사무실 조도(형광등, 햇빛)는 적당한가? - 사무실의 환기 상태는 어떠한가? - 사무실 소음 수준은 어느 정도인가? - 천장등, 콘센트, 전화회선 등이 적당한가? - 사무실과 건물 내 시설까지 거리가 멀지 않은가? - 사무실 수준에 비해 가격 및 권리금은 적당한가?
수익조건	- 투자 대비 조달 가능한 자본규모는 어느 정도인가? - 공과금 등 관리비 수준은 어떠한가?

3. 입지 선정 후 계약

표 11.4 계약 전 확인사항

평가항목	평가 체크리스트
등기부등본	건물 소유자 확인, 권리관계 확인(저당권, 가등기 등 채권관계 및 채권 금액) 정확한 소재지번, 건물내역을 확인하기 위해 건물, 토지등기부등본을 각각 별도 발급
토지대장	소재지번, 지목, 부지의 면적, 소유자 확인
건축물관리대장	건물연면적, 구조관련사항, 건물의 용도, 층수, 소유자 현황 등 확인
토지이용계획 확인원	용도지역, 지구, 도시개발계획 등 확인(점포가 해당되는 지역의 용도 및 이용계획에 따라 업종의 제한이 있을 수 있으므로 확인이 필요)

입지선정이 완료되었다면 건물주의 주위 평판, 현재의 직업, 부속건물 확인 등 계약조건을 꼼꼼히 따져 임대계약서에 신중하게 서명하여야 하며, 특히 마음에 둔 점포가 기존에 장사를 하고 있는 점포라면 보통 권리금이 붙어 있을 것이고, 그러한 권리금이 적정한지도 파악해야 할 것이다. 또한, 상가건물이 경매 또는 공매되는 경우 임차인이 상가건물 임대차보호법의 보호를 받기 위해서는 반드시 임대차계약서에 관할세무서 확정일자를 받아 두어야 한다.

표 11.5 권리금 관련 계약조건 파악

구분	평가 체크리스트
시설권리금	시설에 대한 금액은 감가상각을 통해 보통 3년 정도면 소멸한다고 보면 적당함.
영업권리금	영업 권리금은 보통 1년간의 순이익 금액기준으로 볼 수 있음.
바닥권리금	보통 유명 대형 상권 내 좋은 입지나 신도시의 상업지역에 대형 상가빌딩이 다수 지어질 때 좋은 위치의 신축 상가 건물에 이러한 바닥 권리금이 형성되어 있는 경우가 많음.

제4절 상권분석

1. 상권분석의 필요성

상권(Trading area)이란 점포나 상업지역에서 구매자가 상품을 구매하는 공간, 즉 마케팅 영역을 의미하는데 상권분석은 상권의 거시적환경(인구통계학적)분석, 산업 구조, 시장(경쟁상태)분석 등을 조사하는 것을 말한다. 상권분석이 필요한 이유는

첫째, 잠재수요를 반영하는 판매예상량을 추정하는데 필요하고,

둘째, 시장세분화를 통한 고객별 마케팅전략수립과 전개가 필요하며,

셋째, 입지전략을 수립하는데 필요하다. 즉, 상권 내 소비자 욕구와 니즈를 파악하여 새로운 판매기회 및 입지전략을 수립하는데 필요하다.

2. 상권의 종류

1) 유동인구 상권

(1) 중심상업지역

번화가, 대학가, 패션타운, 영화관, 공연장 등 원거리에서 사람들이 모여드는 지역이다. 유동인구가 많고 불특정 다수가 주고객이 되는 지역으로서, 쇼핑관련 점포, 음식점, 술집 등 사람이 만나고 먹고 마시는 업종이 적당한데, 대기업형 패스트푸드, 카페 등이 진출하고 있어서 상대적으로 경쟁이 치열한 지역이며, 보다 전문적이고 전략적인 접근이 필요한 지역이다.

(2) 아파트·주택지역

아파트단지, 초·중·고등학교 인근지역에 주거하는 주부, 학생이 주고객이 되는 지역이다. 소비자가 점포와 가까운 거리에 거주하기 때문에 업종이 안정적이고, 고객과의 관계 강화를 통한 단골고객 유치전략이 필요한 지역이다.

(3) 오피스지역

대기업, 중견기업 본사 밀집지역, 디지털단지 등 직장인이 주고객이 되는 지역이다. 직장인이 주로 이용하는 음식점, 술집, 문구점, 편의점 등의 점포가 유리한 반면, 주말에는 영업하기 곤란하다는 점을 고려해야 한다.

2) 배후인구 상권

유동인구 상권이 거리상으로 500m 이내라면 배후인구 상권은 고객이 점포를 방문하는 데 다소 멀게 느껴지는 500m 이상 배후지역에 타깃고객이 정해져 있는 상권이다. 유동인구 상권과 달리 비대면 마케팅에 의한 배달영업 및 소비자가 차량을 이용한 방문이 용이하도록 주차장을 넓게 확보하는 전략 등이 필요하다.

3) 온라인 상권

온라인(인터넷/모바일)을 활용한 상권으로 지역적으로 제한이 없다. 온라인으로 전국의 상품을 손쉽게 매매할 수 있는가 하면, 전 세계를 대상으로 마케팅이 가능한 상권이라 할 수 있다. 접점인 인터넷과 모바일을 통해 소셜커머스시장(쿠팡, 티몬 등)과 오픈몰(옥션, 인터파크 등), 배달웹(배달통, 배달의 민족 등) 등을 통해 상품 판매가 가능하여 오프라인 입지인 유동인구상권이나 배후인구상권에 관계없이 본인 스스로 상권을 확장해 나갈 수 있는 무궁무진한 영역이라고 할 수 있다.

3. 상권분석시 검토사항

1) 거시환경분석(PEST)

PEST분석은 정치(politics), 경제(economics), 사회(social), 기술(technology) 등 산업환경의 변화를 일으키는 거시적요인 4가지를 분석하여 그 요인과 영향력을 이해하고 전략적 대응방안을 수립하기 위한 분석 Tool이다.

표 11.6 PEST분석의 주요 항목과 이슈분석 예시

주요항목	예시	주요항목	예시
politics (정치)	• 각종규제 및 법규 • 정부 정책방향 • 국제적 이슈	economics (경제)	• 각종 경제지표 • 임금/가격 • 산업경제동향
social (사회)	• 라이프스타일의 변화 • 소비자운동의 변화 • 문화트렌드	technology (기술)	• 연구개발비 투자액 • 기술개발 추이 • 신상품개발 현황

상권에 미치는 각종규제나 부동산대책 발표 등 정부정책에 따른 지역경제동향과 K-Pop 공연, 신상품개발 등에 따른 소비자 변화 등 거시환경적인 요인을 분석해서 반영한다. 예를 들면, 빵집 프랜차이즈 본사(가칭 : 빵아저씨)를 창업한다고 가정하면, 가맹사업 불공정거래 감시강화 추세를 반영하여 가맹점 계약리스크를 최소화한다거나(politics), 외식업계 소비자특성을 반영한 입지선택과 매장 및 메뉴를 기획하며(economics), 빵에 대한 고급화 추세를 감안하면서(social), 웰빙트렌드에 맞춘 천연재료 빵 및 차별화된 원재료 개발을 해야 한다(technology). 이와 같은 일련의 검토를 거시환경(PEST)분석을 해본다.

2) 산업구조 분석

산업전체를 공급자, 구매자, 잠재적 진입자, 대체재, 산업내 경쟁자 등 5가지로 구분하여 각각 상호간 연관성이 얼마나 강한지 파악하고, 기회와 위협요소를 발견할 수 있다.

☐ M. Porter 교수의 5 Forces 분석모형(Five Forces Model)

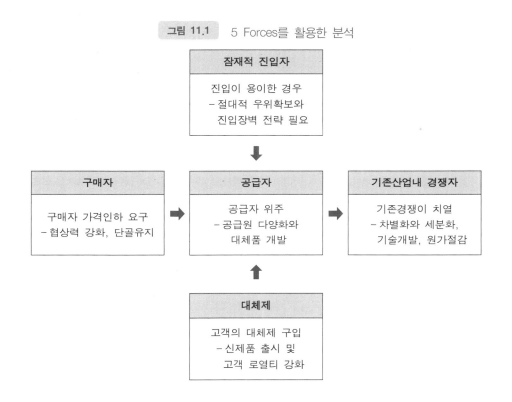

그림 11.1 5 Forces를 활용한 분석

앞에서 비교한 것과 같이 빵아저씨 프랜차이즈를 낼 때, 5 Forces모형을 이용해 보면 공급자부분은 원자재 공급을 다양화하여 구매단가를 낮춰 경쟁력을 높이고, 잠재적진입자부분은 빵집부분에서 특화하여 진입장벽 전략을 펼치며, 기존산업 내 경쟁자부분은 예를 들어 파리바게트에 차별화한 바로 구워주는 신선한 즉석빵이라는 차별화로 경쟁하고, 대체재부분은 계속 신제품 개발로 고객니즈에 부합하는 방법을 쓰며, 구매자부분은 고객관리강화를 위해 생일관리, 각종 이벤트 실시 홍보 등으로 단골고객 유지전략을 실행한다.

3) 시장분석

시장분석은 내부환경분석이라고도 하며, 시장환경을 정확히 파악하여 고객에게 필요한 요소를 발굴하고, 수익성을 높이기 위한 방안을 마련하는데 목적이 있다.

분석할 요소로는 시장규모, 시장성장률(시장수명주기), 수익성, 고객특성, 원가구조, 유통구조 등이 있다.

표 11.7 마케팅 믹스(4P, 7P) 개념

구 분			평가 체크리스트
7P	4P	상품 (product)	소비자의 욕구나 니즈를 반영하여 고객이 원하는 상품을 기획하고, 시장의 경쟁상황에 따라 경쟁 및 대응상품 구성
		가격 (price)	시장확대, 수익확보, 고객수용이 가능한 경쟁력 있는 가격정책을 수립한 후 소비자의 반응에 따라 다양한 가격전략이 가능하도록 함.
		유통 (place)	상품이 최종소비자에게 빠르고 안전하게 전달될 수 있도록 기획하는 것이며, 고려해야 할 요소는 고객의 잠재적인 숫자, 상품·서비스의 종류, 고객유형, 고객이 구매한 장소, 상품에 대한 설명의 필요정도, 고객의 서비스 기대수준 등이 있음. 또한, 유통을 직접할 것인지 혹은 전문업체에게 위탁할 것인지도 중요한 의사결정 문제임.
		판촉 (promotion)	기업이 가지고 있는 다양한 가치요소를 소비자에게 전달하고 구매를 활성화시킬 수 있도록 하는 활동이며, 광고, 인적판매, 판매촉진, PR 등이 있으며, 최근 마케팅프로모션은 통합된 마케팅 커뮤니케이션 형태로 전개됨.
	사람 (people)		서비스를 제공하는 직원의 행동, 말투, 기술, 외모 등을 의미하며, 고객이 기대하는 기대서비스를 충족시킬 수 있어야 함.
	프로세스 (process)		서비스가 제공되는 프로세스가 효율적으로 운용될 수 있도록 계획을 수립하는 것이며, 프로세스의 신속성, 유연성, 편의성 등이 고려되어야 함.
	물리적 증거 (physical situation)		눈으로 보이는 유형적인 것에 대한 요소로 외부환경(건물외관), 내부환경(실내인테리어), 기타 유형적 요소(의상, 홈페이지 등)로 구분될 수 있음.

'빵아저씨' 프랜차이즈 4P를 진단하면 상품부분은 경쟁업체(예시 : 파리바게트)의 상품 종류와 비교해 보고 갓 구워낸 신선한 빵을 차별화로 내세우고, 가격정책에서는 저가 혹

은 고가정책을 선택하고, 유통부분은 아침에 갓 구워낸 빵을 집으로 배달하는 방법을 검토하고, 판촉은 동네사람이 자주 올 수 있도록 마케팅전략을 구사한다. 또한, 4P에 추가하여 사람은 최고의 직원을 뽑고, 프로세스는 시스템화하고, 신선한 인테리어와 채널확대를 위한 홈페이지를 개설하여 운영하는 등 시장분석을 통한 전략을 제시한다.

제5절 상권정보시스템을 활용한 상권분석

1. 상권정보시스템

상권정보시스템(sg.smba.go.kr)은 상권분석 툴(Tool)이다. 상권분석에 필요한 자료(data)를 수집하는데 도움을 주기 위해서 중소기업청의 소상공인진흥원에서 제공하는 시스템으로 점포현황, 유동인구, 매출정보 등 상권에 대한 분석정보를 제공하는 시스템이다. 특히 점주를 상대로 음식점 등 소규모사업자를 창업하려고 할 때, 내가 출점하려고 하는 지역에 유동인구는 얼마이고 경쟁점포는 얼마나 되는지 상권의 추세는 늘어나는지 축소되고 있는지 등을 알아보는 것이 필수인데 이 시스템을 이용하면 일일이 찾아다니는 수고를 덜 수 있는 유용한 시스템이다.

2. 상권정보시스템의 주요 내용

표 11.8 상권정보시스템의 주요 내용

제공 서비스	내 용
지역별 업종별 상권분석	선택지역의 인구구성, 경쟁업소현황, 유동인구, 임대시세, 매출정보 등 49종의 상세 상권분석 정보제공
시군구 상권정보	상권분석 전 예비정보로 활용할 수 있는 행정동별 지역분석 및 업종정보제공
업종밀집정보	선택상권의 업종별 밀집수준을 가능할 수 있도록 50개 업종에 대한 밀집도 지수를 시각화하여 제공

제공 서비스	내 용
유동인구	주말 주중으로 나뉘어진 남녀성별에 따른 유동인구 현황을 도로상에 5단계로 표현하여 제공
창업자가진단	스스로 사업 타당성 검토가 가능하도록 수익성 분석 기능제공

상권정보시스템 홈페이지는 아래처럼 생겼고, 사용하려면 먼저 홈페이지에 회원가입을 하고 로그인해서 왼쪽에 검색조건을 입력하면 분석결과를 얻을 수 있다.

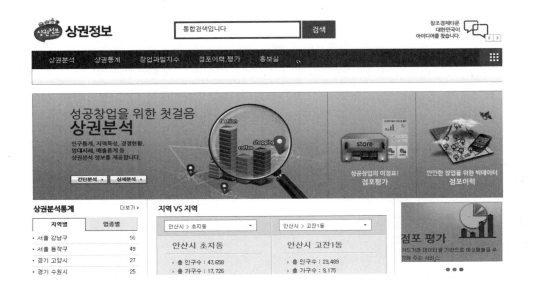

CHAPTER

12

사업타당성과
위험관리

chapter
12

사업타당성과 위험관리

제1절 사업타당성 분석

1. 사업타당성 분석

사업타당성 분석은 신규 사업진출 및 창업의 가치를 평가하는 것으로서, 시장점유율, 기술적 측면, 경제적 측면 등을 평가하고 총체적으로 분석하는 가치측정의 과정을 말한다. 사업타당성분석은 시장의 요구를 감지하고 그 요구(제품 또는 서비스)의 공급이 기술적으로 가능한지 검토하거나, 이미 개발된 기술을 응용하여 제품 또는 서비스를 개발할 경우에 시장성이 존재하는지 검토하는 방법이다

사업타당성 분석의 평가요소는 일반적으로 ① 새로운 사업에 대한 경영자(또는 창업자)의 수행능력 평가, ② 계획된 제품의 생산에 필요한 기술의 해결가능성을 검토하는 기술성 분석, ③ 판매시장의 환경, 경쟁상태, 시장진입 가능성 및 중장기 수급 전망 등을 검토하는 시장성 분석, ④ 적정수익률 확보가능성을 검토하는 재무적 분석, ⑤ 기타 위험요소 분석과 성장가능성 분석 등으로 구성된다.

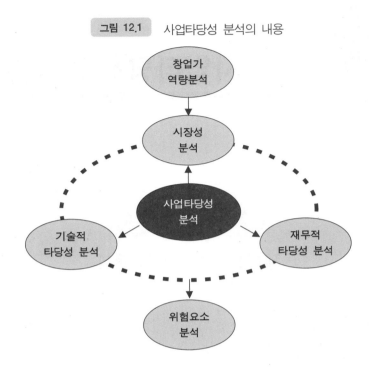

그림 12.1　사업타당성 분석의 내용

2. 사업타당성 분석의 절차

사업타당성 분석은 그 용도에 따라서 분석 대상에 차이가 있다. 신규 창업의 경우에는 사업 아이템의 성공가능성에 초점이 맞추어지며, 제품성과 기술성, 시장침투가능성과 판매전략, 수익성 등에 대한 향후 개략적인 전망에서부터 통계적 방법에 의한 수요 예측, 회계적 방법 및 재무적 분석 기법에 의한 수익성 분석 등 그 분석 방법이 다양하다.

사업타당성 분석의 주요 평가항목은 다음과 같다. ① 사업의 수행역량 평가, ② 생산가능성·품질, 성능·하자여부 등에 관한 기술성 분석, ③ 시장환경·시장진입가능성, 제품수급조사, 동종업계조사 등 시장성 분석, ④ 소요자금의 추정과 자금조달계획, 추정재무재표작성, 경제성 평가 등을 검토하는 재무적 타당성 평가의 과정으로 구성된다.

사업타당성 분석의 절차는 예비사업성을 검토한 결과 성공가능성 및 시장점유의 잠재성이 있다고 가정되는 경우, 기술적 부분의 타당성을 검토하여 기술성에 타당성이 인정되면 경제성 분석을 진행한다.

그림 12.2 사업타당성 분석의 절차

사업 수행역량 평가
• 적성 · 자질 분석 • 경험 · 지식 분석 • 업종선택의 적합성 분석 • 창업자의 경영역량 평가

기술타당성 분석
• 제품의 기술적 특성 • 입지의 적합성(공장, 사옥, 사무실) • 생산설비 및 장비 • 생산공법 및 공정의 적합성 • 생산자원에 관한 검토 • 공장규모의 건설계획 • 시설소요자금의 검토

시장성 분석
• 시장조사/소비자조사 • 시장세분화 • 제품 포지셔닝 • 제품수급조사 • 동종업계조사 • 총수요 및 점유율 예측 • 가격결정/매출액 추정

재무타당성 분석
• 생산 · 구매–판매 · 일반관리 계획 • 제조원가 및 비용추정 • 추정재무재표 작성 • 재무상태 및 경영성과 분석 • 자금수지분석 • 현금흐름의 추정 • 할인율의 추정 • NPV, IRR, 회수기간 등 • 위험분석 등

사업타당성 분석 보고서 작성

3. 시장성 분석

시장성 분석은 기업이 제공하고자 하는 제품이나 서비스의 시장반응을 측정, 평가하는 개념으로서 신규창업 기업의 창업타당성 분석에서 가장 중요한 분야이다.

창업 또는 신규 아이템으로 시장에 뛰어들어 경쟁상품과 견주어 우위를 선점하거나 소비자로부터 기업이나 아이템에 관하여 인정을 받을 때 매출이 증대되고 시장범위도 확대된다. 창업과정에서 시장에 진출할 때 새로운 아이템은 소비자에게 인지도가 낮고 품질이 확인되기 전까지는 시장에 브랜드가 정착하기 어렵다. 따라서 시장성과 판로 확보가 사업 성공의 요점인 관점에서 시장성 분석이 중요하다.

시장성 분석의 요소는 ① 국내·외 수급동향 및 중장기 수급전망, ② 시장특성 및 구조(시장의 위치, 수송방법, 유통경로 및 조직, 거래조건 등), ③ 동업자 또는 유사 제품과의 경쟁상태 및 향후 경쟁제품의 출현 가능성, ④ 국내외 가격구조 및 가격동향, ⑤ 목표시장 선정 및 판매전략, ⑥ 수출인 경우 해외시장 분석에 의한 수출가능량 산정 등이다.

판매량을 추정하기 위하여 기본적으로 다음과 같은 자료를 수집·분석한다.
① 수요분석 : 주요고객, 예상소비량, 소비총액 등
② 공급분석 : 기존기업의 공급능력, 기존제품의 가격, 품질, 판매전략 등
③ 거래수요의 분석 : 생산품에 대한 미래수요를 추정
④ 시장점유율 추정 : 수요·공급·경쟁자의 위치와 구상하고 있는 사업의 판매계획 등을 고려하여 계획한 상품의 시장점유율을 추정한다.

1) 시장성 분석의 절차

시장성 분석의 목표가 정해지면 시장성 분석의 구체적인 계획을 세운다. 시장성 분석의 계획수립의 단계에서 설계된 내용에 따라 시장성 분석 자료를 수집한다. 수집된 자료는 분석과정을 통해 시장성 분석 목적에 맞게 재생산되고, 이는 시장성 유무의 평가기준으로 활용된다. 또한 기존시장의 크기, 시장점유율, 시장의 성장 추세 및 전망, 유통과정 및 기타 시장의 특성에 대한 정보로 활용된다.

다음 단계는 시장성 분석의 요소로 전반적인 시장동향 분석, 제품성 분석, 경쟁적 지위 분석, 제품가격 분석, 수요예측, 그리고 시장 및 제품환경 분석이 해당된다. 시장성 분석

은 기업환경 변화 예측과 더불어 적정한 판매전략이 연계하여 가치를 구축한다. 판매계획 및 판매전략을 수립하는 데 있어 고려하여야 할 사항은 마케팅 계획, 광고 등의 판촉활동, 판매비용 계획 등이며, 광고 · 판촉 · 판매 활동에 투입할 인적 · 물적 자원의 규모와 투입 시기도 함께 결정한다. 마지막으로 시장성 분석 항목 평가에 의거하여 계획상품의 시장성 유무를 평가한다.

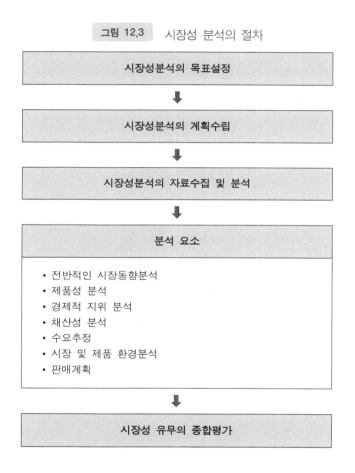

그림 12.3 시장성 분석의 절차

시장성분석의 목표설정

↓

시장성분석의 계획수립

↓

시장성분석의 자료수집 및 분석

↓

분석 요소

- 전반적인 시장동향분석
- 제품성 분석
- 경제적 지위 분석
- 채산성 분석
- 수요추정
- 시장 및 제품 환경분석
- 판매계획

↓

시장성 유무의 종합평가

4. 기술적 타당성 분석

기술적 타당성이란 제품의 생산과 관련되는 제반적 요소로서 상품이 원만하게 생산될 수 있는지를 분석하는 요소이다. 제품에 대한 특성, 화학적 반응, 기계적 기능, 생산 시스템, 공정 등 생산제품에 대한 철저한 조사·분석과 함께 공장입지, 시설계획 및 생산시설 규모, 생산능력 및 조업도, 원재료 조달 및 제품 한 단위에 대한 원재료 소요량 산정, 기술 및 기능 인력 확보, 예상불량률 및 개선 가능성 등을 종합적으로 분석하여야 한다.

특허·실용신안 등 공업소유권에 의한 창업은 이론과 실제와의 격차 정도, 예상되는 불량률 및 하자 발생 가능성 등을 세밀하게 검토해야 한다.

기술적 타당성 분석은 사업계획의 기술적 타당성과 원가추정을 위한 기초자료를 제공하고, 사업에 영향을 미치는 제반요인을 고려해서 기술적 대안을 비교·검토하는 단계이다. 기술적 타당성 분석은 이용할 기술과 공정을 검토하며, 다음과 같은 내용이 포함된다.

① 제품의 물리적·기계적·화학적 특성에 관련된 사항
② 제조공정에 대한 사항
③ 수요량을 생산할 수 있는 생산일정 및 공장규모의 결정
④ 구입할 기계의 규격 및 공급가격, 구매일정, 대금 지급방식, 설비의 성능, 예비 부속품의 조달가능성 등을 고려하여 기계를 선정
⑤ 기계의 장·단점을 충분히 비교·검토한 자료 및 기계의 배치
⑥ 이용되는 기술로부터 예상되는 폐기품의 종류, 양, 처리방식 및 처리비용

1) 기술적 타당성 분석의 검토

제품에 대한 기술적 타당성 검토는 일반적으로 ① 제품의 효율적 생산가능성과 관련된 제품의 특성, 생산공법, 생산공정의 적정성, ② 공장입지조건의 적합성, ③ 시설 규모 및 생산능력, 계획시설의 적정여부, 생산계획의 적정성, ④ 소요원재료의 수급계획 등을 대상으로 한다.

기술적 타당성 평가요소는 객관적이고 심층적으로 분석되어야 하며, 기술의 타당성 결정요소의 평가, 생산환경요소의 평가로 구성된다.

첫째, 기술적 문제로서 기술의 타당성의 결정요소라고 할 수 있는 치명적 요소가 존재하는지를 검토하는 것이다.

기술의 타당성의 결정요소는 ① 제품생산 관련요소 중 어떤 특정문제로서 제품생산 자체가 불가능한 경우는 없는지, ② 제품의 불량률이 경쟁사와 비교하여 상대적으로 높은지, ③ 제품의 경쟁성, 과다한 제조원가, 소비자 인식 제고 곤란 등의 이유로 인하여 기술

의 경제성이 없는지 등을 검토하기 위한 것이다.

둘째, 생산환경 요소로서 제품개발에 간접적으로 작용하는 평가요소를 검토하는 것이다.

5. 재무타당성 분석

재무적 타당성 분석은 사업주가 계획한 사업을 완성단계까지 추진할 수 있는 재무적 능력을 분석하는 일이다. 경제성이 우수한 사업이라도 사업주의 사업을 수행할만한 재무적인 능력이 없으면 사업추진은 불가능하다. 사업주의 재무적 능력이란 사업을 위한 자신의 자산 및 금융기관으로부터 대출능력 등을 모두 포함한다.

재무적 타당성 분석의 평가항목은 수익전망, 손익분기점 분석, 투자수익 및 계획 사업의 경제성 분석 등으로 분류한다.

수익전망은 창업 후 3~5년간의 추정 손익계산서, 추정 대차대조표 및 자금수지 예상표를 작성하고 기준시점 이후 3~5년간의 수익전망 및 흑자실현 가능 시점 등 수익성을 검토한다.

손익분기점 분석은 손익분기점 매출액, 즉 기업이 영업활동에서 발생하는 수익과 비용이 일치하는 매출액과 비용이 어느 정도이며, 어느 시점에 실현 가능한지를 중점적으로 분석한다. 이와 함께 손익분기점 산출 후 판매수량, 금액, 고정비, 변동비 등이 균형을 이룰 수 있는지 검토한다.

투자수익 및 계획사업의 경제성 분석은 각종 투자수익률 산출방식에 의한 투자수익률을 산출하고 계획사업을 통해 최소한 목표수익률 이상의 수익실현이 가능한가, 계획사업의 경제성이 있는가를 분석한다.

1) 항목별 평가기준 및 방법

(1) 수익전망

수익전망은 추정 손익계산서를 근거로 하여 예측하는 것으로 향후 3~5년간의 추정 손익계산서가 작성되면 손익계산서상 연도별 매출액, 매출총손익, 영업이익, 경상이익, 세전순이익, 당기순이익 등을 분석한다. 매출액에 대한 매출원가는 동업계와 비교한 적정성, 판매비와 일반관리비는 매출액 또는 전체적인 영업규모에 대한 적정성을 종합해서 분석한다. 최종단계는 당기순이익 규모의 적정성, 매출액에 대한 당기순이익률의 경쟁사 대비 적정성을 검토한다.

(2) 손익분기점 분석

손익분기점(break even point)이란 총매출과 그것을 위해 지출된 총비용이 일치되는 매출액을 의미한다. 즉, 일정기간의 매출액이 그 기간에 지출된 비용과 같아서 이익도 손실도 발생하지 않는 지점을 가리킨다.

손익분기점(P) 계산식은 다음과 같다.

$$P = F/1 - (V/S)$$

* F : 고정비, V : 변동비, S : 매출액

고정비에는 개점·창업시에 일시적으로 지출되는 부문이 있는가 하면, 매월 정기적으로 지출되는 부분도 있다. 즉, 보증금, 권리금, 관련 시설·인테리어비 등과 같은 항목은 일시에 지급되지만, 임차료나 재료비, 관리비 등은 매월 지출되게 된다. 손익분기점 계산에 있어 보증금이나 권리금 등은 은행에 입금하였을 때의 은행이자만큼의 금액을 매월 지출되는 비용으로 보면 되고, 시설·인테리어비 등에 들어간 비용은 감가상각비로 처리한다. 손익분기점 이후 발생하는 초과 매출액은 전부 이익으로 보아서는 안된다. 이익은 손익분기점 초과 매출액 중 변동비를 빼거나 총매출액에서 고정비와 변동비 합산 금액을 뺀 나머지 부분이 된다.

$$이익(G) = 매출액(S) - [고정비(F) + 변동비(V)]$$

손익분기점 매출액규모가 산출되면 현재의 실제 매출액을 기준으로 언제쯤 이익 실현이 가능한지 분석해 볼 수 있다. 창업기업에 있어서는 손익분기점 매출액 자체보다는 언제 쯤 이익 실현이 가능한지가 더 중요한 지표일 수가 있다.

(3) 계획사업의 경제성 분석

① 순현재가치법(net price value method)

순현재가치법은 투자대안으로부터 기대되는 미래 현금유입의 총현가에서 현금유출의 총현가를 차감한 순현가를 기준으로 투자가치를 평가하는 방법이다. 이를 산식으로 표시하면 다음과 같다.

> 순현재가치(NPV) = 현금유입의 총현가 − 현금유출의 총현가
> $$= \Sigma\{CIt/(1+k)t\} - \Sigma\{COt/(1+k)t\}$$
>
> * CI : 현금유입, CO : 현금유출, k : 할인율, t : 기간

순현재가치법은 어떤 투자안에 대한 투자액을 최소한의 자본비용, 즉 할인율로 할인한 현재가치와 투자자의 과실로 얻어지는 현금유입액을 시장할인율로 할인하여 현재가치화한 후 현금유입의 현재가치에서 투자액의 현재가치를 차감한 순액이 양(+)이면 투자안이 경제성이 있다고 평가하며, 음(−)이면 경제성이 없다고 평가한다.

② 내부수익률법(internal rate of return method)

내부수익률법은 투자로부터 기인되는 현금유입의 현재가치 총액과 현금유출의 현재가치 총액을 동일하게 하는 할인율을 계산하여, 이를 기초로 경제성을 평가하는 방법이다. 내부수익률은 순현가가 0일 때의 할인율이기 때문에, 사실 투자수익률과 같은 개념이다. 내부수익률은 다음과 같이 계산한다.

> 내부수익률(IRR) : 현금유입의 총현가 = 현금유출의 총현가
> $$: \Sigma\{CIt/(1+r)t\} = \Sigma\{COt/(1+r)t\}$$
>
> * CI : 현금유입, CO : 현금유출, r : 내부수익률, t : 기간

제2절 위험관리

1. 창업의 위험관리

1) 위험관리

위험관리(risk management)는 사업타당성 분석의 최종적인 단계로서 기업의 성패에 중대한 영향을 미칠 수 있는 위험요소의 분석과 더불어, 장기적 기업경영의 측면에서 지속적인 성장발전이 가능한지를 분석하는 성장성 분석이 요구된다. 이들 요소는 장기 안정성장을 도모하는데 절대적으로 필요하다.

(1) 위험요소

기업경영은 경영환경 변화에 따라서 수시로 변한다. 추정 재무제표뿐만 아니라 사업타당성 분석도 여러 가지 가정과 상황 안에서 이루어지기 때문에 여기에 대응한, 새로운 대응책이 나오지 않으면 안 될 상황에 이르게 된다.

표 12.1 창업에 대한 위험요소

구 분	위험요소
정책변동	- 조세, 관세정책 및 금융지원제도의 변경 - 금리 및 환율의 변동 - 생산제품에 대한 중소기업 고유업종 해제 및 수입 개방
시장경쟁 격화	- 경쟁기업 진입(대기업 참여 포함) - 판매단가 조정
생산요소 변동	- 주요원자재(수입, 내수) 파동 가능성 - 생산량 및 생산수요, 판매량, 가동률 변동요인 발생 여부 - 전략제품의 변경 및 제품믹스의 실패
기타	- 노사분규 - 시설자금 및 소요 운전자금의 적기 조달 실패 - 입지조건 부적합 - 자연환경 및 공해 규제 - 환경, 보건, 조세 등 법률상 제약 - 공장 건설의 지연 - 기타 계획사업에 대한 위험요소 등

계획사업에 대한 위험요소는 수행하고 있는 업종에 따라서, 그리고 그 업체의 특성에 따라서 다르기 때문에 일률적으로 말할 수 없지만, 일반적으로 표 12.1과 같다. 분석자는 이와 같은 위험요소 중 해당기업의 성패에 중대한 영향을 미칠 수 있는 항목을 선택하여 그 항목의 변화 정도에 따라 계획사업에 어느 정도의 영향을 미치는지, 위험요소별로 대응책은 무엇인지, 그 위험요소가 통제범위 내인지를 분석하여야 한다.

(2) 위험의 종류

창업 및 성장과정에서 직면하게 되는 사업위험적 측면에서 사업타당성을 점검하는 위험의 종류는 다음과 같다.

① 기술위험
   - 기술개발과정에서의 실패 가능성
   - 개발기술의 기대효과에 못 미칠 위험
   - 시장진입에 타이밍 상실 위험

② 시장위험
   - 시장의 급격한 변화 또는 시장구조적 문제로 인한 실패 가능성
   - 소비자 욕구 변화, 경쟁업체의 추월, 대체재의 출현 등 시장변화
   - 높은 시장진입장벽의 존재, 저조한 시장반응, 높은 교체비용 등 시장구조적 문제

③ 경쟁위험
   신규 진출기업 출현, 기존기업의 대응, 과당경쟁, 지속적 경쟁우위의 유지 곤란 등

④ 관리위험
   기업성장에 따른 복잡성 증가, 재고, 판매, 외상매출금의 관리 부실, 창업팀과 신규 영입 인력간의 갈등 등

⑤ 재무위험
   투자대비 수익의 불균형으로 인한 현금흐름의 악화

(3) 위험관리

위험관리는 개인 및 조직의 목표뿐만 아니라 사업목표 달성을 방해하는 요인을 식별하고, 이를 위험으로 분류한 뒤 구체적으로 위험에 대응하는 프로세스를 의미한다. 기업이 여러 가지 위험을 합리적으로 관리하여 경영의 안정을 도모하고 간접적으로 기업이익의

증대를 목표로 하는 경영관리이다.

즉, 위험관리는 "경영과정에서 발생하거나 발생할 것으로 예상되는 불확정적 손익 증감 요인을 관리하는 제반활동"이다. 개인이나 조직이 일상적 환경에서 경험하게 되는 위험을 관리하고자 하는 노력이며, 그 중에서도 특히 순수위험에 대한 합리적인 대응방법으로 발전된 분야이다. 즉, 개인 및 조직이 직면하는 위험이나 예기치 못한 손실이 가져오는 악영향을 최소화할 목적으로 행해지는 관리활동의 한 형태이다. 위험은 업무의 처리과정인 계획, 집행, 통제단계에서 발생하며, 발생 가능한 위험의 특성상 회피 가능한 위험인 경우는 계획단계에서, 회피 불가능한 위험인 경우에는 계획, 집행, 통제단계에서 해당 위험을 최소화하도록 하는 것이 위험관리의 기본원리이다.

2) 위험관리의 목적 및 효과

(1) 위험관리의 목적

위험관리는 위험을 낮추는 것이 아니라 최상의 목표를 성취하기 위한 '위험과 기회의 균형의 관점'에서 위험을 식별하고 대응하여, 사업 목표를 성취하기 위한 과정의 일부로 여기며 필요한 경우 위험을 감수하는 것이다. 따라서 전략적인 목표 달성을 위하여 개별 위험의 의미를 평가하고, 그에 맞는 대응방안을 판단하는 위험관리가 중요하다.

기업경영에 있어 가치는 위험과 이득의 상호작용의 결과이며 모든 결정은 가치를 증대시키거나 유지하거나 떨어뜨리게 되어 있으므로, 위험은 가치를 추구하는 과정에 불가결한 요소이다. 그러므로 전략적인 기업은 위험을 회피하는 전통적인 관점에서 위험을 제거하거나 최소화하는 데 분투하지 않는다. 프로젝트 위험관리의 목표는 프로젝트에 긍정적인 사건의 발생 확률과 영향은 증가시키고, 부정적인 사건의 발생 확률과 영향은 줄이는 것이다.

(2) 위험관리의 효과

창업을 하는 과정에서는 수많은 위험요인들이 발생한다. 기술기반의 창업을 하는 과정에 주력제품의 개발 실패, 참여인력의 퇴직, 자금부족, 제품의 판매부진 등 예기치 못한 다양한 불확실성과 위험요소들이 발생한다. 이 같은 위험 요소들이 실제로 발생하면 창업자는 많은 어려움에 처하게 되고, 잘못 대응하면 창업에 실패하게 된다. 그러므로 창업자는 창업과정에서 발생할 수 있는 위험을 찾아내고, 이에 대해 미리 대처할 수 있는 위험관리방안을 수립해야 하며 이를 통해 얻게 되는 위험관리 효과는 다음과 같다.

① 사업목표의 달성 가능성 증가

② 사전 대책을 강구하는 운영 권장

③ 전사적으로 위험 식별 및 처리에 대한 수요 인지

④ 국제규범, 법적요건, 규제 조건의 준수

⑤ 의무적인 혹은 자발적인 보고 향상

⑥ 거버넌스 향상

⑦ 이해관계자의 신용 및 신뢰 향상

⑧ 의사결정 및 계획 수립의 확실한 기초 토대 마련

⑨ 통제기능 향상

⑩ 효율적인 위험처리를 위한 자원의 할당 및 활용

⑪ 운영의 효율성 및 효과성 증대

⑫ 환경 보호, 직원의 건강 및 안전관련 성과 향상

⑬ 손실 방지와 우발사건 관리력 증대

⑭ 손실의 최소화

⑮ 조직의 학습능력 향상

⑯ 조직의 탄력(복원력) 향상

2. 위험관리 프로세스

위험관리 프로세스는 위험관리 프레임워크와 긴밀히 연관되어 있으며, 그림 12.4와 같이 위험관리 이행 단계와 연관된다.

위험관리 프로세스는 첫째, 통합적인 관리의 한 영역을 차지해야 하며, 둘째, 조직의 문화와 관행에 내재되어 있어야 하고, 마지막으로 조직의 비즈니스 프로세스에 맞게 조절될 수 있어야 한다. 위험관리 프로세스는 의사소통 및 상담, 상황 설정, 위험 식별, 위험분석, 위험평가, 위험 처리, 모니터링 및 검토 등의 과정으로 이루어진다.

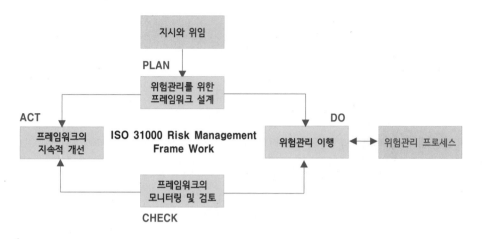

그림 12.4 위험관리 프레임워크

자료 : 김진현(2012) 효과적인 리스크 관리를 위한 ISO 31000 적용방안[1]

위험관리 프로세스는 상호적 관련성을 가지고 모든 상황에 적합해야 하며 항복은 다음과 같다.

① 리스크를 유발하는 활동의 개시 또는 지속 중지의 결정에 의한 리스크의 회피

② 기회를 확보하기 위해 리스크의 채택 또는 증대

③ 리스크 발생원의 제거

④ 발생가능성의 변경, 결과의 변경

⑤ 다른 집단 또는 집단들(계약 및 리스크에 대한 재정보증 등)과 리스크의 분배

⑥ 의사결정에 의한 리스크의 유지

위험관리 프로세스는 반드시 실행을 위한 도구가 필요하며 위험분석, 기획, 통제, 그리고 위험관리를 위한 방법이 개인과 조직의 수준에 맞게 개발되어야 하고, 이를 위한 투자가 반드시 필요하다.

각 프로세스에 따라 다양한 방법들이 있으므로 프로젝트의 내용과 절차에 맞게 선별적으로 활용해야 하고, 개인과 조직 모두가 위험관리 방법을 숙지해야 한다. 위험관리 프로세스 중 위험 분석을 포함한 평가(risk assessment)방법을 잘 활용할 때, 효율적인 위험관리 프로세스가 가능하며, 실제적인 위험평가 방법의 활용이 곧 위험관리의 핵심이다.

그림 12.5 위험관리 프로세스

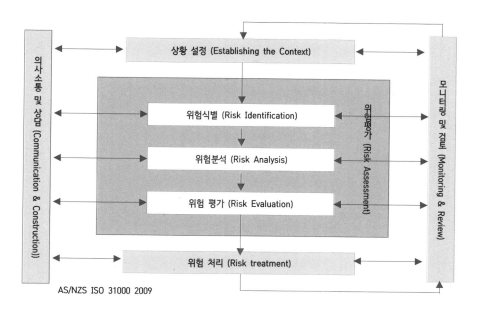

자료 : 한국국제협력단(2014), KOICA 프로젝트형 사업 위험관리방안 연구보고서.

위험요소의 발생 확률이 높고, 위험요소의 중요성이 큰 우선 순위를 정하여 관리하기 위한 분석 활동은 위험관리전략에서 중요한 활동으로서, 발생한 위험을 해결하기 위한 계획 수립과 실제위험을 해결하는 과정이다. 위험관리 활동을 제대로 수행하기 위해서는 사전에 발생할 위험요소가 식별되고, 분석되었다면 발생할 위험 각각에 대해 비상계획 또는 비상 시나리오를 작성하여 대비하는 것이 중요하다.

---

1) 위험관리의 국제표준 ISO 31000

창업기업의 설립

창업기업의 설립

제1절 창업기업의 형태

창업을 하려면 먼저 기업 형태를 결정하는 것이 필요하다. 즉 기업 형태를 개인기업으로 할 것인지 법인기업 형태로 할 것인지를 정하는 것이다. 개인기업이냐 법인기업 즉 사단법인인 회사이냐에 따라 그 설립절차가 달라진다. 우리나라에서는 통상 개인기업이나 주식회사를 설립하여 시작하는 경우가 일반적이었다. 개인기업으로 사업을 시작하였다가 기업의 규모가 커지면 주식회사로 법인 전환을 하는 경우도 많다.

한편 창업을 하여 사업을 시작하려면 관할 관청으로부터 필요한 사업 인·허가를 받고, 관할 지방세무서에서 사업자등록을 하여야 한다. 그리고 회사 설립의 경우에는 법원의 등기소에서 회사 설립등기를 마치고, 법인세법에 따라 관할 지방세무서에 법인설립 신고까지 하여야 한다.

제2절 개인기업의 설립

1. 개인기업의 장·단점

창업 기업을 개인기업 형태로 하는 경우에는 관할 지방세무서에서 사업자등록하는 것만으로 사업 개시가 가능하다. 그리하여 기업설립이 용이하고 통상 적은 자금으로 소자본

창업이 가능하다. 신속한 계획 수립 및 변경이 가능하여 기업활동이 자유롭다. 소규모기업 형태의 사업에 적합한 개인기업의 장·단점은 다음과 같다. 개인기업의 형태로 하는 경우에 있어서도 합자조합의 형태를 취하면, 조합의 채무에 대하여 무한책임을 지는 업무집행 조합원과 출자가액을 한도로 하여 유한책임을 지는 조합원이 상호출자하여 공동사업을 경영할 것을 약정할 수 있어서 자금조달에 유리하다(상법 제86조의2 내지 제86조의9).

표 13.1 개인기업의 장·단점

	장 점	단 점
개인기업	1) 기업의 설립 용이 : 설립등기 없이 관할 지방 세무서에 사업자등록만으로 기업 설립 및 사업 개시 가능	1) 대표자가 채무에 대해 무한책임 부담
	2) 창업자금과 비용이 적게 소요, 소자본 창업 가능	2) 대표자 변경의 경우 폐업하고, 신규로 사업자등록을 하여야 함 ☞ 기업의 계속성 단절
	3) 일정 규모 이하의 중소규모의 사업에 적합	
	4) 기업 활동이 자유롭고, 신속한 계획 수립과 계획 변경이 가능	
	5) 인적기업으로서 영업비밀과 자금운용상의 비밀 유지가 용이 6) 기업이윤의 전부를 기업주가 독점 가능	3) 영업양도시 양도된 영업권 또는 부동산에 대해 고율의 양도소득세 적용

2. 개인기업의 설립절차

개인기업을 설립하려면 당해 업종을 관장하는 주무관청 또는 지방자치단체에서 사업인·허가를 받고, 사업개시일로부터 20일 이내에 관할 세무서에 사업자등록을 신청하여 교부받는 절차를 거치면 된다. 구체적인 설립절차는 다음과 같다.

(1) 사업 아이템 선정

(2) 사업계획서 작성 · 사업장의 확보

(3) 사업 인 · 허가

법령에 의하여 인 · 허가를 받아야 사업을 개시할 수 있는 업종은 미리 해당 업종을 주관하는 중앙행정청 또는 지방자치단체에서 인 · 허가에 대해 문의하고 취득하도록 한다. 업종에 따라 인 · 허가 절차가 달라지는데, 공장 설립과 관련된 인 · 허가사항은 공장 소재 관할 시 · 군 · 구에서 담당한다. 반면에 제조업이나 서비스업, 도 · 소매업 관련 인 · 허가는 해당 업종을 관할하는 중앙행정청 또는 그 하부기관에 위임되어 있다. 예컨대 음식점, 식품 제조업체 등 공중위생과 관련이 있는 업종, 건설, 관광, 담배 및 의약품과 같은 전문지식을 요하는 업종, 기타 사행행위에 해당되는 업종에 대하여는 개별 법령에서 시설기준이나 자격요건 등을 규정하고 있어서, 관련 사업인 · 허가를 받고자 하는 때에는 사업장(근로자 고용 사업소 또는 사무소) 소재지 관할 시 · 군 · 구청 민원(봉사)실에 신청하면 위생과에서 신청서류를 검토하고, 담당자가 현장에 나와 관련 시설이 기준에 적합한지를 확인한 후 인 · 허가를 내준다.

(4) 사업자등록

사업자등록은 주민의 주민등록과 같이 모든 국민이 사업을 하는 경우에 그 규모나 업종에 관계없이 관할 세무서에 신청하여 사업자등록증을 발급받도록 하는 제도이다. 그리하여 창업을 하고 사업을 시작하려면 관할세무서에서 사업자등록을 마쳐야 한다. 사업자등록은 사업개시일로부터 20일 이내에 구비서류를 갖추어 관할 세무서 민원(봉사)실에 제출하여 신청한다. 사업자등록번호는 상거래에서 그 사업체를 표시하는 고유번호로 사용되며, 사업자등록을 하지 않으면 세금계산서(영수증)를 발행할 수 없다.

☐ **사업자등록을 하는 방법**
- 세무서 민원봉사실 : 사업자등록신청서
- 첨부서류 : 개인 ⇒ 주민등록등본
  법인 ⇒ 법인등기부등본 1부
  허가(증 사본) [약국, 음식점, 개인택시 등 허가 혹은 인가 사업]

법인설립(또는 사업 허가) 전 사업자등록을 하고자 하는 경우

⇒ 발기인의 주민등록등본 또는 사업계획서나 사업허가신청서 사본 1부

(5) 사업의 개시

사업자등록을 마치면 사업 개시에 필요한 법적절차가 완료되나, 상시 종업원을 5인 이상 고용하게 되는 경우에는 근로기준법상 근로자명부와 임금대장을 작성, 비치하여야 한다(동법 제40조, 제47조). 또한 상시 종업원을 10인 이상 고용하게 되는 경우에는 취업규칙도 작성하여야 한다(동법 제93조). 기타 국민연금, 건강보험, 고용보험, 산업재해보상보험과 관련된 신고도 하여야 한다.

제3절 법인기업의 설립

1. 법인기업의 형태

기업의 매출액이 일정한 규모를 넘어서면 개인기업으로서 사업소득세를 부담하는 것보다, 법인세를 납부하는 것이 세율 적용상 유리하다. 금융회사와의 거래에서나 거래상대방이 법인기업인 경우에 이쪽도 법인기업으로 하는 것이 편리한 경우가 많다.

창업기업을 법인기업의 형태, 즉 회사로 하는 경우 먼저 회사의 종류를 선택하여야 한다. 회사는 상행위 기타 영리를 목적으로 하여 설립한 법인이다(상법 제169조). 상행위를 목적으로 하는 회사를 상사회사, 기타 영리를 목적으로 하는 회사를 민사회사라고 한다. 상법상 회사의 종류로는 주식회사, 유한책임회사, 유한회사, 합자회사, 합명회사의 5가지가 있다(상법 제170조). 주식회사나 유한책임회사 등 회사 기업의 형태를 취하는 경우의 그 장·단점과, 상법상 기본적 상행위(상법 제46조)는 다음과 같다. 그리고 법인기업에게는 복식부기 재무제표 작성의무가 요구된다.

표 13.2 주식회사 형태를 취하는 경우의 장·단점

	장 점	단 점
회사	1) 주식회사는 대규모 기업, 유한회사는 중소기업, 합명회사 및 합자회사는 개인기업에 적합. 유한책임회사는 벤처창업에 적합	1) 상법 등 관련법규상 설립절차가 다소 복잡하다.
	2) 주주는 유한책임. 이사의 책임이 강조됨	2) 자본금 요건을 충족해야 되는 경우가 있다.
	3) 신주발행(증자 또는 회사채 발행)으로 자금 조달 가능	
	4) 상장주식의 매매에는 양도세 면제, 영업 양도시 기업 주식을 양도하면 되며, 저율의 양도세가 적용됨	3) 대표이사가 회사 자금을 개인 용도로 사용하면 이자를 징구하여야 한다.
	5) 대외적 공신력과 신용도, 관공서·금융기관과의 관계에서 유리	

■ 상법 제46조(기본적 상행위)

영업으로 하는 다음의 행위를 상행위라 한다. 그러나 오로지 임금을 받을 목적으로 물건을 제조하거나 노무에 종사하는 자의 행위는 그러하지 아니하다.

1. 동산, 부동산, 유가증권 기타의 재산의 매매
2. 동산, 부동산, 유가증권 기타의 재산의 임대차
3. 제조, 가공 또는 수선에 관한 행위
4. 전기, 전파, 가스 또는 물의 공급에 관한 행위
5. 작업 또는 노무의 도급의 인수
6. 출판, 인쇄 또는 촬영에 관한 행위
7. 광고, 통신 또는 정보에 관한 행위
8. 수신·여신·환 기타의 금융거래
9. 공중(公衆)이 이용하는 시설에 의한 거래
10. 상행위의 대리의 인수
11. 중개에 관한 행위
12. 위탁매매 기타의 주선에 관한 행위

13. 운송의 인수

14. 임치의 인수

15. 신탁의 인수

16. 상호부금 기타 이와 유사한 행위

17. 보험

18. 광물 또는 토석의 채취에 관한 행위

19. 기계, 시설, 그 밖의 재산의 금융리스에 관한 행위

20. 상호·상표 등의 사용허락에 의한 영업에 관한 행위

21. 영업상 채권의 매입·회수 등에 관한 행위

22. 신용카드, 전자화폐 등을 이용한 지급결제 업무의 인수

2. 상법상 회사의 종류

표 13.3 회사의 종류

	적합 기업	특 징
주식회사	물적회사의 전형 · 대규모 기업	• 자본이 중시되는 물적 회사로서, 그 자본은 주식이라는 균일한 유가증권으로 세분화되어 있고, 주주는 인수한 주식을 한도로 유한책임을 부담 • 주식과 사채 발행으로 자금 조달 • 기관은 의사결정기관인 주주총회, 업무집행기관인 이사(회), 그리고 감사로 구성(자본금 10억 원 이하 ⇒ 1인 이사 가능, 감사는 선임하지 아니할 수 있음) • 1인 주식회사 가능 • 주식의 양도는 원칙적으로 자유(상법 제335조) • 주식 권면액은 100원 이상, 벤처기업에 대해서는 무액면주를 허용(상법 제329조)
유한회사	중소기업	• 자본이 중시되는 물적 회사로서, 사원(社員)은 출자 지분을 한도로 유한책임을 지나 회사설립시 출자미필액 전보책임(塡補責任), 증자미필액 전보책임 등 부담 • 기관은 사원총회, 이사, 감사로 구성. 감사는 임의기관 • 지분은 100원 이상, 지분의 양도 자유, 다만 정관으로 제한 가능, 제556조 2011.4.14. 전문개정

	적합 기업	특 징
유한책임 회사	벤처기업	• 사원(社員)은 출자금액을 한도로 유한책임 • 출자자도 경영에 참여 가능 • 상법과 정관에 다른 규정이 없으면 합명회사에 관한 규정을 준용
합자회사	인적회사	• 사원의 구성 : 유한책임사원 1인 이상+무한책임사원 1인 이상 ① 유한책임사원 : 회사채권자에 대해 직접·연대책임, 출자한도 유한 책임, 지분의 양도 ⇒ 무한책임사원 전원의 동의 ② 무한책임사원 : 업무집행을 담당, 직접·연대·무한책임, 지분의 양 도 ⇒ 총사원의 동의
합명회사	인적회사의 전형	• 사원 : 2인 이상의 무한책임사원만으로 구성 • 인적 신뢰관계를 바탕으로 한 조합형태 기업에 적합 • 사원은 원칙적으로 업무집행권과 회사 대표권 • 지분의 양도에 전사원의 동의

3. 주식회사 및 유한책임회사의 설립절차

상법상의 회사의 종류 중 여기서는 창업기업의 형태로 가장 많이 이용되는 주식회사의 설립절차와, 청년 창업에 가장 적합한 형태로서 입법된 유한책임회사의 설립에 대하여 살펴본다.

1) 주식회사의 설립절차

주식회사의 설립방법에는 발기설립과 모집설립이 있다. 전자는 회사설립시 발행하는 주식 전부를 발기인이 인수하여 주식회사를 설립하는 방법이고, 후자는 발기인이 일부를 인수하고, 나머지 주식은 주주를 모집하여 설립하는 방법이다(상법 제288조~제317조).

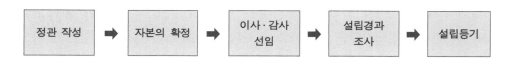

정관 작성 ➡ 자본의 확정 ➡ 이사·감사 선임 ➡ 설립경과 조사 ➡ 설립등기

(1) 정관의 작성

정관(定款, articles of incorporation, by-laws)이란 회사의 조직과 재산에 관한 기본규칙을 기재한 서면으로서, 발기인이 기명날인한 것이다. 회사의 직제규정, 인사규정, 급여규정, 관리규정, 회계규정 등 제 규정에 대한 최상위 기본규칙이라고 할 수 있다. 주식회사 설립사무를 담당하는 발기인이 정관을 작성하고, 그 내용을 분명히 하여 추후의 분쟁이나 부정행위의 소지를 남기지 않기 위하여 공증인의 인증을 받는다.

> **■ 정관의 절대적 기재사항**(상법 제289조)
>
> 회사의 목적, 상호(유사상호의 존재 여부 확인), 회사가 발행할 주식의 총수, 1주의 액면 금액(100원 이상), 회사설립시의 발행주식총수, 본점 소재지, 회사가 공고를 하는 방법, 발기인의 성명, 주민등록번호, 주소를 필요적으로 기재하여야 한다. 발기인은 1인이어도 무방하다(1인회사).

정관은 회사설립 후에도 관공서, 금융기관 등에 제출하여야 하는 경우가 많으므로 원시정관을 적절히 잘 보관·관리하고, 그 이후의 정관변경의 내용도 잘 정리해 두어야 한다.

(2) 자본의 확정(주식의 인수, 출자의 이행)

정관 작성 후 설립시 발행주식에 대해 발기설립의 경우에는 발기인들이 전부 인수한다. 모집설립의 경우에는 발기인이 일부를 인수한 후 나머지에 대해 주주모집을 위한 주식의 인수 절차(주식의 배정, 청약, 납입)에 따른 출자의 이행을 하게 된다. 현물출자 등 변태설립사항이 있는 경우에는 정관에 기재하고(상대적 기재사항) 법원이 선임한 검사인의 검사를 받아야 한다. 법원은 변태설립사항이 과당 계상된 경우에는 이를 변경처분할 수 있다.

(3) 기관의 구성

발기설립의 경우에는 발기인회에서 이사와 감사를 선임하며, 모집설립의 경우 창립총회를 개최하여 회사의 창립사항을 보고하고, 이사와 감사를 선임한다. 이사는 3인 이상으로 하지만, 자본금 10억 원 미만의 주식회사의 경우에는 이사를 1인 또는 2인만 두어도 된다.

(4) 설립경과의 조사

이사와 감사는 발기설립의 경우 발기인회에, 모집설립의 경우에는 창립총회에 설립경과(검사절차)를 보고한다.

(5) 설립등기

정관, 주식청약서, 납입자본금 보관금융기관의 증명서, 발기인회 의사록 또는 창립총회 의사록, 이사·감사 취임승락서 등을 첨부하여 발기설립의 경우 주식인수 절차의 종결 후 2주 이내에, 모집설립의 경우 창립총회의 종결 후 2주 이내에 본점 소재지 관할 법원 등기소에 설립등기를 하면 주식회사가 창설되게 된다(설립등기의 창설적 효력). 그 후 관할 세무서에 법인설립의 신고를 하고 사업자등록증을 교부받는다.

> **■ 설립등기 사항(상법 제317조 제2항)**
>
> 회사의 목적, 상호, 회사가 발행할 주식의 총수, 액면 1주의 금액, 본점 소재지, 회사가 공고를 하는 방법, 자본금의 액, 발행주식의 총수, 종류주식의 내용과 수, 주식양도에 대한 제한이 있는 경우 그 규정, 주식매수선택권 부여 규정, 지점 소재지, 회사 존립기간 및 해산사유, 이익소각, 전환주식, 사내이사·사외이사·그 밖에 상무에 종사하지 아니하는 이사·감사·집행임원의 성명·주민등록번호, 대표이사·대표 집행임원의 성명·주민등록번호·주소, 명의개서대리인, 감사위원의 성명·주민등록번호 등이다. 영리법인의 설립과 자본증가의 경우 자본금의 0.4%, 비영리법인의 설립과 자본증가의 경우 0.2%, 주된 사무소의 이전등기의 경우 건당 75,000원, 그리고 분사무소 설치나 이전 등기의 경우 건당 27,000원의 등기(등록)세를 부담한다. 회사 설립등기는 법무사를 통하여 하면 조언도 얻을 수 있고 편리하다.

그리고 법인설립의 신고는 설립등기일로부터 30일 이내에 본점 소재지 관할 세무서 법인세과에 제출한다. 제출서류는 법인설립신고서 1부, 정관 사본 1부, 주주(출자자) 명부 2부, 현물출자 출자명세서, 설립시 회사 대차대조표 1부, 설립시 회사 재산목록 1부, 회사 등기부 등본 1부이며, 보정서류로는 임원 명부, 주주 출자확인서, 주주 인감증명서 등이다. 법인의 사업자등록 신청시에는 사업자등록신청서, 회사등기부등본, 사업 인·허가증 사본, 사업장 임차계약서 사본 등이 요구되며, 정상적 개업 여부의 판단 및 조세채권의 확보를 위하여 대표이사나 대주주의 재산세납부증명서를 보정할 것을 요구하기도 한다. 이러한 법인 설립의 신고는 온라인(www.startbiz.go.kr)으로도 신청 가능하다.

2) 유한책임회사의 설립절차

유한책임회사는 내부적으로는 조합의 실체를 가진 인적회사이면서, 외부적으로는 사원 전원이 유한책임의 혜택을 누리는 회사이다. 회사법 입법정책상 인적회사의 업무집행사원의 책임을 무한책임으로 하였으나, 벤처기업과 같은 창조적 인적자산을 중심으로 하는 기업의 창업자들이 원하는 기업형태가 i) 창업자가 자유롭게 경영할 수 있거나 공동기업의 경우라도 사원(구성원)간에 강한 인적 유대를 갖는 인적회사로 운영할 수 있으며, ii) 기업이 실패하더라도 창업자의 위험 부담을 최대한 줄일 수 있는 기업형태이므로, 이를 반영하여 인적회사와 같이 조합적인 실질을 가지면서도, 사원 전부가 유한책임을 누릴 수 있는 유한책임회사를 도입하게 된 것이다.

(1) 정관의 작성
① 정관의 기재사항

정관(定款)에는 다음의 사항을 적고 각 사원이 기명날인하거나 서명한다. 사원은 전원 유한책임이며, 1인이어도 된다(동법 제287조의2).

> ■ **정관의 기재사항**(상법 제287조의3)
>
> 회사의 목적, 상호, 본점의 소재지, 사원의 성명·주민등록 번호 및 주소, 사원의 출자 목적 및 가액, 자본금의 액, 업무집행자의 성명(법인인 경우에는 명칭) 및 주소, 정관의 작성년월일
>
> • 사원의 신용이나 노무 출자 제한
> • 설립등기를 하는 때까지 금전이나 그 밖의 재산의 출자 전부 이행

(2) 설립등기

정관 작성 후, 유한책임회사는 본점 소재지에서 다음의 사항을 등기함으로써 성립한다.

> **■ 등기사항**(상법 제287조의5)
>
> 목적, 상호, 본점소재지, 지점을 둔 경우에는 지점 소재지, 존립기간이나 해산사유, 자본금의 액, 업무집행자의 성명, 주소 및 주민등록 번호(법인인 경우에는 명칭, 주소 및 법인등록번호) ☞ 다만, 유한책임회사의 대표 업무집행자를 정한 경우에는 그 외의 업무집행자의 주소는 제외함, 유한책임회사를 대표할 자를 정한 경우에 그 성명 또는 명칭과 주소, 정관으로 공고방법을 정한 경우에는 그 공고방법, 둘 이상의 업무집행자가 공동으로 회사를 대표할 것을 정한 경우에는 그 규정

(3) 유한책임회사의 내부관계

유한책임회사는 합명회사의 조직을 바탕으로 하고, 사원들의 책임만 유한책임으로 하는 회사이다. 그리하여 유한책임회사의 내부관계에 관하여는 정관이나 상법에 다른 규정이 없으면 합명회사에 관한 규정을 준용한다.

① 사원의 책임 : 사원은 상법에 다른 규정이 있는 경우 외에는 그 출자금액을 한도로 유한책임을 진다(상법 제287조의7). 이 책임은 합자회사의 유한책임사원의 직접·유한책임이 아니고, 주식회사의 주주와 같은 간접·유한책임이라서 회사 설립등기 이전에 출자의 이행을 완료하여야 한다. 유한책임회사는 정관으로 사원 또는 사원이 아닌 자를 업무집행자로 정하여야 한다. 업무집행사원도 유한책임을 부담하도록 한 것이 이 회사 형태의 장점이다. 업무집행자가 아닌 사원은 감시권이 있다(상법 제287조의14). 통상 인적회사인 합명회사·합자회사의 업무집행자나 물적회사인 주식회사·유한회사의 이사는 해석상 자연인으로 하고 있으나, 유한책임회사는 법인도 업무집행자가 될 수 있는 유일한 회사이다(상법 제287조의15). 한편 의사 결정은 유한책임회사의 내부적 인적 결합을 고려하여 두수주의(頭數主義)를 택하고 있다(상법 제287조의11).

② 지분 양도의 제한 : 유한책임회사는 사원의 유한책임에도 불구하고 인적회사와 같은 형태의 폐쇄적 운영을 목적으로 하는 회사이므로, 사원의 교체 절차는 인적회사와 동일하게 엄격히 하였다. 즉 정관에 다른 규정이 없으면, 사원은 다른 사원의 동의를 받지 아니하면 그 지분의 전부 또는 일부를 타인에게 양도하지 못한다. 다만, 업무를 집행하지 아니한 사원은 업무를 집행하는 사원 전원의 동의가 있으면 지분의 전부 또는 일부를 타인에게 양도할 수 있다. 업무를 집행하는 사원이 없는 경우에는 사원 전원의 동의를 받아야 한다. 다만, 정관으로 이를 달리 정할 수 있도록 하여, 합명회사의 경우보다 다소 완화하였다. 그리고 유한책임회사는 자기 지분의 전부 또는 일부를 양수할 수 없고, 유한책임회사가 지분을 취득하는 경우에는 그 지분은 취득한 때에 소멸한다.

③ 업무집행자의 경업 금지 : 업무집행자는 사원 전원의 동의를 받지 아니하고는 자기 또는 제3자의 계산으로 회사의 영업부류(營業部類)에 속한 거래를 하지 못하며, 같은 종류의 영업을 목적으로 하는 다른 회사의 업무집행자·이사 또는 집행임원이 되지 못한다.

④ 업무집행자와 유한책임회사 간의 거래 : 업무집행자는 다른 사원 과반수의 결의가 있는 경우에만 자기 또는 제3자의 계산으로 회사와 거래를 할 수 있다.

⑤ 정관의 변경 : 정관에 다른 규정이 없는 경우 정관을 변경하려면 총사원의 동의가 있어야 한다.

(4) 유한책임회사의 외부관계

① 유한책임회사의 대표 : 업무집행자가 유한책임회사를 대표한다. 업무집행자가 둘 이상인 경우 정관 또는 총사원의 동의로 유한책임회사를 대표할 업무집행자를 정할 수 있다. 사원이 아니어도 회사의 업무집행자가 될 수 있고, 대표도 될 수 있다.

② 손해배상책임 : 유한책임회사를 대표하는 업무집행자가 그 업무집행으로 타인에게 손해를 입힌 경우에는 회사는 그 업무집행자와 연대하여 배상할 책임이 있다.

③ 유한책임회사와 사원 간의 소(訴) : 유한책임회사가 사원(사원이 아닌 업무집행자 포함)에 대하여 또는 사원이 유한책임회사에 대하여 소를 제기하는 경우에 유한책임회사를 대표할 사원이 없을 때에는 다른 사원 과반수의 결의로 대표할 사원을 선정하여야 한다.

④ 대표소송(代表訴訟, representative suit) : 사원은 회사에 대하여 업무집행자의 책임을 추궁하는 소의 제기를 청구할 수 있다.

(5) 사원의 가입 및 탈퇴

① 사원의 가입 : 새로운 사원을 가입시키려면 정관을 변경하고, 해당 사원이 출자에 대한 납입 또는 재산의 전부에 대해 출자의 이행을 마친 때에 사원이 된다.

② 사원의 퇴사권 : 유한책임을 지는 회사에 있어서 퇴사제도는 회사 채권자에 우선한 출자 회수의 성격을 띠므로 이를 인정하지 않는 것이 일반적이다. 그러나 유한책임회사의 경우에는 채권자 보호의 배려를 하면서, 퇴사제도를 인정하고 있다. 즉 회사 정관으로 회사의 존립기간을 정하지 아니하거나 어느 사원의 종신까지 존속할 것을 정한 때에는 사원은 6개월 전에 예고하고 영업연도 말에 한하여 퇴사할 수 있다. 그러나 부득이한 사유가 있을 때에는 언제든지 퇴사할 수 있다. 퇴사 원인은 정관 소정의 사유 발생, 총사원의 동의, 사망, 피성년후견(금치산) 선고, 파산, 제명 등이다. 퇴사 사원에 대한 환급금액은 정관으로 달리 정할 수 있으며, 퇴사 시의 회사의 재산 상황에 따라 정한다. 그리고 사원의 지분을 압류한 채권자는 6개월 전에 예고하고 영업연도 말에 그 사원을 퇴사시킬 수 있다.

(6) 자본금과 잉여금의 분배

사원이 출자한 금전이나 그 밖의 재산의 가액을 유한책임회사의 자본금으로 하고, 대차대조표상의 순자산액으로부터 자본금의 액을 뺀 금액(잉여금)을 한도로 하여 잉여금을 분배할 수 있다.

(7) 조직변경 및 해산

① 유한책임회사는 총사원의 동의에 의하여 주식회사로 변경할 수 있고, 이 경우 채권자 이의절차, 이사 및 주주의 전보책임 등이 준용된다. 한편 주식회사는 총회에서 총주주의 동의로 결의한 경우에 그 조직을 변경하여 유한책임회사로 할 수 있고, 이 경우에는 사채의 상환을 완료하여야 한다.

② 유한책임회사는 존립기간의 만료 또는 정관으로 정한 사유의 발생, 총사원의 동의, 사원이 없게 된 때, 합병, 파산, 법원의 판결 또는 명령 등의 사유로 해산한다. 합명회사와 다른 점은 1인회사가 허용된다는 점이다. 그리고 인적회사인 합명회사·합

자회사와 달리 임의청산은 허용되지 않고 법정청산만 인정되며(상법 제287조의45), 회사가 해산되면 총사원의 과반수의 결의로 청산인을 선임하여야 한다.

제4절 창업기업의 신고사항

1. 창업기업의 신고 의무

1) 근로자명부와 임금대장 신고 의무

상시 사용하는 근로자가 5인 이상인 창업회사는 근로자명부와 임금대장을 작성하여야 한다(근로기준법 제41조, 제48조). 사업자는 소정 서식에 각 사업장별로 근로자의 성명, 생년월일, 이력 등을 기재한 근로자명부(별지 제16호서식)와 임금과 가족수당 계산의 기초가 되는 사항, 임금액 등을 기재한 임금대장(별지 제17호서식)을 작성하여 보존하여야 한다(동법 시행규칙 제16조).

2) 고용보험 신고 의무

(1) 고용보험

고용보험은 실업의 예방, 고용의 촉진 및 근로자의 직업능력의 개발·향상을 도모하기 위하여 실시하는 것으로서, 고용보험 적용대상이 1인 이상의 근로자를 고용하는 모든 사업 또는 사업장에 적용된다(고용보험법 제8조), 사업주는 당해 사업장이 보험 관계가 성립된 날(당해 사업이 개시된 날 또는 고용보험 적용요건에 해당하게 된 날)부터 14일 이내에 고용보험관계 성립신고서와 피보험자자격취득 신고서를 관할 지방노동청(사무소)에 신고하여야 한다. 다만, 산업별 특성 및 규모 등을 고려하여 시행령으로 정하는 근로자수가 4인 이하인 사업장 중 농업, 임업, 어업과 개인이 건축하는 소규모 주거용 건출물 공사 및 가사서비스업 등의 사업에 대하여는 적용하지 아니한다(동법 시행령 제2조). 자영업자도 사업자등록 후 6개월 이내에 고용보험에 가입할 수 있다.

■ 고용보험법 제10조(적용 제외)

다음 각 호의 어느 하나에 해당하는 자에게는 이 법을 적용하지 아니한다. 다만, 제1호의 근로자 또는 자영업자에 대한 고용안정 · 직업능력개발 사업에 관하여는 그러하지 아니 하다.

1. 65세 이후에 고용되거나 자영업을 개시한 자
2. 1개월간 소정(所定) 근로시간이 60시간 미만인 자(1주간의 소정 근로시간이 15시간 미만인 자 포함). 다만, 생업을 목적으로 근로를 제공하는 자 중 3개월 이상 계속하여 근로를 제공하는 자와 일용근로자(1개월 미만인 기간 동안 고용되는 자)는 제외한다.
3. 「국가공무원법」과 「지방공무원법」에 따른 공무원. 다만, 대통령령으로 정하는 바에 따라 별정직공무원, 「국가공무원법」 제26조의5 및 「지방공무원법」 제25조의5에 따른 임기제 공무원의 경우는 본인의 의사에 따라 고용보험(제4장에 한한다)에 가입할 수 있다.
4. 「사립학교교직원 연금법」의 적용을 받는 자
5. 그 밖에 대통령령으로 정하는 자 : 외국인 근로자(취업활동 체류 자격을 가진 자, 영주체류 자격을 갖춘 자 제외), 「별정우체국법」에 따른 별정우체국 직원

■ 고용보험법 시행령 제2조(적용 제외)

1. 농업 · 임업 및 어업 중 법인이 아닌 자가 상시 4명 이하의 근로자를 사용하는 사업
2. 다음 각 목의 어느 하나에 해당하는 공사. 다만, 법 제15조제2항 각 호에 해당하는 자가 시공하는 공사는 제외한다.
   가. 「고용보험 및 산업재해보상보험의 보험료 징수 등에 관한 법률 시행령」 제2조제1항제2호에 따른 총공사금액이 2천만 원 미만인 공사
   나. 연면적이 100제곱미터 이하인 건축물의 건축 또는 연면적이 200제곱미터 이하인 건축물의 대수선에 관한 공사
3. 가구 내 고용활동 및 달리 분류되지 아니한 자가소비 생산활동

(2) 고용보험의 신고요건과 신고사항

표 13.4　고용보험 신고요건과 신고사항

고용보험 신고 요건	신고 사항	신고 서류
근로자를 고용하는 모든 사업장 (회사) 설립시	고용보험관계 성립신고 및 피보험자자격 취득	고용보험보험관계성립 신고서 1부 고용보험피보험자 자격취득 신고서 1부
사업의 명칭·소재지·종류 사용자의 변경	고용보험관계의 변경	고용보험관계의 변경신고
직원의 신규채용	피보험자격의 취득	고용보험피보험자 자격취득 신고서 1부
외국인 근로자 신규채용	외국인의 피보험자격 취득	고용보험 외국인피보험자 자격취득 신고서 1부
직원등의 퇴직·정년·사망	피보험자격의 상실	고용보험피보험자 자격상실 신고서 1부
사업장이 휴업·폐업 (사업의 종료, 폐지)	고용보험관계 소멸	고용보험보험관계소멸 신고서 1부 고용보험피보험자 자격상실 신고서 1부

3) 국민연금 가입 의무

① 국민연금은 국민의 노령, 장애 또는 사망에 대하여 연금급여를 실시함으로써 국민의 생활 안정과 복지 증진에 이바지하는 것을 목적으로 하는 것으로서, 국내에 거주하는 국민으로서 18세 이상 60세 미만인 자는 국민연금 가입 대상이 된다. 다만, 「공무원연금법」의 적용을 받는 공무원, 「군인연금법」의 적용을 받는 군인 및 「사립학교 교직원 연금법」의 적용을 받는 사립학교 교직원, 그 밖에 대통령령으로 정하는 자는 제외한다(국민연금법 제6조). 가입자는 사업장가입자(동법 제8조), 사업장가입자가 아닌 지역가입자(동법 제9조), 사업장가입자나 지역가입자 외의 희망에 따른 임의가입자(동법 제10조) 및 임의계속가입자로 구분한다(동법 제7조).

② 사업장가입자란 1인 이상의 근로자를 고용하는 사업장이나 1인 이상의 대한민국 국민인 근로자를 사용하는 외국기관('당연적용사업장')의 18세 이상 60세 미만인 근로자와 사용자이며, 당연 가입대상이 된다(동법 제8조 제1항). 다만, 「공무원연금법」, 「사립학교교직원 연금법」 또는 「별정우체국법」에 따른 퇴직연금, 장해연금 또는 퇴직연금일시금이나 「군인연금법」에 따른 퇴역연금, 상이연금, 퇴역연금일시금을 받을 권리를 얻은 자('퇴직연금등수급권자')는 그러하지 아니하다. 사업장가입자가 아닌 자로서 18세 이상 60세 미만인 자는 당연히 지역가입자가 된다.

③ 사용자는 해당 사업장의 근로자나 사용자 본인이 국민연금법상 사업장가입자의 자격을 취득하거나 직원 등이 퇴직, 사망 등으로 인하여 사업장가입자의 자격을 상실한 때에는 사업장가입자 자격취득·상실신고서를 제출하여야 하며(동법 시행규칙 제11조 제1항), 사용자가 사업장가입자의 자격을 상실하면(동법 제12조제1항) 그 사유가 발생한 날이 속하는 달의 다음 달 15일까지 소정의 서류를 국민연금공단에 제출하여야 한다.

사업장가입자 등의 가입기간 중의 소득 신고는 가입기간 중의 소득을 신고하여야 하는 사용자 또는 사업장임의계속가입자가 매년 5월 31일까지 그 가입자의 전년도 소득액을 공단에 신고하는 것이다. 이 경우 「소득세법」 제164조에 따라 지급명세서를 원천징수 관할세무서장·지방국세청장 또는 국세청장에게 제출한 경우에는 공단에 신고를 한 것으로 본다(동법 제21조제1항 및 영 제7조제1항, 시행규칙 제13조). 사업장의 사용자는 매년 2월말까지 해당 사업장가입자의 전년도 중 소득월액 내역을 국민연금관리공단에 제출(동법 시행규칙 제16조)하여야 하고, 사업장의 종류·명칭·소재지·사용자의 변경 등이 있는 때에는 사업장 내역 변경신고서를 제출(동법 시행규칙 제14조)하여야 한다.

표 13.5 신규 창업시 국민연금 신고 절차

| 당연적용사업장 사용자 | 1인 이상 근로자 고용 사업장('당연적용사업장')의 18세 이상 60세 미만인 사용자와 근로자 ☞ 당연히 사업장가입자가 된다. |

↓

| 국민연금공단에 신고 | 제출서류 : • 당연적용사업장 해당 신고서 1부
• 사업장 가입자 자격취득 신고서 1부 |

↓

| 연금공단 : 사업장 등록 | 사업장 : 당연적용사업장으로 등록
사용자와 근로자 ☞ 가입자 자격 취득
자격취득일 : 당연적용 사업장에 해당되게 된 날 |

표 13.6 국민연금 신고 요건 및 신고 사항

신고 요건	신고 사항	신고 서류
1인 이상 근로자 사업장 설립	당연적용 사업장 해당 신고	당연적용사업장 해당신고서 1부 사업장가입자자격취득신고서 1부
직원의 신규채용	사업장 가입자 자격취득 신고	사업장가입자 자격취득 신고서 1부
가입자의 이름, 주민등록번호 정정	가입자 내역 변경(정정)신고	가입자내역 변경(정정) 신고서 1부
직원등의 퇴직, 사망, 60세 도달	사업장가입자 자격상실 신고	사업장가입자 자격상실 신고서 1부
60세에 연장하여 계속가입(탈퇴)하는 경우	임의 계속 가입자 가입 · 탈퇴 신청	임의계속가입자 가입 · 탈퇴 신청서 1부
사업장의 종류 · 명칭 · 소재지 · 사업장의 변경	사업장 내역 변경신고	사업장내역 변경 신고서 1부
사업장의 휴업 · 폐업	휴 · 폐업 사업장 탈퇴 신고	휴 · 폐업등 사업장탈퇴신고서 1부 사업장가입자 자격취득신고서 1부

4) 국민건강보험 가입의무

(1) 국민건강보험

건강보험은 국민의 질병·부상에 대한 예방·진단·치료·재활과 출산·사망 및 건강 증진에 대하여 보험급여를 실시함으로써 국민보건 향상과 사회보장 증진에 이바지함을 목적으로 하며, 근로자를 사용하는 모든 사업장의 사업자는 국민연금과 마찬가지로 당연 적용사업장이 되어 건강보험에 가입할 의무가 있다. 건강보험 가입자는 직장가입자와 지역가입자로 구분된다.

■ 국민건강보험법 제5조(적용 대상 등)

① 국내에 거주하는 국민은 이 법에 따른 건강보험의 가입자 또는 피부양자가 된다. 다만, 다음 각 호의 어느 하나에 해당하는 사람은 제외한다.
　1. 「의료급여법」에 따라 의료급여를 받는 사람('수급권자')
　2. 「독립유공자예우에 관한 법률」 및 「국가유공자 등 예우 및 지원에 관한 법률」에 따라 의료보호를 받는 사람('유공자등 의료보호대상자')
② 제1항의 피부양자는 직장가입자의 배우자, 직장가입자의 직계존속(배우자의 직계존속 포함), 직계비속(배우자의 직계비속 포함)과 그 배우자, 형제·자매의 어느 하나에 해당하는 사람 중 직장가입자에게 주로 생계를 의존하는 사람으로서 보수나 소득이 없는 사람을 말한다.

(2) 직장가입자

모든 사업장의 근로자 및 사용자와 공무원 및 교직원은 직장가입자가 된다. 다만, 다음의 어느 하나에 해당하는 사람은 제외한다. 지역가입자는 직장가입자와 그 피부양자를 제외한 가입자를 말한다.

① 고용기간이 1개월 미만인 일용근로자
② 「병역법」에 따른 현역병(지원에 의하지 아니하고 임용된 하사 포함), 무관후보생
③ 선거에 당선되어 취임하는 공무원으로서 매월 보수 또는 보수에 준하는 급료를 받지 아니하는 사람
④ 그 밖에 사업장의 특성, 고용 형태 및 사업의 종류 등을 고려하여 대통령령으로 정하는 사업장의 근로자 및 사용자와 공무원 및 교직원

(3) 사업장의 신고

사업장의 사용자는 직장가입자가 되는 근로자·공무원 및 교직원을 사용하는 사업장 ('적용대상사업장')이 된 경우, 변경이 있는 경우, 그리고 휴업·폐업 등의 사유에 해당하게 되면 그때부터 14일 이내에 보건복지부령으로 정하는 바에 따라 보험자에게 신고하여야 한다. 보험자에게 신고한 내용이 변경된 경우에도 또한 같다(동법 제7조).

표 13.7 건강보험 신고 요건 및 신고사항

신고 요건	신고사항	신고 서류
근로자 1인 이상 사업장 설립	직장 건강보험 사업장 가입 신청	건강보험 사업장 가입신청서 1부 직장피보험자 자격취득신고서 1부 피부양자자격취득(상실)신고서 1부
직원의 신규 채용	피보험자의 자격 취득 및 부양자 자격 신고	직장피보험자 자격취득신고서 1부 피부양자자격취득(상실)신고서 1부
직원등의 퇴직, 사망, 60세 도달	피보험자 자격 상실 신고	직장피보험자 자격상실신고서 1부
직장피보험자의 피부양자 발생 또는 자격 상실	피부양자 자격취득 및 자격상실 신고	피부양자자격취득(상실)신고서 1부

5) 산업재해보상보험의 가입 의무

(1) 산업재해보상보험 사업

산업재해보상보험 사업은 근로자의 업무상의 재해를 신속하고 공정하게 보상하고, 재해 근로자의 재활 및 사회 복귀를 촉진하기 위하여 이에 필요한 보험시설을 설치·운영하며, 재해 예방과 그 밖에 근로자의 복지 증진을 위한 사업을 시행하여 근로자 보호에 이바지하는 것을 목적으로 근로자를 사용하는 모든 사업 또는 사업장(이하 '사업'이라 한다)에 적용된다. 다만, 위험률·규모 및 장소 등을 고려하여 대통령령으로 정하는 아래의 사업에 대하여는 이 법을 적용하지 아니한다.

■ 산업재해보상보험법 제2조(법의 적용 제외 사업)

1. 「공무원연금법」 또는 「군인연금법」에 따라 재해보상이 되는 사업
2. 「선원법」, 「어선원 및 어선 재해보상보험법」 또는 「사립학교교직원 연금법」에 따라 재해보상이 되는 사업
3. 「주택법」에 따른 주택건설사업자, 「건설산업기본법」에 따른 건설업자, 「전기공사업법」에 따른 공사업자, 「정보통신공사업법」에 따른 정보통신공사업자, 「소방시설 공사업법」에 따른 소방시설업자 또는 「문화재 수리 등에 관한 법률」 제2조제5호에 따른 문화재 수리업자가 아닌 자가 시공하는 다음 각 목의 어느 하나에 해당하는 공사
   가. 「고용보험 및 산업재해보상보험의 보험료 징수 등에 관한 법률 시행령」 제2조제1항제2호에 따른 총공사금액이 2천만 원 미만인 공사
   나. 연면적이 100제곱미터 이하인 건축물의 건축 또는 연면적이 200제곱미터 이하인 건축물의 대수선에 관한 공사
4. 가구내 고용활동
5. 제1호부터 제4호까지의 사업 외의 사업으로서 상시 근로자 수가 1명 미만인 사업
6. 농업, 임업(벌목업은 제외한다), 어업 및 수렵업 중 법인이 아닌 자의 사업으로서 상시 근로자 수가 5명 미만인 사업

(2) 현장실습생에 대한 특례

산업재해보상보험법이 적용되는 사업에서 현장실습을 하고 있는 학생 및 직업훈련생(이하 '현장실습생'이라 한다.) 중 고용노동부장관이 정하는 현장실습생은 이 법 적용시 그 사업에 사용되는 근로자로 본다. 현장실습생이 입은 재해에 대하여는 업무상의 재해로 보아 보험급여를 지급한다(동법 제123조).

(3) 중·소기업의 사업주에 대한 특례

대통령령으로 정하는 중·소기업의 사업주(근로자를 사용하지 않는 자를 포함한다.)는 공단의 승인을 받아 자기 또는 유족을 보험급여를 받을 자로 하여 보험에 가입할 수 있다. 이 경우 사업자는 이 법을 적용할 때 근로자로 본다(동법 제124조).

(4) 보험료

보험료나 그 밖의 징수금에 관하여 「고용보험 및 산업재해보상보험의 보험료징수 등에

관한 법률」('보험료징수법')에서는 매 보험연도마다 그 1년 동안 모든 근로자에게 지급하는 임금총액에 동종 사업에 적용되는 보험요율을 곱한 금액을 개산보험료로 하여, 선납주의 원칙에 의하여 연말이 아니라 보험연도 초에 개산보험료를 납부하고, 보험연도 말일을 기준으로 하여 계산된 확정보험료에 의하여 초과납부액은 반환하고 부족한 차액은 그 다음 연도 초일부터 70일 이내에 납부하는 방법으로 보험료를 확정·정산하고 있다.

산업재해보상보험 가입신고를 하지 않았을 경우에는 과거보험료(최장 3년간)를 소급 징수함은 물론 연체금 및 가산금을 부과한다. 보험관계의 성립 신고를 태만히 한 기간 중에 발생한 재해에 대하여는 그 보험급여액의 50%를 징수하며, 사업개시 신고를 태만히 한 기간 중 발생한 재해에 대하여는 그 보호급여액의 5%를 징수당하는 불이익을 받는다.

표 13.8   산업재해보상보험의 보험료

개산보험료	① 보험료 산정 : 1년간 지급할 임금총액의 추정액×산업재해보상보험요율 ② 납부 : 연도 초일부터 70일 이내에 '보험료신고서'를 작성하여 제출하고, 납부서에 의하여 국고수납대리점(은행)에 자진 납부(연 4회 분할납부 가능)
확정보험료	① 보험료산정 : 1년간 지급한 임금총액×산업재해보상보험요율 ② 보고 : 이미 납부한 개산(증가)보험료와의 차액을 다음 연도 초일부터 70일 이내(보험연도 중에 소멸한 경우에는 소멸일로부터 30일 이내)에 확정보험료 신고서를 근로복지공단에 제출 ③ 정산·납부 : 초과 납부액은 반환 혹은 충당하고, 부족한 납부액은 추가 납부함

■ 고용보험 및 산업재해보상보험의 보험료징수 등에 관한 법률 제13조(보험료)

① 보험사업에 드는 비용에 충당하기 위하여 보험가입자로부터 다음 각 호의 보험료를 징수한다.
1. 고용안정·직업능력개발사업 및 실업급여의 보험료('고용보험료')
2. 산재보험의 보험료('산재보험료')
② 고용보험 가입자인 근로자가 부담하여야 하는 고용보험료는 자기의 보수총액에 제14조 제1항에 따른 실업급여의 보험료율의 2분의 1을 곱한 금액으로 한다.
다만, 사업주로부터 제2조제3호 본문에 따른 보수를 지급받지 아니하는 근로자는 제2조 제3호 단서에 따라 보수로 보는 금품의 총액에 제14조제1항에 따른 실업급여의 보험료율을 곱한 금액

을 부담하여야 하고, 제2조제3호 단서에 따른 휴직이나 그 밖에 이와 비슷한 상태에 있는 기간 중에 사업주로부터 제2조제3호 본문에 따른 보수를 지급받는 근로자로서 고용노동부장관이 정하여 고시하는 사유에 해당하는 근로자는 그 기간에 지급받는 보수의 총액에 제14조제1항에 따른 실업급여의 보험료율을 곱한 금액을 부담하여야 한다.

③ 제1항에도 불구하고 「고용보험법」 제10조제1호에 따라 65세 이후에 고용되거나 자영업을 개시한 자에 대하여는 고용보험료 중 실업급여의 보험료를 징수하지 아니한다.

④ 제1항에 따라 사업주가 부담하여야 하는 고용보험료는 그 사업에 종사하는 고용보험 가입자인 근로자의 개인별 보수총액(제2항 단서에 따른 보수로 보는 금품의 총액과 보수 의 총액은 제외한다)에 다음 각 호를 각각 곱하여 산출한 각각의 금액을 합한 금액으로 한다.

 1. 제14조제1항에 따른 고용안정·직업능력개발사업의 보험료율

 2. 실업급여의 보험료율의 2분의 1

⑤ 제1항에 따라 사업주가 부담하여야 하는 산재보험료는 그 사업주가 경영하는 사업에 종사하는 근로자의 개인별 보수총액에 제14조에 따라 같은 종류의 사업에 적용되는 산재 보험료율을 곱한 금액을 합한 금액으로 한다.

⑥ 제17조제1항에 따른 보수총액의 추정액 또는 제19조제1항에 따른 보수총액을 결정하기 곤란한 경우에는 대통령령으로 정하는 바에 따라 고용노동부장관이 정하여 고시하는 노무비율을 사용하여 보수총액의 추정액 또는 보수총액을 결정할 수 있다.

6) 취업규칙의 신고의무

① 상시 근로자 10인 이상을 사용하는 사업자는 다음의 취업규칙을 작성하여 사업장을 관할하는 지방노동청(사무소)의 민원실에 신고하여야 하고, 이를 변경하는 경우에도 변경신고를 하여야 한다(근로기준법 제93조, 동법 시행규칙 별지 제15호서식).

　㉠ 업무의 시작과 종료 시각, 휴게시간, 휴일, 휴가 및 교대 근로에 관한 사항

　㉡ 임금의 결정·계산·지급 방법, 임금의 산정기간·지급시기 및 승급(昇給)에 관한 사항

　㉢ 가족수당의 계산·지급 방법에 관한 사항

　㉣ 퇴직에 관한 사항

　㉤ 「근로자퇴직급여보장법」 제4조에 따라 설정된 퇴직급여, 상여 및 최저임금에 관한 사항

ⓑ 근로자의 식비, 작업용품 등의 부담에 관한 사항

ⓢ 근로자를 위한 교육시설에 관한 사항

ⓞ 출산전후휴가·육아휴직 등 근로자의 모성 보호 및 일·가정 양립 지원에 관한 사항

ⓩ 안전과 보건에 관한 사항

ⓒ 근로자의 성별·연령 또는 신체적 조건 등의 특성에 따른 사업장 환경의 개선에 관한 사항

ⓚ 업무상·업무 외 재해부조(災害扶助)에 관한 사항

ⓣ 표창과 제재에 관한 사항

ⓟ 그 밖에 해당 사업 또는 사업장의 근로자 전체에 적용될 사항

② 사용자는 취업규칙의 작성 또는 변경에 관하여, 해당 사업 또는 사업장에 근로자의 과반수로 조직된 노동조합이 있는 경우에는 그 노동조합, 근로자의 과반수로 조직된 노동조합이 없는 경우에는 근로자의 과반수의 의견을 들어야 한다. 다만, 취업규칙을 근로자에게 불리하게 변경하는 경우에는 근로자의 동의를 받아야 한다. 또한 사용자는 취업규칙을 신고(동법 제93조)할 때에는 이 근로자의 의견을 적은 서면을 첨부하여야 한다(동법 제94조).

표 13.9 취업규칙의 신고 절차

취업규칙 작성	취업규칙은 법령이나 단체협약에 반할 수 없음
↓	
근로자의 의견 수렴	근로자의 과반수를 대표하는 노동조합 또는 근로자 과반수의 의견 수렴
↓	
취업규칙의 신고 취업규칙의 변경신고	■ 신고서류 : 취업규칙 신고서(근로기준법 시행규칙 제15조) 　첨부서류 : 취업규칙, 근로자의 의견 청취 자료 ■ 변경신고서류(동 시행규칙 제15조)

2. 무역업의 창업과 무역업 신고

무역업의 신고 제도가 폐지되어 기존의 무역업 신고번호 대신에 무역업 고유번호 제도가 신설되었다. 무역업 고유번호는 한국무역협회장에게 신청하며, 신청 즉시 고유번호가 부여된다. 원칙적으로 한국무역협회 가입 여부는 자유이나 거래처 발굴 등 무역정보, 무역관련 교육 등의 지원의 필요에서, 무역업체 대부분이 가입하고 있다. 그러나 이것도 의무조항이 아니므로 관할 세무서에서 사업자등록만 마치면 가택에서도 무역업에 종사할 수 있다.

제5절　창업중소기업에 대한 조세 감면제도

창업중소기업과 창업벤처기업에 대하여는 소득세와 법인세의 조세 감면 혜택이 있다. 즉, 2015년 12월 31일 이전에 수도권과밀억제권역 외의 지역에서 창업한 중소기업('창업중소기업')과 「중소기업창업 지원법」 제6조제1항에 따라 창업보육센터사업자로 지정받은 내국인에 대해서는 해당 사업에서 최초로 소득이 발생한 과세연도(사업 개시일부터 5년이 되는 날이 속하는 과세연도까지 해당 사업에서 소득이 발생하지 아니하는 경우에는 5년이 되는 날이 속하는 과세연도)와 그 다음 과세연도의 개시일부터 4년 이내에 끝나는 과세연도까지 해당 사업에서 발생한 소득에 대한 소득세 또는 법인세의 100분의 50에 상당하는 세액을 감면한다.

또한 「벤처기업육성에 관한 특별조치법」 제2조제1항에 따른 벤처기업('벤처기업' 중 대통령령으로 정하는 기업으로서 창업 후 3년 이내에 같은 법 제25조에 따라 2015.12.31.까지 벤처기업으로 확인받은 기업(이하 '창업벤처중소기업'이라 한다)의 경우에는 그 확인받은 날 이후 최초로 소득이 발생한 과세연도(벤처기업으로 확인받은 날부터 5년이 되는 날이 속하는 과세연도까지 해당 사업에서 소득이 발생하지 아니하는 경우에는 5년이 되는 날이 속하는 과세연도)와 그 다음 과세연도의 개시일부터 4년 이내에 끝나는 과세연도까지 해당 사업에서 발생한 소득에 대한 소득세 또는 법인세의 100분의 50에 상당하는 세액을 감면한다. 다만, 감면기간 중 벤처기업의 확인이 취소된 경우에는 취소일이 속하는 과세연도부터 감면을 적용하지 아니한다. 창업중소기업과 창업벤처중소기업의 범위는 다음의 27개 업종과 대통령령으로 정하는 에너지신기술중소기업으로 한다(조세특례제한법 제6조 제1항~제4항).

1) 창업 후 4년간 매년 소득세·법인세 납부세액의 50%를 감면해준다(조세특례제한법 제6조).

(1) 창업중소기업·창업벤처중소기업의 범위

창업중소기업과 창업벤처중소기업의 범위는 수도권 과밀억제권역(수도권정비계획법 제6조제1항제1호) 외의 지역에서 창업하여 다음의 27개 업종을 경영하는 중소기업으로 한다.

① 광업, 제조업, 건설업, 음식점업, 출판업, 영상·오디오 기록물 제작 및 배급업(비디오물 감상실 운영업 제외)

② 방송업, 전기통신업, 컴퓨터 프로그래밍, 시스템통합 및 관리업, 정보서비스업(뉴스제공업 제외), 연구개발업, 광고업, 그 밖의 과학기술서비스업

③ 전문디자인업, 전시 및 행사대행업, 창작 및 예술관련 서비스업(자영예술가 제외), 대통령령으로 정하는 엔지니어링사업, 대통령령으로 정하는 물류산업, 「학원의 설립·운영 및 과외교습에 관한 법률」에 따른 직업기술 분야를 교습하는 학원을 운영하는 사업 또는 「근로자직업능력 개발법」에 따른 직업능력개발훈련시설을 운영하는 사업(직업능력개발훈련을 주된 사업으로 하는 경우에 한한다), 「관광진흥법」에 따른 관광숙박업, 국제회의업, 유원시설업 및 대통령령으로 정하는 관광객이용시설업

■ 수도권 과밀억제권역(수도권정비계획법 제6조, 시행령 제9조 별표 1)

• 서울특별시, 과천시, 구리시, 하남시, 의정부시, 성남시, 광명시, 부천시, 안양시, 수원시, 고양시,

• 인천광역시(강화군, 옹진군, 서구 대곡동, 불로동, 마전동, 금곡동, 오류동, 왕길동, 당하동, 원당동, 인천경제자유구역 및 남동 국가산업단지 제외)

• 시흥시(반월특수지역 제외)

• 남양주시(호평동, 평내동, 금곡동, 일패동, 이패동, 삼패동, 가운동, 수석동, 지금동, 도농동만 해당)

---

④ 「노인복지법」에 따른 노인복지시설을 운영하는 사업, 「전시산업발전법」에 따른 전시산업, 인력공급 및 고용알선업(농업노동자 공급업 포함), 건물 및 산업설비 청소업, 경비 및 경호 서비스업, 시장조사 및 여론조사업, 사회복지 서비스업, 정보처리 및 컴퓨터 운용 관련업, 물류산업을 영위하는 기업

(2) 감면기간 및 감면비율

창업중소기업의 창업 후 최초로 소득이 발생한 연도(사업개시 후 5년이 되는 날까지 소득이 발생하지 않는 경우 5년이 되는 날이 속하는 과세연도)와 그 후 3년간 법인세 또는 소득세의 50%를 매년 감면한다.

$$감면세액 = 법인세\ 산출세액 \times \frac{감면소득}{과세표준} \times 50\%$$

다만, 창업벤처중소기업의 경우에 창업 후 3년 내 벤처기업으로 확인받은 날 이후 최초로 소득이 발생한 과세연도(사업개시 후 5년이 되는 날까지 소득이 발생하지 않는 경우 5년이 되는 날이 속하는 과세연도)와 그 후 3년간 감면을 받게 되며, 감면기간 중 벤처기업의 확인이 취소된 경우에는 취소일이 속하는 과세연도부터 감면을 적용하지 아니한다.

2) 중소기업에 대한 특별세액감면의 적용기한 연장과 적용대상 확대(동법 제7조제1항)

중소기업의 조세 부담을 완화하기 위하여 중소기업특별세액감면의 적용기한을 2017년 12월 31일까지로 3년 연장하고, 감면되는 대상 업종에 영화관 운영업, 주택임대관리업 및 신·재생에너지 발전사업이 추가되었다.

3) 신규상장 중소기업과 신규상장 중견기업에 대한 투자 세액공제 확대(동법 제5조제1항)

비상장법인의 신규 상장을 지원하기 위하여 중소기업과 대통령령으로 정하는 중견기업이 2015년 1월 1일부터 2015년 12월 31일까지의 기간 중에 증권시장에 최초로 신규 상장하고 자산에 투자하는 경우에는 상장일이 속하는 과세연도를 포함하여 4년간 해당 투자금액의 100분의 4에 상당하는 금액을 소득세 또는 법인세의 세액에서 공제한다.

4) 취득세 · 등록세 등 면제, 재산세 및 종합토지세 감면제도

다만, 종전의 창업중소기업 및 창업벤처중소기업에 대한 취득세, 등록세 등 지방세 면제와 재산세 및 종합토지세 감면제도는 2014.12.23. 폐지되었다(동법 제119조~제121조).

제6절 상가건물의 임대차

1) 상가건물임대차

상가건물 임대차는 목적물을 상가건물로 하는 것으로서, 그 계약의 성질은 「민법」상의 임대차로서 유상 · 쌍무 · 낙성 · 불요식의 채권계약이다.

2) 목적

「상가건물임대차보호법」은 상가건물 임대차에 관하여 「민법」에 대한 특례를 규정하여, 국민경제생활의 안정을 보장함을 목적으로 한다(동법 제1조). 이 법의 규정에 위반된 약정으로서 임차인에게 불리한 것은 그 효력이 없다(동법 제15조).

3) 적용범위

(1) 법 적용대상 상가임대차

지 역	적용대상 보증금
서울특별시	4억 원 이하
과밀억제권역	3억 원 이하
광역시, 안산시, 용인시, 김포시, 광주시	2억 4천만 원 이하
기 타	1억 8천만 원 이하

※ 상기 보증금을 초과하는 상가임대차라고 하더라도 「상가건물임대차보호법」상의 대항력, 임차인의 계약갱신 요구권, 계약해지, 권리금 회수기회 보호 규정 등은 적용된다.

(2) 일시 사용을 위한 상가임대차, 미등기 상가임대차(전세)

일시 사용을 위한 상가임대차임이 명백한 경우에는 동법의 적용을 받지 아니한다. 미등기전세도 「상가건물임대차보호법」을 적용하여 그 임차인을 보호한다.

4) 대항력

(1) 상가건물임차권의 대항력

상가건물임대차는 그 등기가 없는 경우에도 <u>건물의 인도와 사업자등록을 신청</u>(대항요건)하면 그 다음 날부터 효력이 생긴다.

> - 건물의 일부분을 임차한 경우 사업자등록 시 그 임차부분을 표시한 도면을 첨부하여야 한다(대판 2008다 44238 판결).
>
> - 사업자가 폐업신고 하였다가 다시 같은 상호 및 등록번호로 사업자등록을 하였다고 하더라도 「상가건물임대차보호법」상의 대항력 및 우선변제권이 그대로 존속한다고 할 수 없다(대판 2005다64002 판결).

5) 존속기간

(1) 기간을 정하지 아니하거나 1년 미만으로 정한 임대차는 그 기간을 1년으로 본다.
다만, 임차인은 1년 미만으로 정한 기간이 유효함을 주장할 수 있다.

(2) 경매에 의한 임차권의 소멸

임차건물에 대하여 「민사집행법」에 의한 경매가 이루어진 경우에는 그 임차건물의 낙찰에 의하여 임차권이 소멸한다. 다만, 보증금을 전액 변제받지 못한 대항력 있는 임차인은 그러하지 아니하다.

(3) 계약의 갱신
① 약정에 의한 갱신
② 묵시적 갱신 : 임대인이 임대차기간 만료 전 6월부터 1월까지에 임차인에 대하여 갱신거절의 통지 또는 조건을 변경하지 아니하면 갱신하지 않는다는 뜻의 통지를 하

지 않은 경우에는 그 기간이 만료된 때에 전 임대차와 동일한 조건으로 다시 임대차 된 것으로 본다. 이 경우에 임대차의 존속기간은 1년으로 본다. 이러한 묵시적 갱신 의 경우에 임차인은 언제든지 해고 통지를 할 수 있으며, 그 통지 후 3월 후 효력이 발생된다.

> 공유자인 임대인이 동법 제10조 4항에 의하여 임차인에게 갱신거절의 통지를 하는 행위는 공유물의 관리에 해당하여 공유자 지분의 과반수로써 결정하여야 한다(대법원 2010.9.9. 선고 2010다37905 판결).

③ 계약갱신 요구권 : 임차인은 기간 만료 전 6월 전부터 1개월 전까지 계약의 갱신을 요구할 수 있다. 묵시적 갱신은 최초의 임대차 기간을 포함하여 전체 임대차 기간이 5년을 초과하지 못한다. 갱신되는 임대차는 전 임대차와 동일한 조건으로 다시 임대 된 것으로 본다. 차임과 보증금을 증감시키는 경우 9% 이내에서 가능하다(월차임으 로 전환 시 연 12%와 한국은행 공시 기준금리에 4.5배를 곱한 비율 중 낮은 금액을 초과할 수 없다).

계약갱신 요구의 제한 : 3기에 달하는 차임의 연체, 임대인의 동의없이 목적 건물의 일부 또는 전부의 전대, 임차인이 허위 또는 부정한 방법으로 임차한 경우, 쌍방 합 의 하에 임대인이 임차인에게 상당한 보상을 한 경우, 임차인이 건물의 전부 또는 일 부를 고의 또는 중대한 과실로 파손한 경우, 임대인이 건물의 전부 또는 대부분을 철 거하거나 재건축하기 위하여 목적 건물의 점유를 회복할 필요가 있는 경우, 임차인 으로서의 의무를 현저히 위반한 경우 등은 계약 갱신권을 주장하지 못한다. 그리고 차임 연체액이 3기의 차임액에 달하는 때에는 임대인은 계약을 해지할 수 있다.

6) 우선변제권(보증금) ⇐ 건물의 인도+사업자등록 신청+세무서 확정일자

우선변제권이란 상가건물 임대차보호법 상의 대항요건[건물 인도＋사업자등록 신청]을 갖추고(동법 제14조 1항) 관할 세무서장으로부터 임대차계약서상의 확정일자를 받은 임차 인은 민사집행법에 의한 경매 또는 국세징수법에 의한 공매 시 임차건물(임대인 소유 대 지 포함)의 환가대금에서 후순위권리자 그 밖의 일반채권자보다 우선하여 보증금을 변제

받을 권리이다.

7) 최우선변제권

최우선변제권이란 적용대상 임차인이 보증금 가운데 일정한 소액을 다른 담보물권자보다 우선하여 변제받을 수 있는 권리이다. 최우선변제권에서 유의할 것은 확정일자를 요건으로 하지 않는다는 것이다.

(1) 요건   소액 보증금 요건+건물의 인도+사업자등록 신청

① 당해 건물의 경매신청등기 전까지 대항요건(즉, 건물의 인도＋사업자등록 신청)을 갖추어야 한다.
② 임차인이 배당요구의 종기까지 배당의 요구를 하여야 한다.

(2) 소액보증금과 최우선변제금액

지 역	소액임차인의 보증금 범위	최우선변제액
서울특별시	6,500만 원 이하	2,200만 원까지
과밀억제권역	5,500만 원 이하	1,900만 원까지
광역시, 안산시, 용인시, 김포시, 광주시	3,800만 원 이하	1,300만 원까지
기타 지역	3,000만 원 이하	1,000만 원까지

(3) 배당한도 등
① 소액임차인 간은 동순위이고, 다수의 소액임차인이 있는 경우 그 배당은 임대건물가액의 1/2 한도이다.
② 소액임차인의 범위와 보장받는 금액은 담보물권의 설정일 순으로 선순위로 한다.

8) 권리금

(1) 권리금계약이란 신규임차인이 되려는 자가 임차인에게 권리금을 지급하기로 하는 계약이다.

(2) 권리금의 보호 : 임대인은 임대차기간이 끝나기 3개월 전부터 임대차 종료 시까지, 아래와 같은 금지행위로, 권리금계약에 따라 임차인이 주선한 신규임차인이 되려는 자로부터 권리금 지급받는 것을 방해해서는 아니 된다.

□ 임대인의 금지행위

① 임차인이 주선한 신규임차인이 되려는 자에게 권리금을 요구하거나 임차인이 주선한 신규임차인이 되려는 자로부터 권리금을 수수하는 행위

② 임차인이 주선한 신규임차인이 되려는 자로 하여금 임차인에게 권리금을 지급하지 못하게 하는 행위

③ 임차인이 주선한 신규임차인이 되려는 자에게 상가건물에 관한 조세, 공과금, 주변 상가건물의 차임 및 보증금, 그 밖의 부담에 따른 금액에 비추어 현저히 고액의 차임과 보증금을 요구하는 행위

④ 정당한 사유없이 임대인이 임차인이 주선한 신규임차인이 되려는 자와 임대차계약의 체결을 거절하는 행위

□ 예외

① 임차인이 주선한 신규임차인 되려는 자가 보증금 또는 차임을 지급할 자력이 없는 경우

② 임차인이 주선한 신규임차인 되려는 자가 임차인으로서의 의무를 위반할 우려가 있거나 그 밖에 임대차를 유지하기 어려운 상당한 사유가 있는 경우

③ 임대차 목적물인 상가건물을 1년 6개월 이상 영리목적으로 사용하지 아니한 경우

④ 임대인이 선택한 신규임차인이 임차인과 권리금 계약을 체결하고 그 권리금을 지급한 경우

(3) 손해배상 등

① 임대인이 권리금 규정을 위반하여 임차인에게 손해를 발생하게 한 때에는 그 손해를 배상할 책임이 있다. 이 경우 손해배상액은 신규임차인이 임차인에게 지급하기로 한 권리금과 임대차 종료 당시의 권리금 중 낮은 금액을 넘지 못한다.

② 임대인에게 손해배상을 청구할 권리는 임대차가 종료한 날부터 3년 이내에 행사하지 않으면 시효의 완성으로 소멸한다.

③ 임차인은 임대인에게 임차인이 주선한 신규임차인이 되려는 자의 보증금 및 차임을 지급할 자력 또는 그 밖에 임차인으로서의 의무를 이행할 의사 및 능력에 관하여 자신이 알고 있는 정보를 제공하여야 한다.

(4) 권리금 보호규정의 적용제외

① 임대차 목적물인 상가건물이 「유통산업발전법」 제2조에 따른 대규모 점포 또는 준대규모 점포의 일부인 경우

② 임대차 목적물인 상가건물이 「국유재산법」에 따른 국유재산 또는 「공유재산 및 물품관리법」에 따른 공유재산인 경우

(5) 표준권리금계약서, 권리금 평가 기준 등

① 국토교통부장관은 임차인과 신규임차인이 되려는 자가 권리금계약을 체결하기 위한 표준권리금계약서를 정하여 그 사용을 권장할 수 있다.

② 국토교통부장관은 권리금에 대한 감정평가의 절차와 방법 등에 관한 기준을 고시할 수 있다.

9) 임차권등기명령

① 상가임대차계약 종료 후 보증금을 반환받지 못한 경우 임차인은 임차건물의 소재지를 관할하는 지방법원, 지방법원의 지원 또는 시·군법원에 임차권등기명령을 신청할 수 있다.

② 임차권등기명령에 따른 임차권등기를 마친 건물을 그 이후에 임차한 임차인은 우선변제를 받을 권리가 없다.

CHAPTER

14

사업계획서

사업계획서

제1절 사업계획서의 개요

1. 사업계획서

기획(Planning)은 기업경영의 핵심적 기본기능으로서, 업무성과에 가장 큰 영향을 미칠 수 있다. 기획은 목표를 설정하고 효과적인 달성 방법을 결정하는 과정이다. 경영과정을 Plan(계획)−Do(실행)−See(평가)−Action(실행)의 순환과정으로 볼 때 기획은 기업경영 과정의 출발점으로 본다.

사업계획서는 창업자에게 있어서 회사의 사업 방향에 대한 기준을 설정하는 설계도와 같은 역할을 하며, 사업에 관해 밑그림을 그려 보고서 사업을 성공적으로 추진하기 위해 사업전반에 대한 내용을 문서화해 본 것이다. 즉 사업계획서는 추진하려는 사업의 내용, 제품 및 서비스 시장의 특성, 사업 아이템과 수익 전망, 시장의 가능성과 마케팅 전략, 제품의 기술적 특성, 생산시설, 입지조건, 생산·투자의 경제성, 사업에 대한 소요자금 규모 및 조달계획, 조직 및 인력계획, 그리고 차입금의 상환계획 등 창업과 관련된 내용을 객관화·체계화 하여 작성한 문서이다.

사업계획서는 사업의 성공을 위한 첫 단계로서, 사업의 목적 달성을 위해 기업활동의 범위, 자원의 활용 방법, 그리고 경영전략 등 사업에 관한 제반사항을 체계적으로 작성한 문서이고, 정확한 의도와 목적을 가지고 작성하여야 한다.

2. 작성 목적

사업계획서 작성 목적은 기업내부 측면에서는 임직원에게 회사가 어떤 일을 하고 있는가에 대한 공감대를 형성하고, 외부적으로는 투자자와 협력사가 창업회사와 함께 했을 때의 이익에 대해 설명하고 설득하는 도구로 활용하기 위한 것이다.

(1) 체계적 사업추진을 위한 설계

① 단순한 아이디어 또는 단순한 경험에 의한 주관적인 사업계획 작성을 예방한다.

② 인사·구매·생산·마케팅·재무 등 기업 경영활동 전반에 대해 사전에 검토해본다. 향후 사업의 단계별 일정표, 수익성 검토, 그리고 자금 조달 금액 등이 포함된다.

(2) 계획 사업을 위한 시뮬레이션 과정

① 사업 수행 이전에 모의사업을 수행해 봄으로써 시행착오를 줄이고, 사업기간과 비용을 절약하기 위한 것이다.

② 계획 사업의 사전 점검을 통해 실패 확률을 감소시키고, 창업자에게 사업성공의 가능성을 제고한다.

(3) 이해관계자에 대한 설득 자료

① 이해관계자(정부 및 지방자치단체, 금융기관 및 창업자금 지원기관, 투자자 등)들을 위한 설득자료로 활용된다. 금융기관, 창업투자회사, 엔젤투자자 등으로부터 자본유치를 위하여 회사의 사업 내용을 설명하고 이해를 구하고 설득하는 것을 목적으로 한다.

② 사업자의 신뢰도를 증진시키고, 자금조달이나 각종의 정책적 지원을 받는데 활용한다.

(4) 사업추진을 위한 소개 자료

① 기업 간의 사업제휴, 납품 또는 입점 계약, 대리점 또는 가맹점모집, 공공기관 입찰서류 제출, 인허가 신청, 기술 및 품질 인증 등 사업 추진 시 회사소개 자료로 활용한다.

③ 외부 네트워크 형성을 위한 사업계획서로서, 영업 및 기술과 관련한 다양한 정보를 제공한다.

3. 사업계획서 작성의 원칙

사업계획서는 사업목표의 신뢰도와 가능성을 간결하고 설득력이 있게 작성하여야 한다. 사업계획서는 창업의 청사진 역할을 하고, 성공적인 사업 추진의 기본틀이 된다. 따라서 사업계획서는 추진하려는 사업의 내용, 사업목표, 사업의 규모, 그리고 경영전략 등의 내용을 체계적이고 객관적으로 작성해야 한다.

사업계획서의 신뢰도를 높이기 위해서 사업의 위험요인 분석과 처리 등 위험관리 계획을 제시한다. 또한 사업 아이템 및 아이디어의 기술성, 시장성, 그리고 재무계획 관련 사업타당성을 분석하여 사업계획의 실현가능성을 제시해야 한다.

사업계획서는 목표 중심적으로 접근하고 신뢰성과 진실성이 담겨야 한다. 또한 업종에 따라 제품 및 서비스의 독창성을 차별적으로 부각시키고, 목표 설정 및 실행계획, 실행과정의 측정이 가능하도록 접근하여야 한다. 그리고 반드시 위험요인 분석, 평가 및 위험관리 방안을 수립하여야 한다.

사업계획서 수립을 위하여 준수해야 할 원칙은 다음과 같다.

1) 설득력

사업계획서는 자신이 가지고 있는 아이템으로 제3자를 설득하는 것이 목적이므로 자신감 있고 설득력 있게 작성하여야 한다.

2) 객관성

사업계획서는 객관성이 생명이다. 개인적인 아이디어나 주관적인 개념의 사업계획서는 현실성이 결여되어 실패의 확률이 높다. 공공기관 또는 전문기관의 증빙자료를 바탕으로 하여 시장수요 조사와 회계적 지식을 활용하여 작성하여야 한다.

3) 독창적 핵심내용의 제시

사업계획서는 핵심적인 사업 내용을 부각시켜 기술하여야 한다. 자사의 제품이나 서비스 상품이 경쟁사의 제품이나 서비스 상품 대비 독창적인 부분을 강조하고 핵심적인 내용을 기술하여야 한다.

4) 이해가능성

사업계획서는 제품 및 기술성 분석에 대한 부분에 있어서 전문적인 용어의 사용을 자제하고, 단순하고 상식적인 내용으로 구성하도록 한다. 관련 사업, 관련 업종에 대한 시장조사 및 조사 분석 후 추진사업의 내용을 설명하고 생산공정, 사업타당성 분석 관련 첨부자료도 제시한다.

5) 실현가능성

자금조달·운용 계획은 정확하고 실현가능성이 있어야 한다. 창업자 자신이 조달가능한 자기자본이 구체적으로 현금과 예금이 얼마이며, 담보로 제공할 수 있는 부동산가액이 얼마인지를 표시한다. 동업자가 있는 경우에 동업자가 금융기관으로부터 자금을 차입하고자 하는 때에는 그 조달 계획을 구체적으로 기술해야 한다.

6) 위험관리 방안 제시

사업계획에 잠재된 문제점, 발생 가능한 위험요소를 분석하고 다각도로 심층 분석하여, 창업지연 및 창업불가 요인을 제거하고 위험요인을 해결할 수 있도록 위험관리 방안을 제시한다.

제2절　사업계획서 작성

1. 작성 순서

사업계획서는 사업추진을 위한 설계도로서, 성공적으로 목적을 달성하기 위해 철저한 준비과정이 필요하다. 사업계획서 준비단계는 다음과 같다.

1) 제1단계 : 사업계획서의 작성 목적 및 기본 방향 설정

사업계획의 목적에 따른 기본 방향 설정단계이다. 그 내용은 사업의 목적과 목표, 비전,

내용, 차별성, 추진단계, 실행 방안, 마케팅 전략, 인력조직, 재무계획, 그리고 추진일정과 관련된 계획이다.

2) 제2단계 : 사업계획서 작성 양식의 검토

사업계획서는 제출기관(은행, 신기술사업 금융회사, 창업투자회사 등)에 따라 양식에 차이가 있으므로, 소정양식에 대하여 사전에 검토하여야 한다. 또한 사업의 목적이나 형태에 따라 사업계획서의 목차, 내용, 분량에 변화를 줄 수 있다.

3) 제3단계 : 자료수집 및 정리

사업의 시장 현황과 트렌드에 관한 자료를 조사·분석한다. 조사 단계에서는 신문, 방송, 전문잡지, 인터넷, 그리고 통신 등 정보매체를 통하여 자료를 조사한다. 조사 내용을 통하여 사업과 관련된 유관기관의 정보 및 경쟁사 등을 분석한다. 그 다음으로 조사된 자료를 분석하는 단계로서 내용은 국내·외 트렌드, 시장 현황, 목표고객 및 수요, 전망, 경쟁사 및 경쟁상품의 분석, 그리고 향후 전망을 분석하고 정리한다.

4) 제4단계 : 사업내용의 정리 및 내용 검토

수집된 자료의 조사 및 분석 결과에 따라 사업의 목적 및 목표, 비전 내용, 기본방향, 실행방안 등 사업계획서의 계획안을 정리하고 재검토한다. 지속적인 브레인스토밍 및 아이디어의 공유로 새로운 아이디어를 도출하는 등 보완한다.

5) 제5단계 : 사업계획서의 틀 구성

사업계획서의 골격을 구축하는 단계로서, 사업의 목적이나 형태에 따른 사업계획서 양식에 맞추어 사업계획서의 틀을 구성한다.

6) 제6단계 : 사업계획서 작성

사업계획서의 최종 단계로서 사업관련 조사 및 분석 내용을 취합하여, 목차별 사업계획서를 작성한다.

2. 사업계획서의 구성 내용

사업계획서는 사업의 목적이나 형태, 그리고 제출대상 기관에 따라 그 양식에 차이가 있으므로, 그에 대응하여 적합하게 사업계획의 내용을 작성한다. 창업자가 필수적으로 작성해야 할 주요 구성 내용은 다음과 같다.

표 14.1   사업계획서의 주요 구성 내용

항 목	내 용
회사 개요	• 회사 소개, 주요 제품·서비스, 대표자·경영진, 재무 현황 등
사업 개요	• 창업아이템 소개, 창업동기, 창업 목표, 비전
제품 및 서비스	• 제품·서비스의 개요, 지적재산권, 관련 산업 기술동향
시장 분석	• 시장동향, 고객 특성, 경쟁사 및 경쟁제품
개발 계획	• 고객의 니즈, 개발목표, 보유기술, 위험관리 방안
생산 및 운영 계획	• 생산량, 원자재, 설비, 인원
마케팅 계획	• 목표시장 선정, 시장세분화, 포지셔닝, 마케팅(OtoO, SNS)
재무 계획	• 소요자금, 조달계획, 상환계획, 예상손익
인적자원 계획	• 창업팀 소개, 소요인력, 채용계획, 급여 및 보상정책
추진 계획	• 최종 목표, 일정, 추진 체계

1) 회사개요

창업하고자 하는 기업에 관한 객관적인 정보를 제공하는 것으로서, 사업계획서를 접하

표 14.2   회사 개요

항 목	내 용
회사 개요	• 회사명, 업종과 업태, 소재지, 연락처 등
주요 제품과 서비스	• 판매하고자 하는 주요 제품과 서비스
대표자 및 경영진	• 대표자와 경영진의 현황 및 이력
핵심 역량	• 기술력, 마케팅 능력 등 회사의 주요 핵심 역량
재무 현황	• 매출액, 순이익 등의 재무 상태(창업의 경우 추정 재무 현황 기재)

는 투자자·정부기관·금융기관 등과 같은 외부 이해관계자들에게 기업에 관한 정확한 정보를 제공한다. 주요 내용은 회사의 소개 및 제품과 서비스, 대표자 및 경영진, 핵심역량, 재무 현황 등에 관한 기본적인 정보이며, 이에 대해 간략하게 기술한다.

2) 사업 개요

사업에 관한 전반적인 내용을 기술하는 것으로서, 창업 아이템의 개념과 특징을 설명하고, 사업의 전체 개요에 대한 정보를 제공한다. 주요 내용은 창업 아이템, 창업 배경 및 동기, 창업 목표, 창업의 기여도 등이다.

표 14.3 사업 개요

항 목	내 용
창업 아이템의 소개	• 창업 아이템의 개념과 특징
창업 배경 및 동기	• 왜 창업을 하게 되었는가?
창업 목표	• 창업을 통해 달성하고자 하는 목표, 미션
창업 기여도	• 창업 아이템이 주는 기술적, 경제적, 사회적 기여도

3) 제품 및 서비스

창업하고자 하는 제품·서비스에 대한 내용을 기술하는 것으로서, 제품·서비스의 내용과 기술 등을 중심으로 제품·서비스 관련 상세 정보를 제공한다. 주요 내용은 제품·서비스의 개요, 용도 및 특성, 지적재산권, 구성, 해당 산업의 기술 동향, 장·단점 등이다.

표 14.4 제품 및 서비스

항 목	내 용
제품 및 서비스의 개요	• 고객에게 제공하고자 하는 제품과 서비스 • 제품과 서비스를 통해 고객에게 제공하는 가치
제품과 서비스의 구성	• 제품과 서비스의 구성 요소 • 구성 요소들의 주요 사양

항 목	내 용
용도 및 특성	• 제품과 서비스의 기능 및 특성 • 어떤 영역에서 활용될 수 있는가?
장·단점	• 제품과 서비스의 장점과 특징 • 제품과 서비스의 단점과 보완 방안
지적재산권	• 제품과 서비스를 개발하기 위한 필요 기술 • 필요한 기술 중, 자사의 보유기술
관련 산업의 기술 동향	• 해당 기술의 변화 및 동향 • 기술의 변화가 자사에게 미치는 영향

4) 시장 분석

창업 아이템을 판매하고자 하는 시장에 관한 내용을 기술하는 것으로서, 시장과 고객, 경쟁사 등에 관한 분석을 중심으로 시장의 현황을 설명한다. 주요 내용은 목표 시장의 특성, 시장의 동향, 시장 규모, 고객의 특성, 경쟁사 및 경쟁 제품 등의 관점에서 기술한다.

표 14.5　시장 분석

항 목	내 용
시장 특성	• 진입하고자 하는 시장은 어디인가? • 시장은 어떠한 특성을 가지고 있는가?
시장 동향	• 시장의 트렌드와 최근 이슈는 무엇인가? • 트렌드의 변화와 이슈가 자사에 미치는 영향은 무엇인가?
시장 규모	• 시장의 규모는 어느 정도인가? • 시장 규모는 어떤 방법으로 추정하였는가?
고객 특성	• 대상 고객은 누구인가? • 고객은 어떤 특성을 가지고 있는가?
경쟁사 및 경쟁 제품	• 주요 경쟁자와 잠재적 경쟁자는 누구인가? • 자사 제품 판매에 영향을 주는 경쟁제품은 어떤 것들이 있는가?

5) 개발 계획

제품과 서비스를 개발하기 위한 계획을 기재한다. 창업하고자 하는 제품과 서비스의 특성은 무엇이고, 어떤 기술을 활용할 것인가, 어떻게 개발할 것인가에 대한 전반적 개요를 설명한다. 주요 내용은 고객의 요구사항, 개발 목표, 보유 기술 및 개발과정에서 예상되는 문제점과 해결방안 등이 중심이다.

표 14.6 개발 계획

항 목	내 용
고객의 요구사항	• 제품과 서비스에 대한 고객의 니즈는 무엇인가? • 고객의 니즈를 어떻게 반영할 것인가?
개발 목표	• 최종적으로 개발하고자 하는 것은 무엇인가? • 세부적으로 개발되어야 하는 것은 무엇인가?
보유 기술	• 제품 개발에 필요한 핵심기술은 무엇인가? • 자사가 보유한 기술과 핵심 역량은 무엇인가?
리스크 관리 방안	• 개발 과정에서의 발생할 수 있는 문제점은 무엇인가? • 문제가 발생했을 때 해결할 수 있는 방안은 무엇인가?

6) 생산 및 운영 계획

개발한 제품과 서비스의 생산 및 운영 계획을 기재한다. 제품과 서비스를 얼마나, 어떻

표 14.7 생산 및 운영 계획

항 목	내 용
생산량	• 몇 개의 제품을 생산할 것인가? • 제품을 생산하는 데 소요되는 비용과 예상 원가는 얼마인가?
인원	• 필요한 인원과 현재 보유 인원은 몇 명인가? • 부족한 인원은 어떻게 확충할 것인가?
생산 설비	• 어디에서 생산할 것인가? • 생산에 필요한 설비와 자사가 보유한 설비는 무엇인가?
원자재 구매	• 제품 생산에 필요한 원자재는 무엇인가? • 원자재를 누구로부터 어떻게 조달할 것인가?

게 생산하고 효율적으로 운영할 것인가에 대한 전반적인 개요를 설명한다. 주요 내용은 생산량과 생산원가와 같은 생산관리 계획, 생산 설비, 원자재 확보 방안 등이다.

7) 마케팅 계획

생산한 제품과 서비스에 대한 판매 계획을 수립하는 것으로서, 제품과 서비스의 판매를 위한 목표 시장과 구체적인 마케팅 전략에 관한 정보를 기재한다. 주요 내용은 목표 시장의 세분화 및 선정(STP 분석), 마케팅계획(4P) 등이다.

표 14.8　마케팅 계획

항 목	내 용
목표 시장(Market)	• 어느 시장에서 어떠한 콘셉트로 제품과 서비스를 판매할 것인가?
제품(Product)	• 어떠한 제품을 판매할 것인가?
가격(Price)	• 판매할 제품의 가격은 얼마로 책정할 것인가?
유통 채널(Place)	• 어디에서 판매할 것인가?
판매 촉진(Promotion)	• 고객들에게 제품을 어떠한 방법으로 알릴 것인가?

8) 재무 계획

창업을 위해 필요한 자금에 관한 내용을 기술하는 것으로서, 필요한 자금이 얼마인지, 어떻게 조달할 것인지, 언제 얼마만큼의 금액을 상환할 것인가에 대한 정보를 제공한다. 주요 내용은 소요자금 분석, 자금조달 계획, 상환 계획, 그리고 예상 손익 등이다.

표 14.9　재무 계획

항 목	내 용
소요자금	• 회사에 필요한 시설을 구매하기 위해서는 얼마의 자금이 필요한가? • 회사를 운영하기 위해서는 얼마의 자금이 필요한가?
조달 계획	• 필요한 자금을 조달할 수 있는 총 금액은 얼마인가? • 자금을 조달할 때 들어가는 비용은 얼마인가?

항 목	내 용
상환 계획	• 조달한 자금은 언제까지 상환해야 하는가? • 조달한 자금을 어떠한 방법으로 상환할 것인가?
예상 손익	• 언제 손익분기점을 달성할 것인가? • 예상되는 매출액과 순이익은 얼마인가?

9) 인적자원 계획

창업기업의 운영에 필요한 인적자원에 관한 내용을 기재하는 것으로서, 창업에 필요한 핵심인력의 확보 계획 및 조직 구성 계획에 관한 정보를 제공한다. 주요 내용은 창업팀 소개, 소요 인력의 추정, 추가 채용 계획, 급여 및 보상, 조직 구성 등이다.

표 14.10　인적자원 계획

항 목	내 용
창업팀의 소개	• 현재 확보된 창업팀원들은 몇 명인가? • 팀원들의 전공 분야와 경력은 어떠한가?
소요 인력 추정	• 창업을 위해 필요한 핵심 업무는 무엇인가? • 주요 업무에 필요한 인원수는 몇 명인가?
추가 채용 계획	• 어떤 업무에서 몇 명을 더 채용할 것인가? • 어떠한 방식으로 채용할 것인가?
급여 및 보상정책	• 급여 수준은 어떻게 책정할 것인가? • 성과에 따른 보상은 어떻게 해줄 것인가?
조직 구성	• 창업팀은 어떠한 조직형태로 운영할 것인가?

10) 추진 계획

창업 추진일정과 추진 주체에 관하여 기재한다. 창업의 최종 목표, 일정, 그리고 목표 달성을 위하여 필요한 주요 활동과 파트너들에 관한 정보를 제공한다. 주요 내용은 최종 목표, 일정 계획, 그리고 추진 체계이며, 구체적으로 추진 계획을 수립한다.

표 14.11 추진 계획

항 목	내 용
최종 목표	• 달성하고자 하는 최종 목표는 무엇인가? • 목표 달성을 위해 필요한 주요 활동은 무엇인가?
일정 계획	• 최종 목표의 달성 시점은 언제인가? • 주요 활동들의 예상 소요 일정은 얼마나 되는가?
추진 체계	• 최종 목표 달성을 위해 참여하는 파트너들은 누구인가? • 파트너들의 역할과 책임은 무엇인가?

3. 업종별 사업계획서

사업계획서는 사업의 목적이나 업종, 그리고 제출기관에 따라 다소 차이가 있으며, 사업의 특성에 따라 형태가 다양하다. 여기에서는 소매업, 제조업, 외식업 등에 대한 업종별 간단 사업계획서를 살펴본다.

1) (소매업) 사업계획서

1. 회사 개요
   - 회사명
   - 창업 동기
   - 회사의 일반적 개황
   - 경영진 및 대표자 소개

2. 사업 개요
   - 사업 아이템의 개념과 특성
   - 사업 아이템의 차별성, 경쟁력
   - 시장 전망(목표고객, 시장규모, 시장점유율)
   - 법적 인·허가 사항

3. 상권 및 입지 분석
   - 사업장의 위치, 규모, 면적
   - 입지지역 주변환경 분석
   - 상권분석
   - 점포 권리 분석
   - 인구특성

4. 운영 및 자금 계획
   - 판매 계획, 마케팅 전략
   - 소요자금 및 자금조달 계획
   - 구매 계획, 재고관리, 구매처 관리
   - 점포 계획, 인테리어, 설치 및 비품

5. 이익 분석 및 재무 계획
   - 매출 계획
   - 이익 계획
   - 원가(비용) 계획
   - 자금수지 계획
   - 손익분기점 계획
   - 현금흐름 계획

6. 사업 추진 계획

2) (제조업) 사업계획서

1. 회사 개요
   - 회사명, 연혁
   - 조직도
   - 인적 구성
   - 경영진 및 대표자 소개

2. 사업 아이템 및 기술성 분석
   - 사업 내용
   - 관련 산업 및 경쟁업체 현황
   - 사업 아이템의 특성
   - 차별성, 기술적 우위, 독창성(특성)

3. 시장 분석
   - 목표시장
   - 시장규모 및 성장 전망
   - 예상 시장점유율, 예상 매출규모
   - 수요자 특성 및 시장 세분화
   - 경쟁력

4. 마케팅 전략
   - 마케팅 전략
   - 서비스 전략, 제품보증 정책
   - 가격정책 및 판매 전략
   - 광고 및 홍보 전략

5. 공장 입지 및 생산 계획
   - 공장 입지
   - 생산 전략
   - 아웃소싱 계획
   - 설비 및 필요기자재
   - 원부자재 조달 계획
   - 법적 규제

6. 재무 계획
   - 예상수익
   - 추정 손익계산서
   - 추정현금흐름
   - 수익 계획
   - 추정 대차대조표
   - 손익분기점 분석

7. 소요자금 및 조달 계획
   - 총 소요자금 규모
   - 자본 조달방안

8. 위험관리 계획
   - 위험요인 가정
   - 위험요인 분석
   - 예상 위험요인

9. 경영조직 및 인원 계획
   - 경영조직
   - 경영권
   - 위부 자문 및 지원인력
   - 창업인원 및 인원 계획
   - 투자자

10. 사업 추진 계획

3) (외식업) 사업계획서

1. 사업 개요
- 업체의 개요 및 현황
- 창업 아이템 개요
- 사업의 개요
- 창업 아이템 선정

2. 시장 환경 분석
- 상권 및 입지 분석
- 예비점포 및 경쟁점포 분석
- 소비자 분석

3. 건축인테리어
- 건축관계(예산, 공사기간)
- 주방 면적
- 실외공사(간판, 입구, 디스플레이)
- 설계(기본설계, 실시설계)
- 업자 선정
- 실내공사(전기, 설비, 벽면, 바닥)

4. 주방설비
- 레이아웃 설정
- 세부설계
- 주방기기 품목작성
- 면적 확정
- 동선 확정
- 조리기구 선정

5. 마케팅 전략
- 환경 및 특성
- 마케팅 전략
- 핵심 경쟁력 및 차별화 정책
- SWOT 분석
- 개업 이벤트 및 판촉방안

6. 투자 및 운영 계획
- 소요자금 계획
- 인원 및 서비스 계획
- 인·허가 사항
- 자금조달 방법
- 사업추진 일정

7. 매출 계획
- 예상 매출 계획
- 비용 계획

8. 사업성 분석
- 추정 손익계산서
- 자금수지표
- 사업타당성 분석

창업자금 및 세무회계

창업자금 및 세무회계

제1절 창업자금

초기 창업자금을 조달하는 일은 창업절차의 절반을 차지한다고 해도 과언이 아니다. 창업자금을 이해하기 위해서는 먼저 재무제표에 대한 이해가 선결되어야 한다. 재무제표의 이해는 기업경영에 대한 이해의 첫 번째 걸음이다. 창업자금의 조달은 향후 그 기업의 자본금 구조를 결정하게 되며 그 운용에 따라 기업의 성패가 좌우되므로 창업자금의 조달과 운영에 대해 알아본다. 그리고 자기자본만으로는 기업경영에 어려움이 크므로 추가 자본 조달의 유효한 수단인 정부의 창업자금 지원제도를 알아보자.

1. 재무제표

1) 개념

재무제표(financial statements)란 특정 기업의 이해관계자가 기업의 재무상태, 손익현황, 현금흐름, 자본변동, 손익의 처리 및 기타 특기사항 등 기업의 재무상태와 경영성과, 그리고 경영활동 현황을 파악할 수 있도록 간결하게 요약한 회계정보 보고서를 말한다.

기업의 이해관계자란 당해 기업의 경영성과 및 경영활동에 직간접적으로 영향을 받는 자를 말한다. 이해관계자는 경영을 책임지고 있는 경영자, 해당 기업에 대출을 한 은행 등 채권자, 자본을 투자한 투자자를 들 수 있다. 또 원자재 공급자, 근로자와 노동조합,

세무당국, 지역사회를 포함할 수 있다.

투자자와 채권자를 포함한 이해관계자들은 회사와 관련된 경제적 의사결정을 해야 하나 필요한 정보를 해당 회사에 직접 요구할 지위에 있지 못한 경우가 많다. 상법에서는 회사에 재무제표를 작성하도록 하여 이러한 이해관계자의 정보 수요에도 대응하도록 하고 있다.

반면, 경영자나 세무당국은 해당 회사에 필요한 정보를 직접 요구할 수 있으므로 이들의 정보 수요에 중점을 두고 재무제표를 작성하는 것은 아니다. 따라서 회사의 투자자, 대여자 그리고 그 밖의 채권자를 포함한 이해관계자의 정보 수요에 초점을 맞추어 재무제표를 작성할 수 있도록 회계기준이 제정되어야 하고 이를 준수하여 재무보고가 이루어져야 한다.[1]

2) 재무제표의 종류

창업 중소기업은 중소기업회계기준의 적용을 받으므로 중소기업회계기준에서 정한 재무제표를 작성하면 된다. 재무제표의 종류는 대차대조표, 손익계산서, 자본변동표, 이익잉여금처분계산서 또는 결손금처리계산서 등 4가지로 구분하나 자본변동표와 이익잉여금처분계산서 또는 결손금처리계산서는 그 중 한 가지만 선택해서 작성하면 된다.

상법[2]에서는 재무제표를 대차대조표, 손익계산서, 자본변동표 또는 이익잉여금처분계산서(결손금처리계산서)로 규정하고 있고 법인세법[3]에서는 재무상태표, 포괄손익계산서, 이익잉여금처분계산서(결손금처리계산서)를 재무제표로 요구하고 있다. 주식회사의 외부감사에 관한 법률에서는 대차대조표의 명칭을 재무상태표로 변경하였기 때문에 한국채택국제회계기준과 일반기업회계기준에서는 재무상태표로 규정한다.

(1) 대차대조표

대차대조표는 회계연도 말 현재 특정 회사의 자산, 부채와 자본에 대한 정보를 제공하는 재무보고서이다(중소기업회계기준 제6조①).

자산은 회사가 가지고 있는 유무형의 자원을 말하며 부채는 현재 회사가 부담하는 금전적 의무를 말한다. 자본이란 회사의 자산 총액에서 부채 총액을 차감한 잔여 금액으로 회사의 자산에 대한 주주의 잔여청구권이며 순자산이라고도 한다.

표 15.1 대차대조표의 구조

대차대조표

주식회사 OO	20XX년 12월 31일 현재		단위 : 원
자본운용(차변)		**자본조달(대변)**	
자산		부채	
유동자산		유동부채	
당좌자산		비유동부채	
재고자산			
비유동자산		자본	
투자자산		자본금	
유형자산		자본잉여금	
무형자산		자본조정	
기타비유동자산		이익잉여금	

대차대조표는 자산, 부채 및 자본으로 구분한다(중소기업회계기준 제6조⑤). 자산은 회계연도 말부터 1년 이내에 현금화되거나 실현될 것으로 예상되면 유동자산으로, 그 밖의 경우는 비유동자산으로 구분한다. 유동자산은 당좌자산과 재고자산으로 구분되며 비유동자산은 투자자산, 유형자산, 무형자산, 기타비유동자산으로 나눈다.

부채는 회계연도 말부터 1년 이내에 상환 등을 통하여 소멸할 것으로 예상되면 유동부채로, 그 밖의 경우는 비유동부채로 구분한다. 또 자본은 자본금, 자본잉여금, 자본조정과 이익잉여금 또는 결손금으로 구분한다.

대차대조표에서는 '자산＝부채＋자본'이라는 등식이 성립하는데 이를 회계등식 또는 재무상태표 등식이라고 하며 대차평균의 원리 또는 회계의 원리라고도 한다. 거래는 반드시 어느 계정의 차변과 다른 계정의 대변에 같은 금액이 기입되는 이중성을 보이고 있는데, 이에 따라 아무리 많은 거래가 일어나더라도 거래의 계정 전체를 통한 차변 금액의 합계와 대변 금액의 합계는 반드시 일치하게 된다. 이를 대차평균의 원리라고 한다.

또 대차대조표는 유동성 배열법을 채택하여 유동항목을 먼저 나타내고 비유동항목을 나중에 배열하는데 이는 환금성이 빠른 것부터 먼저 표시하는 방법이다. 또 보고 기간 1년 이내에 현금으로 전환할 수 있는 자산을 유동자산, 1년 이내에 만기일이 도래하는 부채를 유동부채로 분류하고 그 이외의 자산과 부채는 비유동자산과 비유동부채로 분류한다.

(2) 손익계산서

손익계산서는 한 회계연도의 회사의 경영성과에 대한 정보를 제공하는 재무보고서이다 (중소기업회계기준 제23조①). 손익계산서는 기업의 이해관계자에게 경영성과를 알 수 있도록 회계기간 동안 매출액, 비용, 손익 등 손익상황을 표시한 동적개념의 표(statement)이다.

회계연도는 통상 매년 1월 1일부터 12월 31일까지의 기간을 말하며 경우에 따라서 회계연도를 달리 정한 경우는 그에 따른다. 예를 들면 증권회사의 회계연도는 매년 3월 1일부터 2월 말일까지이다.

회사의 경영성과는 매출액, 매출원가, 매출총이익(또는 손실), 판매비와 관리비, 영업이익(또는 손실), 영업외수익, 영업외비용, 법인세비용차감전순이익(또는 손실), 법인세비용, 당기순이익(또는 손실)로 표시한다.

표 15.2   손익계산서의 구조

손익계산서

주식회사 00	20XX년 1월 1일 ～ 20XX년 12월 31일	(단위 : 원)

가. 매출액
나. 매출원가
다. 매출총이익(또는 손실)
라. 판매비와관리비
마. 영업이익(또는 손실)
바. 영업외수익
사. 영업외비용
아. 법인세비용차감전순이익(또는 손실)
자. 법인세비용
차. 당기순이익(또는 손실)

(3) 자본변동표

자본변동표는 자본의 크기와 그 변동에 관한 정보를 제공하는 재무보고서이다(중소기업회계기준 제52조①). 자본변동표에는 자본의 각 항목별로 다음 각 호와 같이 구분하여 기초 잔액, 변동사항과 기말 잔액을 표시한다.

표 15.3 자본변동표

자본변동표

제2기 20X2년 1월 1일부터 20X2년 12월 31일까지

제1기 20X1년 1월 1일부터 20X1년 12월 31일까지

주식회사 중소전자 (단위 : 원)

구분	자본금	자본잉여금	자본조정	이익잉여금	총계
20×1. 1. 1(보고금액)	1,000,000	-	-	250,000	1,250,000
연차배당				(10,000)	(10,000)
처분 후 이익잉여금				240,000	1,240,000
중간배당				(10,000)	(10,000)
유상증자	500,000	250,000			750,000
당기순이익				294,400	294,400
해외사업환산손익			(30,000)		(30,000)
20×1.12.31	1,500,000	250,000	(30,000)	524,400	2,244,400
20×2. 1. 1(보고금액)	1,500,000	250,000	(30,000)	524,400	2,244,400
연차배당				(50,000)	(50,000)
처분후 이익잉여금				474,400	2,194,400
중간배당				(30,000)	(30,000)
당기순이익				388,640	388,640
자기주식 취득			(18,000)		(18,000)
20×2.12.31	1,500,000	250,000	(48,000)	833,040	2,535,040

(이 자본변동표는 중소기업회계기준에 따라 작성됨)

중소기업회계기준 해설, 2013년, p.46 인용

(4) 이익잉여금처분계산서 및 결손금처리계산서

이익잉여금처분계산서는 이익잉여금의 처분사항을 보고하는 재무보고서이다(제53조①). 이익잉여금처분계산서는 미처분이익잉여금, 임의적립금 등의 이입액, 이익잉여금 처분액 및 차기이월 미처분이익잉여금으로 구분하여 표시한다.

결손금처리계산서는 결손금의 처리사항을 보고하는 재무보고서이다(제54조①). 결손금 처리계산서는 미처리결손금, 결손금처리액, 차기이월미처리결손금으로 구분하여 표시한다.

(5) 주석

주석이란 대차대조표 · 손익계산서와 자본변동표 또는 이익잉여금처분계산서(또는 결손금처리계산서)에 표시된 항목을 구체적으로 설명하거나 세분화하는 정보와 해당 재무제표의 인식 조건을 충족하지 못하는 항목에 대해 추가적으로 제공하는 정보를 말한다(제55조).

(6) 현금흐름표

중소기업회계기준에서는 재무제표로 규정하고 있지 않지만 한국채택 국제회계기준 또는 일반기업회계기준에서는 재무제표로 규정하고 있는 현금흐름표는 일정기간 동안 현금의 증감내용에 대한 동태적 회계정보를 말한다.

표 15.4　현금흐름표

현금흐름표
20XX년　1월　1일부터
20XX년　12월　31일까지

1. 영업활동 현금흐름
2. 투자활동 현금흐름
3. 재무활동 현금흐름
4. 현금의 증가(감소)
5. 기초의 현금
6. 기말의 현금

영업활동 현금흐름은 일상적 영업활동에서의 현금흐름, 투자활동 현금흐름은 비유동자산과 유가증권의 매입·매각에 따른 현금흐름이며 재무활동 현금흐름은 증권발행과 부채차입, 배당금 지급과 부채상환에 따른 현금흐름을 말한다.

2. 창업자금의 조달과 운용

창업자금의 조달과 운용은 창업의 성패를 좌우한다. 창업자금의 종류, 창업자금의 조달과 운영방법, 직접금융에 의한 조달, 간접금융에 의한 조달, 창업자금의 운용에 대해 알아보자.

표 15.5   자금의 운용과 조달

자금운용	자금조달	
자산	부채(간접금융) - 은행대출 - 정책자금 - 회사채	
	자본(직접금융) - 자기자본 - 외부투자유치	

1) 창업자금의 조달

창업의 3요소인 인적요소, 제품요소, 자본요소 중 가장 기본이 되는 자본요소인 창업자금은 기업경영의 핵심이다. 일반적으로 경영에 필요한 자금은 시설자금, 운전 자금으로 구분할 수 있다. 그러나 창업기업의 경우에는 창업단계에서 정확한 소요자금을 산정하기가 어렵다. 따라서 별도로 예비자금을 추가로 구분하는 것이 바람직하다.

계속기업(going concern)의 경우는 기본 자본금 및 영업활동에 의한 현금흐름에 의해 회사경영에 필요한 자금이 충당되지만 창업의 경우는 자본금과 부족한 자본금을 보충할 부채가 필요하다. 따라서 창업기업의 경우 충분한 자금조달은 창업성패를 가른다.

자금조달은 기업경영의 핵심적인 과제이다. 특히 창업기업의 경우에는 기존의 영업활동을 통한 여유자금이 없으므로 창업초기자금의 조달은 성공과 실패의 가늠자의 역할을 한다. 자금은 조달과 운영으로 구분한다. 자금조달은 기업경영에 필요한 자산을 구입하는데 필요한 자금이다. 자금운영은 조달된 자금을 수익을 높이는 경영활동에 투입하는 것을 말한다.

이때 자금조달을 할 때 검토할 과제는 자금의 안정성을 표현하는 장단기성, 자금의 성격을 나타내는 조달비용, 그리고 자금 조달의 적정규모이다. 그리고 조달한 자금의 적절한 활용문제는 바로 경영활동의 핵심내용이기도 하다.

창업자금을 조달하는 방법은 일반기업과 마찬가지로 자기자본의 형태로 조달하는 방법과 부채형식으로 조달하는 자금의 형태로 나누어볼 수 있다. 자기자본은 퇴직금, 저축 등 창업자에 의한 자기자본이 있고 주식회사제도를 적극 활용하여 제3자의 자본참여를 유도하는 방법을 생각해 볼 수 있다. 부채형식의 자금조달은 부동산 담보대출 또는 신용을 활용한 금융기관 차입금이 있고, 부모, 형제, 친척, 친지, 지인 등 주변으로부터의 차용이 있다. 그러나 지나치게 과다한 차입은 지급이자 부담 등 창업기업의 경영을 어렵게 할 수 있다. 자기자본금의 200% 이내의 부채가 최대 외부차입금으로 볼 수 있다.

(1) 직접금융에 의한 자금조달

직접금융이란 기업이 금융기관을 통하지 않고, 주식이나 채권을 발행하여 자금 공급자로부터 직접 자금을 조달하는 방식을 말한다. 특히 창업기업의 경우는 기업의 신용등급이 좋지 않아 은행대출을 필요한 시기에 필요한 금액을 쉽게 사용하지 못하기 때문에 직접금융은 창업의 전제조건이 되기도 한다.

직접금융은 자기자본과 외부투자유치로 구분할 수 있다. 자기자본은 창업자 스스로 보유하고 있는 자금을 창업기업에 투자하는 것으로 보유예금이나, 퇴직금 등으로 충당하는 자금을 말한다. 외부투자유치는 창업자 본인이 아닌 타인으로부터 차입금이 아닌 주식을 대가로 투자를 받는 금액을 말하며 여기에는 친인척, 외부 창업투자회사 등이 있다.

직접금융의 장점은 차입이자를 지급하지 않는다는 점과 만기가 정해져 있지 않아 보다 안정적으로 자금을 사용할 수 있다는 점이다. 그러나 단점으로는 이 자본금을 정기예금이나 국채 등에 투자를 했다면 올릴 수 있는 수익을 포기한 이른바 기회비용을 고려하여 이 수익률 이상의 배당을 해야 한다는 부담이 있다. 외부 창업투자회사로부터 투자를 받았을 경우에는 주식시장에 상장을 하여 투자금을 회수해 가도록 해야 하는 부담도 함께 가지게 된다.

직접금융에 의한 자금조달은 대지구입자금, 건물매입자금, 기계설비자금 등 장기적인 투자를 할 자금의 조달로서 필수적인 중·장기자금 조달방법이다.

(2) 간접금융에 의한 자금조달

간접금융은 자금의 공급자와 수요자의 사이에 은행 등 금융 기관이 관계하는 금융 방식을 말한다. 공급자란 자금을 기업에 빌려주는 자를 의미하며 수요자는 기업을 말한다. 창업기업의 경우는 일반 시중은행대출의 기준이 되는 기업체신용평가 점수가 낮아 은행대출을 받기가 쉽지 않고 소액의 창업관련대출이 가능한 정도이다. 따라서 은행대출보다는 정부의 정책자금을 받는 경우가 유리한 경우가 많다. 물론 정부의 정책자금도 대출실행은 은행을 통해 이루어지므로 기본적인 대출절차는 은행대출의 그것과 같다.

간접금융의 장점은 기업의 지배권을 유지하면서 레버리지효과[4]를 누릴 수 있다는 점이다. 대부분의 기업들이 이 방법을 선호하나 만기가 정해져 있어 기업의 신용도가 낮을 경우 상환압박을 받기도 하며 일정한 이자를 정기적으로 부담해야 하므로 현금흐름이 나쁠 경우에는 기업도산의 원인이 된다. 특히 대출의 양과 질이라 할 수 있는 대출금액과 대출금리가 사업의 신용평가와 밀접하게 연관되어 있으므로 기업의 신용관리, 즉 대출금 원금 및 이자연체, 카드결제대금, 국세와 지방세 체납 등이 생기지 않도록 하는 꼼꼼한 관리가 필수적이다.

간접금융은 대체적으로 원자재구입자금, 인건비, 판매 및 일반관리비 등의 용도로 사용되는데 이를 단기운영자금 조달이라고도 한다. 은행대출의 형태는 운영자금, 마이너스 기업통장대출, 당좌차월, 어음할인(상업어음할인), 구매자금 대출, 전자결제방식 매출·매입금융(B2B[5] 금융상품), 기업어음(CP[6]) 발행, 무역 관련 금융 등의 유형이 있다.

또 특히 중소기업청과 지원기관의 지원제도를 활용하는 방법이 매우 유효하다. 이는 매년 초 중소기업청과 지원기관이 지원제도를 공지하므로 내용을 숙지해 활용하도록 한다. 정부의 금융지원내용을 살펴보면 시설 및 운전자금대출과 신용보증지원으로 나뉜다. 대출은 창업기업지원자금, 신성장기반자금, 긴급경영안정자금, 투융자복합금융자금, 개발기술사업화자금, 재도약지원자금 등이 있고 신용보증지원은 신용보증기금, 기술보증기금, 지역신용보증재단 그리고 매출채권보험제도가 있다. 이 부분에 대해서는 '중소기업지원제도 및 창업자금 지원제도'에서 상술하도록 한다.

2) 창업자금의 운용

직접금융과 간접금융에 의해 조달된 자금은 이제 경영활동의 밑거름이 된다. 인사관리, 연구개발(R&D), 생산관리, 마케팅관리, 재무관리 등의 과정에 골고루 사용된다. 창업기업의 경우는 기업경영의 시작에 필요한 자금인 시설자금, 운전자금 그리고 예비자금으로 구분해 볼 수 있다.

표 15.6 창업자금의 종류

구 분	비용 항목
시설자금	토지매입비(취득세, 등록세 포함)
	건물신축비(설계비, 인허가비 포함)
	부대공사비(전기, 통신, 하수도, 냉난방비 포함)
	사업장매입비(취득세, 등록세 포함)
	사업장임차보증금(건물수선비 포함)
	생산기계설비매입비
	부대시설비(공기구, 소모품 포함)
	차량운반구 구입비
	사무비품구입비
	프랜차이즈 가맹비
	인테리어비
	기술사용료
	회사설립비(주식발행비, 세금 포함)
운전자금	급여 및 임금(상여금, 수당 포함)
	재료비(초도상품비, 원재료비, 부자재비 포함)
	임차료
	전력비, 수도요금등 관리비
	외주가공비
	운반비
	교통비
	세금공과금
	보험료(종업원 4대보험료 및 식비 등)
	복리후생비
	소모품비
	기타경비(도서비, 접대비 등)
예비자금	시설자금과 운전자금에 긴급히 투여할 예비자금

3. 창업자금 지원제도 및 기관

우리나라 헌법은 '국가는 중소기업을 보호·육성하여야 한다.' '국가는 농·어민과 중소기업의 자조조직을 육성하여야 하며, 그 자율적 활동과 발전을 보장한다.'(헌법 제123조 제3항, 제5항)고 규정하고 있다. 헌법의 중소기업 보호육성 조항을 근거로 중소기업청은 중소기업을 보호하고 육성하기 위한 각종 정책을 입안하고 실행하며 중소기업관련 단체를 지원하고 있다.

중소기업지원기관은 중소기업진흥공단, 중소기업중앙회, 신용보증기금, 기술보증기금, 소상공인진흥공단, 신용보증재단중앙회, 기업은행, 한국산업은행, 한국수출입은행, 한국무역보험공사, 대한무역투자진흥공단, 한국무역협회, 대중소기업협력재단, 대한상공회의소, 대한상사중재원 등이 있다.

1) 중소기업 지원제도

헌법상 규정(헌법 제123조 제3항, 제5항)을 근거로 중소기업지원의 지원관련 법규는 중소기업기본법, 중소기업진흥에 관한 법률, 중소기업협동조합법, 소상공인 보호 및 지원에 관한 법률, 중소기업창업지원법, 벤처기업육성에 관한 특별조치법 등이 있다.

중소기업의 지원은 금융지원제도, 기술지원제도, 판로지원제도, 조세지원제도, 창업지원제도, 벤처기업지원제도 등이 있다. 금융지원제도는 성장가능성이 높은 기업에 대해 시설자금과 운전자금을 지원하는 것을 말한다. 기술지원제도는 중소기업의 기술획득과 정책정보제공을 의미한다. 조세지원제도는 각종 세금의 감면을 통해 경쟁력을 높여주는 정책이다. 성장가능성이 있는 창업, 벤처기업 지원에 대하여 정책과 금융 지원 등이 있다.

또 최근에는 중소기업의 인력난 해소를 위한 인력지원제도도 시행되고 있다. 인력지원제도는 인력난 해소를 위한 직업능력개발, 근로자들의 근무환경을 개선하는 일이다. 또 중소기업 제품의 홍보, 전시회 지원 등으로 인지도 개선 및 판로개척 지원도 있다.

2) 중소기업청 창업자금 지원제도

중소기업청은 2015년도에 창업, 재기, 사업전환 지원, 금융지원, 기술개발지원, 인력지원, 판로지원, 수출지원, 건강진단 및 컨설팅지원, 소상공인 전통시장, 여성기업, 장애인기업 지원 등 여러 가지 지원 사업을 진행하고 있다.

창업자금 지원제도로는 아이디어, 기술창업 지원, 창업저변 확대, 지식서비스 창업활성화 및 성장기반 구축, 사업전환 및 재창업 지원 등이 있다.

표 15.7   창업, 재기, 사업전환 지원

구 분	내 용
청년창업사관학교	청년창업자를 선발하여 창업계획수립부터 사업화까지 창업의 전 과정을 일괄 지원하여 젊고 혁신적인 청년창업CEO를 양성하는 지원프로그램
창업맞춤형 사업	대학, 공공기관, 투자기관 등 창업지원기관의 "창업인프라(인력·공간·장비 등) 및 창업 프로그램"을 활용하여 창업자의 원활한 창업활동을 지원하는 프로그램
선도벤처연계 창업지원 사업	(예비)창업자의 성공적인 창업을 위해 선도벤처기업의 인프라 활용, 성공 노하우 전수, 상호 협력 비즈니스를 지원하는 사업
글로벌 청년창업 활성화 사업	국내 창업기업의 해외창업·진출을 위한 연수 및 보육 프로그램 제공과 외국인의 국내창업을 지원하는 프로그램
창업선도대학육성	우수한 창업지원 인프라를 갖춘 대학을 '창업선도대학'으로 지정하여 창업교육부터 창업아이템 발굴 및 사업화, 후속지원까지 패키지식 지원을 통해 대학을 창업의 요람으로 육성하는 사업
대한민국 창업리그-슈퍼스타V(왕중왕전)	성공 창업을 꿈꾸는 미래의 유망 CEO 발굴을 위해서 참가자들의 치열한 경쟁과정을 거친 수상자들에게 포상금과 투자유치 등의 기회를 제공하여 성공창업을 유도하는 대한민국 최고의 창업경진대회
민·관 공동 창업자 발굴·육성 (창업기획사)	전문 액셀러레이터(창업기획사)가 우수창업팀을 발굴 투자시, 투자금액의 최대 9배에 해당하는 정부지원을 매칭하여 초기 인큐베이팅에서 해외진출까지 종합 지원하는 프로그램
남북협력지원	북한 진출 중소기업의 경영안정을 지원하고자, 현지 기업의 컨설팅, 주재원 교육 등을 체계적으로 지원하는 사업

표 15.8   창업저변 확대

구 분	내 용
창업인턴제 (Venture For Korea)	청년 예비창업자에게 벤처·창업기업 내에서 청년인턴십 경험을 통한 실무지식 습득과 창업사업화자금 지원을 통해 준비된 창업을 지원
청소년 비즈쿨	열정, 도전정신을 갖춘 융합형 창의인재 양성을 위해 초·중·고생을 대상으로 기업가정신 함양 및 창업 교육을 지원

구 분	내 용
창업아카데미	대학생 및 예비창업자에게 실전 창업교육, 성공 CEO 멘토링, 네트워킹 등을 맞춤형으로 제공하여 창업을 위한 기초역량을 갖출 수 있도록 지원
창업대학원	창업대학원 지원을 통해 창업에 필요한 전문성과 실무능력을 갖춘 창업전문가를 육성
대학 기업가센터 지원사업	대학 내에서 운영되고 있는 다양한 창업사업과 창업지원조직의 통합을 주도하고, 창업전공교육에서 사업화연계까지 일원화된 체계적 창업지원시스템을 대학에 구축할 수 있도록 지원
시니어창업 지원	고령화 사회를 대비하여 시니어(40세 이상 퇴직자)의 경력·네트워크·전문성을 활용하여 성공적인 창업을 할 수 있도록 지원해 주는 사업
창업보육센터 지원사업	우수한 창업보육센터를 중심으로 창업 초기기업 입주 및 보육지원을 위한 건립비(리모델링) 및 운영비 등을 지원. 창업보육센터 노후시설개선, 일반건물의 창업보육센터 전환 등 보육환경 개선과 창업보육센터 관리와 입주기업 사업화 등을 위한운영비 및 보육역량 강화를 지원
재택창업시스템 운영	회사설립과 관련해 정부기관을 일일이 방문하지 않고도 가정이나 사무실에서 회사설립을 할 수 있도록 법원행정처 등 관련 기관의 전산망을 통합 연계한 법인설립 온라인처리시스템을 운영
중소기업모태조합 출자	중소기업 모태조합(fund of funds)은 민간자금의 투자를 유도하고자 정부재원으로 결성한 펀드로서 창업투자조합, 사모펀드 등에 대해 출자

표 15.9 지식서비스 창업 활성화 및 성장기반 구축

구 분	내 용
ICT 기반 지식서비스 개발 및 창업지원	앱, 콘텐츠, 소프트웨어 등 ICT 기반 유망 지식서비스 분야의 창업 활성화를 위해 전국30개 스마트 창작터에서 개발교육 및 창업을 지원
앱/콘텐츠/SW융합 실전 창업 지원	앱, 콘텐츠, SW융합 등 유망 지식서비스 분야 전문기업 육성을 위해 전국 4개 스마트벤처 창업학교에서 입교생을 모집하여 사업계획에서 개발, 사업화까지 실전 창업을 집중 지원
스마트 스타트업 글로벌화 지원	앱, 콘텐츠, SW융합 등 지식서비스 분야의 해외 진출 유망 기업을 발굴·선정하여 글로벌 시장 진출에 필요한 전문가 멘토링, 해외 시장조사·마케팅 및 해외 파견 활동 등을 지원
참살이 서비스 기업지원	참살이 실습터 운영을 통해 문화, 취미, 건강 등 well-being(참살이) 분야에 대한 실무교육 및 창·취업을 지원

구 분	내 용
1인 창조기업 비즈니스 센터	"아이디어는 있는데 어떻게 창업해야 할지 고민이신 분은 1인 창조기업 비즈니스센터로 오십시오." 사업공간 제공, 창업과 경영에 필요한 전문가의 밀착상담 및 전문교육 등 1인 창조기업의 창업 및 사업화 지원
1인 창조기업 마케팅 지원	창의적 아이템을 보유한 1인 창조기업에 디자인 및 브랜드 개발, 온라인 및 오프라인 마케팅을 지원하여 사업화 역량을 강화

표 15.10   지식서비스 창업 활성화 및 성장기반 구축

구 분	내 용
재도약 지원자금	사업전환, 구조개선, 재창업 지원을 통해 기업의 경영정상화와 재도약에 필요한 자금을 지원
중소기업 진로제시 컨설팅	경영위기 기업에 대해 전문가가 기업을 방문진단하여 사업정리(청산·파산) 또는 기업회생에 대한 정보를 제공해 드리는 사업
중소기업 회생컨설팅	회생 가능성이 높은 기업에 대해 「채무자 회생 및 파산에 관한 법률」에 따른 회생절차 신청부터 회생계획 인가까지 전문가 상담 및 절차 대행 등을 지원하는 사업
재창업기업 전용 기술개발자금	재기 중소기업의 창의성·혁신성 및 아이디어가 우수한 시제품 개발을 지원
중소·벤처기업 자산거래 중개장터	유휴자산의 신속한 처분이 가능하도록 중소벤처기업 자산거래 중개장터를 구축하여 기계설비, 공장, 원자재, 무형자산의 거래를 지원

3) 중소기업지원기관 창업자금 지원제도

중소기업을 지원하는 기관은 대부분 관련 법률을 근거로 설립되어 중소기업의 인력, 자금, 마케팅, 무역 등 경영활동을 전반적으로 또는 부문적으로 지원하고 있다. 중소기업지원기관은 중소기업진흥공단, 중소기업중앙회, 신용보증기금, 기술보증기금, 소상공인시장진흥공단, 신용보증재단중앙회, 기업은행, 한국산업은행, 한국수출입은행, 한국무역보험공사, 대한무역투자진흥공사, 한국무역협회, 대중소기업협력재단, 대한상공회의소 그리고 대한상사중재원 등이 있다. 중소기업지원기관은 관련 기관의 설립목적에 맞는 중소기업지원활동을 전개하고 있다.

표 15.11 중소기업지원기관의 지원 내용

구 분	내 용
중소기업 진흥공단	• 중소기업을 대상으로 자금·입지 지원, 정보화·판로개척, 교육, 벤처 창업투자 지원 등 종합적인 지원 • 창업기업지원자금, 투융자복합금융자금, 개발기술사업화자금, 신성장기반자금, 재도약지원자금, 긴급경영안정자금을 지원 • 중소기업 건강진단 사업, 지역중소기업수출마케팅, 수출인큐베이터 사업, 온라인 수출지원 사업(Gobizkorea), 글로벌바이어 구매알선 지원사업, HIT500(중기제품 거래활성화), 글로벌 협력지원, 남북협력지원, 외국전문인력 채용지원, 중소기업 컨설팅 지원사업, 자전거·해양레저장비 기술개발 지원사업, R&D성공과제 사업화 지원사업, 연수사업, 청년창업사관학교 및 중소기업 핵심인력 성과보상기금 사업
중소기업 중앙회	• 전국의 중소기업협동조합연합회와 전국 또는 특정지역을 업무구역으로 하는 협동조합 등을 정회원, 유관단체 등을 특별회원으로 하는 전국적인 중소기업단체 • 중소기업회계기준 적용 지원, 사업조정제도, 제조하도급분쟁조정협의회 운영, 가업승계 원활화를 통한 명문 장수기업 육성, 무역피해구제 지원센터 운영, 중소기업 무역촉진단 파견 지원, 중소기업 문화경영 지원, 중소기업 협동조합 공동사업 자금 지원, 코업비즈(Coupbiz), 중소기업제품 공공구매지원제도, 중소기업 중요성 바로 알리기 사업, 중장년 일자리 희망센터 운영, 장년취업인턴제 사업, 외국인력 지원, 해외동포(H-2) 고용 지원, 소기업·소상공인공제제도(노란우산공제), 중소기업 공제사업기금 지원, 중소기업 보증공제제도 운영, 중소기업의 제조물책임(PL) 지원, 중소기업 손해공제제도(파란우산공제)를 운영
신용보증기금	• 기본재산의 관리, 신용보증, 경영지도, 신용조사 및 신용자료의 종합관리, 구상권의 행사, 신용보증제도의 조사연구 • 신용보증, 경영혁신형 중소기업 인증평가, 보증연계투자, 유동화회사보증, 산업기반 신용보증기금, 매출채권보험, Job Cloud, 창업지원제도를 운영하고 있는 대표적인 중소기업지원기관
기술보증기금	• 무형의 기술을 대상으로 기술성·시장성·사업성 등 미래가치를 평가하여 보증 지원하고, 그밖에 벤처기업 확인평가, 이노비즈 선정평가, 경영혁신형 기업평가, 창업보육기관 연계지원, 벤처창업교실 운영, 기술·경영 컨설팅, 기술 이전 및 M&A 지원 • 기술보증을 받을 수 있는 기업은 신기술사업을 영위하는 상시 종업원 1,000명 이하, 총자산액 1,000억 원 이하인 중소기업으로 산업기술연구조합원 • 기술보증, 예비창업자 사전보증 지원, 창업기업 우대지원 제도, 일자리 창출기업 우대보증제도, 전자상거래보증, 유동화회사보증, R&D 보증, 특허기술가치평가보증, 지식재산(IP) 보증, 기술융합기업 우대보증, 문화산업완성보증, 고부가서비스 프로젝트보증, 기술평가, 벤처확인평가, 이노비즈 인증평가, 기술이전 및 M&A, 녹색인증평가, 보증연계투자, 경영개선지원제도, 재기지원보증제도를 운영

구 분	내 용
소상공인시장 진흥공단	• 소상공인 경영역량 강화, 소상공인 성장기반 조성, 소상공인의 조직화 및 공동화 기반구축, 소상공인협동조합 활성화 매력있는 전통시장 조성 등의 중소기업지원 사업 • 소상공인 사관학교, 소상공인 창업교육, 소자본 해외창업지원, 소상공인방송, 상권정보시스템, 소상공인 경영교육, 소상공인컨설팅 지원, 소상공인 무료법률구조 지원사업, 소상공인협동조합 활성화, 나들가게 사후관리 지원사업, 프랜차이즈 수준평가, 유망소상공인 프랜차이즈화 지원, 소공인 특화 지원사업, 희망리턴패키지, 재창업패키지, 소기업·소상공인공제 제도, 전통시장 특성화사업, 상권활성화 사업, 시장경영혁신지원, 전통시장 온누리상품권, 전통시장 ICT육성사업, 소상공인창업자금, 일반경영안정자금, 소공인특화자금, 긴급경영안정자금, 전환대출자금, 사업전환자금, 임차보증금 안심금융 지원
신용보증재단 중앙회	• 신용보증재단의 상호간 업무협조를 기본 • 신용조사·심사 등 신용보증관련 조사연구를 통한 신용보증업무 발전 도모, 건전한 신용질서 확립과 신용조사인의 자질 향상 및 복리후생 증진, 신용보증재단에 대한 재보증업무 수행을 통한 국민경제 균형발전에 기여, 개인에 대한 신용보증 지원 • 소기업·소상공인 등 신용보증지원, 청년전용 창업 특례보증, 시니어창업 특례보증, 사회적 기업 전용 특별보증, 창업기업 연대보증 면제 특례보증, 성실실패자 재도전지원 특례보증, 금융기관 특별출연 협약보증, 햇살론 신용보증 등
기업은행	• 중소기업자에 대한 자금의 대출과 어음의 할인, 예금·적금의 수입 및 유가증권이나 그 밖의 채무증서의 발행, 내·외국환과 보호예수, 지급승낙, 국고대리점, 정부·한국은행 및 그 밖의 금융기관으로부터의 자금 차입 등 • 중소기업대출 지원 외에 IP보유기업 보증부대출, IP사업화자금대출, IBK창조기업대출, 기술평가기반 무보증 신용대출, 기술형창업기업대출, IBK수출준비자금대출, 수출기업육성자금대출, 수출입기업유동성 지원자금대출, IBK문화콘텐츠대출, 고부가서비스산업 지원대출, IBK시설투자대출, 토지분양협약대출 등을 지원
한국산업은행	• 산업개발과 국민경제의 발전을 촉진하기 위한 중요자금을 공급·관리하는 데 있으며, 주로 사회간접자본 형성과 중화학공업 개발에 필요한 대규모 장기자본을 공급
한국수출입 은행	• 중공업 제품의 연불수출 금융지원, 해외자원 개발사업 및 해외투자 금융지원, 해외기술 제공사업 금융지원, 주요자원 수입자금 지원, 수출보험업무 및 대외경제협력기금업무

구 분	내 용
한국무역보험공사	• 수출지원사업의 일환으로 수입자의 계약파기, 파산, 대금지급 지연, 거절 등의 신용위험과 수입국에서 전쟁, 내란, 또는 환거래 제한 등의 비상위험이 발생했을 때 수출업자, 생산자, 수출자금을 대출해준 금융기관의 손실을 보상하는 수출보험제도를 시행 • 수입지원사업으로는 국내 수입업자의 자금조달을 지원하며, 해외 수출업자의 계약 불이행으로 제때 화물을 인도받지 못하거나 선불금을 회수하지 못한 경우에 손실을 보장하는 수입보험제도 시행
대한무역투자진흥공사	• 일반적으로 코트라(Korea Trade-Investment Promotion Corporation/KOTRA)라고 함. • 수출입거래알선, 해외시장개척, 국내외 각종 전시회 · 박람회 참가, 북방시장개척 등의 업무를 담당
한국무역협회	• 무역업계의 이익을 대변하고 권익을 옹호하며 동시에 국가경제 발전에 주도적인 역할을 하여 수출증대에 힘쓴다는 취지 아래 설립
대중소기업협력재단	• 대 · 중소기업협력재단은 대 · 중소기업간 기술, 인력, 판로 등 협력사업을 추진하고 우수 협력모델의 발굴을 통해 동반성장 문화를 확산하여 공정거래관계 조성을 지원하기 위하여 설립
대한상공회의소	• 각 지역 내 상공업의 개선 · 발전과 지역사회 개발, 전국 상공회의소의 통합 · 조정을 꾀하며 업계의 의견을 대표하여 국가의 상공업 발전에 기여 • 회원기업의 권익 대변 및 상공업계의 애로 타개, 주요경제현안 및 업계 실태에 관한 조사 · 연구, 상공업 진흥을 위한 회의 · 연수 · 경영상담, 국제통상의 진흥과 민간교류 확대를 위한 국제협력증진, 산업인력 양성을 위한 직업교육훈련, 정부 · 업계와의 가교 역할, 사무기능의 보급을 위한 국가기술자격검정 실시, 상공업에 관한 공공사업 및 각종 정보 제공, 지역사회 개발을 위한 지원사업 등을 수행
대한상사중재원	• 중재 · 알선 · 상담을 통한 분쟁 해결 및 예방, 세계무역기구(World Trade Organization/WTO) 협정에 따른 선적 전 검사와 관련한 분쟁 조정, 중재제도 보급 및 인식 확산을 위한 홍보, 중소기업 분쟁 해결을 위한 무료 계몽강좌, 중재에 관한 조사 연구, 자료수집, 간행물 발간, 외국 중재기관과의 중재협정 및 업무협조약정 체결, 국제상사중재회의 개최 및 국제회의 참석 등의 업무

제2절   세무처리

창업기업의 세무처리는 창업과 불가분의 관계에 있다. 창업단계에서부터 법인설립단계, 그리고 기업의 경영단계에 이르기까지 세무적 관점에서 모든 계획을 점검하고 확인하여야 한다.

국세기본법 및 국세징수법, 그리고 부가가치세 및 법인세에 대해 알아보고 아울러 4대 보험, 근로기준법 및 최저임금제에 대해 알아본다.

1. 국세기본법 및 국세징수법

세무처리에 있어 기본이 되는 법은 우리나라 조세제도의 근본이 되는 국세기본법과 국세징수법이다. 헌법에서 정하는 조세총론에 대한 개념을 파악하고 국세기본법 및 국세징수법에 대해 알아보자.

1) 조세총론

조세 즉, 세금은 국가나 지방자치단체가 필요한 국가 및 지방자치단체의 사업경비를 충당하기 위해 국민으로부터 강제적으로 거두는 금전이나 재물을 말한다. 국가가 거두는 것을 국세라 하고, 지방자치단체가 거두는 것을 지방세라고 한다. 국민이 세금을 납부하는 것은 국민의 의무이다.

헌법 제38조에서 '모든 국민은 법률이 정하는 바에 의하여 납세의 의무를 진다.'라고 규정하고 제59조에서 '조세의 종목과 세율은 법률로 정한다.'라고 규정하고 있다.

이는 세금은 법률의 근거에 따라 국가는 국민에게 조세를 부과하고 징수하며 국민은 법률에 따라 조세납부의무를 진다는 조세의 법률주의를 말한다.

또 헌법 제11조 ①항은 '모든 국민은 법 앞에 평등하다. 누구든지 성별·종교 또는 사회적 신분에 의하여 정치적·경제적·사회적·문화적 생활의 모든 영역에 있어서 차별을 받지 아니한다.'라고 규정하고 있다. 이는 국민에게 공평한 조세부담이 되도록 하며 '소득이 있는 곳에 세금이 있다.'는 일반 원칙을 실현하는 것을 의미한다.

2) 국세기본법

국세기본법은 우리나라의 국세에 관한 기본적이고 공통적인 사항을 규정한 법이다. 각 세법이 규정하여야 할 공통적인 내용을 모두 담아 종합적으로 규정한 조세총칙법이다. 조세총칙관련 법에는 국세기본법과 국세징수법, 조세범처벌법 등이 있다. 국세 기본법은 조세 중에서 내국세만을 적용대상으로 하고, 지방세는 그 속에 총칙편과 개별세목으로 구성되어 있고 관세는 별도로 규정하고 있다.

국세기본법은 국세기본법 제1조에서 "국세에 관한 기본적이고 공통적인 사항과 위법 또는 부당한 국세처분에 대한 불복 절차를 규정함으로써 국세에 관한 법률관계를 명확하게 하고, 과세를 공정하게 하며, 국민의 납세의무의 원활한 이행에 이바지함을 목적으로 한다."라고 규정하고 있다.

국세기본법의 조세부과의 원칙으로서 실질과세·신의성실·근거과세가 있다. 실질과세의 원칙(국세기본법제 14조)은 과세요건 사실에 대한 세법의 적용에 있어서 경제적 실질과 법적 형식이 일치하지 않는 경우 경제적 실질에 따라 과세한다는 원칙이다. 신의성실의 원칙(국세기본법제 15조)은 납세자가 그 의무를 이행할 때에는 신의에 따라 성실하게 하여야 한다는 원칙이다. 세무공무원이 직무를 수행할 때에도 또한 같다. 근거과세의 원칙(국세기본법제 16조)은 과세표준 확정과 세액 산출을 1차적으로 납세자 자신이 수행하고, 이에 불성실할 경우에만 과세관청이 조사·결정하는 것을 말한다. 국세의 종류는 다음과 같다.

표 15.12 　국세의 종류

구 분	내 용
소득세	근로계약에 따라 비독립적 지위에서 근로를 제공하고 받는 대가인 '근로소득'에 대해 부과되는 세금
법인세	법인의 각 사업년도의 소득과 청산소득을 과세표준으로 하여 부과하는 세금
상속세와 증여세	사망으로 그 재산이 가족이나 친족 등에게 무상으로 이전되는 경우에 당해 상속재산에 대하여 부과하는 세금
종합부동산세	세대별 또는 개인별로 전국의 부동산을 유형별로 구분하여 합산한 결과, 일정 기준을 초과하는 보유자에게 과세되는 세금

구 분	내 용
부가가치세	상품(재화)의 거래나 서비스(용역)의 제공과정에서 얻어지는 부가가치(이윤)에 대하여 과세하는 세금
개별소비세	부가가치세의 단일세율에서 오는 불합리성 제거와 사치성물품의 소비를 억제하기 위한 세금으로 특별소비세법에서 개별소비세법으로 변경
교통·에너지·환경세	교통시설의 확충 및 대중교통 육성을 위한 사업, 에너지 및 자원 관련 사업, 환경의 보전과 개선을 위한 사업에 필요한 재원 확보를 위한 세금
주세	주류에 과세하는 소비세, 재정확보와 국민보건향상을 위한 세금
인지세	재산상 권리변동을 증명하는 증서나 장부, 재산상의 권리를 승인하는 증서 등을 대상으로 그 작성자에 대해 부과하는 세금
증권거래세	주식 및 채권 등 유가증권의 이전 또는 매각시 양도자와 양수자의 양측 또는 일방에게 부과하는 거래세
교육세	교육의 질적 향상 도모에 소요되는 교육재정확충을 목적으로 하는 세금
농어촌특별세	농어업의 경쟁력강화와 농어촌산업기반시설의 확충 및 농어촌지역 개발사업을 위하여 필요한 재원확보를 목적으로 과세하는 세금

3) 국세징수법

국세징수법은 국세의 징수에 필요한 사항을 규정하여 국세수입을 확보함을 목적으로 제정된 법이다(국세징수법 제1조). 이 법은 국세의 징수에 관하여 필요한 사항을 담고 있으며 국세를 체납한 경우 체납세금을 징수하기 위한 각종 절차를 정하고 있다.

이 법은 일반적이고 공통적인 사항을 규정하고 있고 국세징수에 관한 개별적인 사항은 각 세법에 규정되어 있다. 총칙에 국세·가산금, 체납처분비의 징수순위, 납세완납증명서 등을 규정하고, 징수절차·징수유예·독촉·체납처분 등을 각 장과 절에 규정하고 있다.

징수절차(8조~23조), 체납처분절차(24조~37조), 동산과 유가증권의 압류(38조~79조), 청산(80조~84조), 체납처분의 중지, 유예(85조~88조) 등을 규정하고 있는데 체납에 대한 제반 압류대책은 강력한 효력을 지닌다.

일반적인 징수절차는 납세고지 또는 독촉에 따라 납세자가 납세기한 내에 납세자가 세법이 정하는 바에 따라 국세를 세무서장에게 그 국세의 과세기간, 세목, 세액 및 납세자의 인적사항을 납부서에 적어 신고 납부하여야 한다. 세무서장은 국세를 징수하려면 납세자에게 그 국세의 과세기간, 세목, 세액 및 그 산출 근거, 납부기한과 납부 장소를 적은 납세고지서를 발급하여야 한다.

그러나 이러한 임의징수절차가 이행되지 않은 경우에는 강제징수절차를 진행하게 되는데 이는 체납자의 재산에 대한 압류, 교부청구, 압류재산의 매각 등의 절차를 밟게 된다.

2. 부가가치세

부가가치세는 창업과정에서 발생하는 증빙을 잘 모아야 하며, 사업자용 신용카드를 사용해야 하고 부가가치세 공제항목을 잘 파악하고 거래당사자의 사업자 유형을 확인하는 등 창업초기의 부가가치세 관리는 매우 중요하다.

부가가치세의 의의, 부가가치세의 과세기간 및 신고납부, 그리고 부가가치세 사업자구분에 대하여 알아보자.

1) 부가가치세의 의의

부가가치세란 상품(재화)의 거래나 서비스(용역)의 제공과정에서 얻어지는 부가가치(이윤)에 대하여 과세하는 세금이다. 사업자가 납부하는 부가가치세는 매출세액에서 매입세액을 차감하여 계산한다.

$$부가가치세 = 매출세액 - 매입세액$$

부가가치세는 물건 값에 포함되어 있어 최종소비자가 부담하는 것이며 따라서 최종소비자가 부담한 부가가치세를 사업자가 세무서에 납부하는 것이다. 그러므로 부가가치세 과세대상 사업자는 상품을 판매하거나 서비스를 제공할 때 거래금액에 일정 금액의 부가가치세를 징수하여 납부하여야 한다.

2) 부가가치세의 과세기간 및 신고납부

부가가치세는 6개월을 과세기간으로 하여 신고·납부하게 되며 각 과세기간을 다시 3개월로 나누어 중간에 예정신고기간을 두고 있다.

표 15.13　부가가치세 과세

과세기간	과세대상기간		신고납부기간	신고대상자
제1기 1.1~6.30	예정신고	1.1~3.31	4.1~4.25	법인사업자
	확정신고	1.1~6.30	7.1~7.25	법인·개인일반 사업자
제2기 7.1~12.31	예정신고	7.1~9.30	10.1~10.25	법인사업자
	확정신고	7.1~12.31	다음해 1.1~1.25	법인·개인일반 사업자

일반적인 경우 법인사업자는 1년에 4회, 개인사업자는 2회 신고한다. 개인사업자(일반과세자) 중 사업부진자, 조기 환급발생자는 예정신고와 예정 고지세액납부 중 하나를 선택하여 신고 또는 납부할 수 있다. 개인 간이과세자는 1년을 과세기간으로 하여 신고·납부하게 된다.

표 15.14　부가가치세 신고납부

과세기간	신고납부기간	신고대상자
1.1~12.31	다음해 1.1~1.25	개인 간이사업자

3) 부가가치세 사업자 구분

부가가치세 사업자는 일반과세자와 간이과세자로 구분되며 일반과세자는 1년간의 매출

표 15.15　일반과세자와 간이과세자의 구분과 세액계산

구 분	기준금액	세액 계산
일반과세자	1년간의 매출액 4,800만 원 이상	매출세액(매출액의 10%) − 매입세액(매입액의 10%) = 납부세액
간이과세자	1년간의 매출액 4,800만 원 미만	(매출액×업종별 부가가치율×10%) − 공제세액 = 납부세액 ※ 공제세액 = 세금계산서에 기재된 매입세액 　　　　　　×해당업종의 부가가치율

액이 4,800만 원 이상인 경우이며 간이과세자는 1년간의 매출액이 4,800만 원 미만의 사업자를 말한다.

납부세액은 일반과세자의 경우 매출세액(매출액의 10%)에서 매입세액(매입액의 10%)을 차감한 금액이며, 간이과세자의 경우는 매출액에 업종별 부가가치율을 곱한 후 다시 10%를 곱한 금액에서 공제세액을 차감한 금액이 된다. 공제세액이란 세금계산서에 기재된 매입세액에 해당업종의 부가가치율을 곱한 금액이다.

표 15.16 간이과세자의 업종별 부가가치율

업 종	부가가치율 (2013년)
전기·가스·증기·수도	5%
소매업, 음식점업, 재생용 재료수집 및 판매업	10%
제조업, 농·임·어업, 숙박업, 운수 및 통신업	20%
건설업, 부동산임대업, 기타 서비스업	30%

3. 법인세와 종합소득세

창업을 법인으로 하는 경우에는 법인세를 납부하게 되며 개인으로 하는 경우에는 종합소득세를 납부해야 한다. 법인세와 종합소득세에 대해 알아보자.

1) 법인세

(1) 개념

법인은 권리능력이 인정되고 인격이 부여된 법적 인격체로서 자연인과 마찬가지로 권리와 의무의 주체가 된다. 법인은 그 구성원인 개인과 완전히 분리된 법적, 경제적 존재라는 법인실재설과 법률의 힘에 의하여 법인을 자연인에 의제한 것이라는 법인의제설이 있다.

법인은 공법인과 사법인으로 구분되며 공법인은 국가 또는 지방자치단체를 말하며 사법인은 영리사단법인인 상법상 주식회사, 유한회사, 합명회사, 합자회사 등이 있고 비영리

사단법인과 비영리재단법인 등으로 구분할 수 있다.

법인세는 법률상 독립된 인격체인 법인조직이 얻은 소득에 대하여 과세하는 조세이다. 자연인은 개인의 소득에 대하여 소득세가 과세되는 것과 같이 법인의 소득에 대하여는 법인세가 과세된다.

이는 법인실재설에 의하여 과세하는 것이며 법인의 소주 주주에게 다시 배당소득에 대해 소득세를 과세하는 등 이중과세문제가 대두되는데 이를 조정하기 위하여 우리나라 소득세법에서는 배당세액공제를 두고 있다.

법인세는 국가가 과세권자인 국세이며 특정목적이 아닌 일반적 지출의 재원이므로 보통세다. 납세의무자와 담세의무자가 동일한 직접세이며 소득세와 같이 누진세율 제도를 채택하고 있다.

(2) 법인세 납부

법인세는 먼저 각 사업연도 소득을 계산하고 과세표준을 결정한 다음 세율을 곱해 산출세액을 계산하여 신고납부를 한다.

각 사업연도의 소득은 결산서상 당기순이익에 익금산입과 손금불산입 항목을 더하고 손금산입과 익금불산입 항목을 차감하여 각사업연도 소득을 계산한다. 그리고 여기에 이월결손금, 비과세소득, 소득공제 항목을 차감하여 과세표준을 계산한다. 과세표준에 세율을 곱하여 산출세액을 계산하고, 또 가감항목을 감안하여 결정세액을 계산한 후 기 납부세액을 공제한 후 차감 납부세액을 납부하게 된다.

법인세율은 과세표준을 기준으로 2억 원 이하인 경우에는 10%, 2억 원 초과 200억 원 이하의 경우 20%, 200억 원을 초과한 금액에 대해서는 22%이다. 한편, 각종 공제·감면으로 기업이 납부할 세금이 지나치게 낮아지는 것을 방지하기 위한 제도로 최저한세율제도를 두고 기업소득 중 일정 비율, 중소기업은 7%, 일반기업은 과세표준 100억 원 이하는 9%, 1천억 원 이하는 12%, 1,000억 원을 초과하는 경우에는 17%로 규정하고 있다. 법인세의 납부와 관련하여 국세청에서 공지하는 매년 법인세 신고안내를 참고하면 유익하다.

2015년도 법인세율은 과세표준이 2억 원 이하에 대해서는 10%, 200억 원 이하금액은 20%, 200억 원을 초과하는 금액에 대하여는 22%로 규정하고 있다.

표 15.17 법인세율

과세표준	2010.1.1.~2011.12.31. 기간 중에 개시하는 사업연도	2012.1.1. 이후 개시하는 사업연도
200억 원 초과	22%	22%
2억 원~200억 원 이하		20%
2억 원 이하	10%	10%

2) 종합소득세

(1) 개념

종합소득세는 개인이 지난해 1년간의 경제활동으로 얻은 소득에 대하여 납부하는 세금으로서 모든 과세대상 소득을 합산하여 계산하고, 다음해 5월 1일부터 5월 31일까지 주소지 관할 세무서에 신고·납부하여야 한다. 성실신고확인 대상 사업자는 6월 30일까지 신고·납부하여야 한다.

(2) 종합소득세의 납부

종합소득이란 이자소득, 배당소득, 사업(부동산임대 포함)소득, 근로소득, 연금소득, 기타소득을 말한다. 여기서 개인사업자로 창업을 한 경우 사업소득이 발생하므로 모든 사업

표 15.18 종합소득세율

과세표준	2014년도 귀속 세율	누진공제
12,000,000원 이하	6%	-
12,000,000원 초과 46,000,000원 이하	15%	1,080,000원
46,000,000원 초과 88,000,000원 이하	24%	5,220,000원
88,000,000원 초과 150,000,000원 이하	35%	14,900,000원
150,000,000원 초과	38%	19,400,000원

자는 장부를 비치·기록하고 스스로 본인의 소득을 계산하여 종합소득세를 신고·납부하여야 한다.

제3절   회계처리

창업기업의 회계처리는 세무와 직결되며 창업초기의 회계처리는 매우 중요하다. 회계의 개념, 부기의 개념 그리고 기업재무정보를 위한 회계와 세무처리를 위한 회계로 구분하여 알아보자.

1. 회 계

회계처리를 위하여 회계의 의의와 과정, 창업 중소기업이 준수하여야 할 중소기업회계기준에 대하여 알아보고 흔히 간과하기 쉬운 법인자금과 개인자금의 구분 문제, 마지막으로 사업용 계좌 개설에 대해 살펴본다.

1) 회계의 의의와 과정

회계란 회계정보이용자가 경제적 실체에 대하여 합리적인 판단이나 의사결정을 할 수 있도록 경제적 실체에 관한 유용한 회계정보를 식별, 측정, 전달하는 과정이다. 회계는 기업실체에 대한 정보를 식별, 전달하는 정보제공시스템이라 할 수 있다. 회계정보이용자란 외부정보이용자와 내부정보이용자로 구분한다. 외부정보이용자는 투자가, 채권자, 종업원, 거래처, 정부기관, 고객 및 기타 지역사회를 말하고 내부정보이용자는 기업 내부경영의 의사결정 과정에서 의사결정을 하는 경영자 및 이사회 등을 의미한다.

회계의 과정은 기업경영활동 중 회계처리대상을 추출하여 회계시스템에 입력을 하고 그 처리과정을 거쳐 재무정보가 나오며 이를 기업의 이해관계자인 회계정보이용자에게 전달하는 과정을 말한다. 기업경영활동 중 회계처리대상이 될 수 없는 내용은 최고경영자의 경영능력이나 성향, 노사문제 등 정량평가 대상이 아닌 정성평가 대상이 되는 것을 말한다.

2) 중소기업회계기준

기업경영활동에 대한 회계처리가 기업의 자율로 인식될 수도 있으나 기업의 정보이용자에게 정확한 자료를 주기 위하여 '주식회사의 외부감사에 관한 법률' 제13조에 외부감사를 받는 기업은 기업회계기준의 적용을 받도록 하고 있다. 또 기업회계기준에 대상 이외의 기업의 회계처리에도 적용을 받도록 규정하고 있어 모든 기업을 대상으로 하고 있다.

따라서 기업회계기준은 기업 스스로 준거해야 할 규범인 동시에 외부 감사인이 재무제표를 감사하여 보고하는 데 근거해야 할 판단기준이다.

우리나라의 기업회계기준은 1959년 '기업회계 원칙과 재무제표규칙' 제정으로 시작되어 1981년 '기업회계기준'으로 변경되었고, 1990년에 개정되었다. 이후 국제회계기준(IFRS : International Financial Reporting Standards)의 도입이 추진되어 2011년 한국채택 국제회계기준(K-IFRS)의 적용을 받고 있다.

그러나 일정자신 이상의 규모의 기업이나 상장기업은 '한국채택 국제회계기준', '일반기업회계기준'의 적용을 받으며, 창업 중소기업은 2013년 2월 1일에 고시된 '중소기업회계기준'의 적용을 받고 있는데 이는 상법 시행령 제15조제3호에 따른 회계 기준으로 외부감사 대상 및 공공기관이 아닌 주식회사가 적용하는 회계기준이다.

3) 법인자금과 개인자금의 구분

'개인기업'으로 창업을 하는 경우 설립절차가 간단하고 창업비용이 적게 소요되는 반면 '법인기업'은 법원에 설립등기 등 절차가 필요하며 법인설립비용이 필요하다. 따라서 개인기업의 경우는 비교적 소규모의 사업이나 자본이 적게 드는 사업에 적합하며 '법인기업'의 경우는 비교적 규모가 큰 기업에 적합하다.

'개인기업'은 자본조달의 한계로 대규모 자금이 소요되는 사업은 불가하나 이익의 분배에는 아무런 제약이 없다. '법인기업'은 주주로부터 자금을 조달하므로 보다 규모가 큰 자금을 모을 수 있으나 이익의 배당은 주주총회 등 적법한 배당절차로 이루어져야 한다. 또 주주가 법인의 돈을 사용할 경우 이자를 지불해야 한다.

'개인기업'은 경영자가 경영상의 모든 책임을 져야 하나 '법인기업'은 출자한 주식지분 한도 내에서 책임을 지게 된다. '개인기업'은 대외신인도에서 '법인기업'보다 낮은 평가를 받는다.

'법인기업'으로 창업을 한 경우 법인자금과 개인자금의 엄격한 구분이 필요하다. 1인주주의 경우라도 법인자금을 가지급금의 형태로 인출을 할 경우 이자를 법인에 지불하여야 하며, 가지급금의 규모가 크고 오래 갈 경우 법인자금 횡령 등의 처벌 가능성도 있다.

2. 회계의 분류

창업기업의 회계는 그 목적에 따라 재무회계와 관리회계, 기업회계와 세무회계로 구분된다.

1) 재무회계와 관리회계

재무회계는 해당 기업의 외부 정보이용자의 의사결정에 유용한 정보를 제공한다. 재무제표를 통해 재무상태, 경영성과 그리고 현금흐름을 알 수 있다. 외부 정보이용은 기업의 자금조달원인 채권자나 투자자를 말한다.

관리회계는 내부 정보이용자 즉 경영자의 경영관리의사결정에 필요한 정보를 제공한다. 기업회계기준에 정해진 보고수단과 관계없이 내부 정보이용자인 경영자가 필요로 하는 일별, 월별, 분기별, 반기별 등 수시보고를 말한다.

2) 기업회계와 세무회계

기업회계는 기업의 회계처리기준에 의한 회계처리를 말한다. 주주, 채권자 등 불특정 다수 이해관계자들의 의사결정을 위해 필요한 기업의 재무정보 제공을 목적으로 한다. 기업의 당기순이익은 수익에서 비용을 차감하여 계산하는 실현주의와 발생주의를 채택하고 있다. 이는 수익비용 대응의 원칙에 의한 수익과 비용의 계산을 말한다.

세무회계상의 발생주의는 권리확정주의 또는 권리발생주의라고 말하는데, 수입을 가져오는 권리의 발생을 수입으로 취급하며, 수입이 실제 유무에 구애받지 않고 수익을 측정한다. 발생주의는 현금주의 회계에 있어서는 수익을 현금 수입할 때에 인식하고, 비용을 현금 지출할 때에 인식한다는 것이다.

세무회계는 세법의 규정에 따라 법인세 과세표준과 세액의 산출을 목적으로 한다. 각 사업연도 소득은 익금에서 손금을 차감하여 계산한다. 순자산증가설과 권리의무 확정주의에 의한 익금과 손금의 계산방식이다. 세무회계는 소득계산의 통일성과 조세부담의 공평성을 유지하기 위한 회계라 할 수 있다.

3) 사업용계좌 개설

2007년 7월 1일부터 사업용계좌개설이 시행되고 있다. 복식부기의무자는 사업과 관련된 거래대금, 인건비, 임차료를 지급하거나 지급받는 경우에는 사업용계좌를 사용하여야 한다(소득세법 제160조5). 사업용계좌 최초 신고자는 과세기간 개시일로부터 6월 이내「사업용계좌신고(변경·추가)서」를 작성하여 관할세무서에 우편 또는 홈택스를 통해 신고하여야 한다.

사업용계좌를 사용하지 않은 경우와 신고를 하지 않은 경우는 가산세가 부과되거나 세액감면의 혜택이 배제된다.

표 15.19 사업용계좌 미사용 및 미신고 가산세

구 분	내 용
• 사업용계좌 미사용 및 미신고 가산세	① 사업용계좌를 사용하지 않은 경우 : 미사용금액×0.2% ② 사업용계좌를 신고하지 않은 경우 : 다음 ㉠과 ㉡ 중 큰 금액 　㉠ 해당 과세기간의 수입금액×미신고기간 / 365(366)×0.2% 　㉡ 거래대금, 인건비, 임차료 등 사용대상금액의 합계액×0.2%
• 창업중소기업 세액감면, 중소기업특별세액감면 등 각종 세액감면 배제	

표 15.20 복식부기 의무자(2017년 수입금액이 업종별 기준금액 이상)

업종별	기준금액
가. 농업·임업 및 어업, 광업, 도매 및 소매업(상품중개업을 제외한다), 제122조제1항에 따른 부동산매매업, 그 밖에 제2호 및 제3호에 해당하지 아니하는 사업	3억 원 이상자
나. 제조업, 숙박 및 음식점업, 전기·가스·증기 및 수도사업, 하수·폐기물처리·원료재생 및 환경복원업, 건설업(비주거용 건물 건설업은 제외하고, 주거용 건물 개발 및 공급업을 포함한다), 운수업, 출판·영상·방송통신 및 정보서비스업, 금융 및 보험업, 상품중개업, 욕탕업	1억 5천만 원 이상자

업종별	기준금액
다. 법 제45조제2항에 따른 부동산 임대업, 부동산관련 서비스업, 임대업(부동산임대업을 제외한다), 전문·과학 및 기술 서비스업, 사업시설관리 및 사업지원 서비스업, 교육 서비스업, 보건업 및 사회복지 서비스업, 예술·스포츠 및 여가관련 서비스업, 협회 및 단체, 수리 및 기타 개인 서비스업, 가구내 고용활동	7천 5백만 원 이상자
전문직사업자(수입금액 규모에 관계없이 복식부기의무자임) 의료업, 수의업, (한)약사업, 변호사업, 심판변론인업, 변리사업, 법무사업, 공인노무사업, 세무사, 회계사업, 경영지도사업, 통관업, 기술지도사업, 감정평가사업, 손해사정인업, 기술사업, 건축사업, 도선사업, 측량사업	

3. 4대 보험과 근로기준법

사회보장기본법 제3조 제1호에 의하면 "사회보장이란 질병·장애·노령·실업·사망 등 각종 사회적 위험으로부터 모든 국민을 보호하고 빈곤을 해소하며 국민생활의 질을 향상시키기 위하여 제공되는 사회보험, 공공부조, 사회복지서비스 및 관련 복지제도를 말한다."라고 정의한다.

근로기준법은 헌법에 따라 근로조건의 기준을 정함으로써 근로자의 기본적 생활을 보장, 향상시키며 균형 있는 국민경제의 발전을 꾀하는 것을 목적으로 한다. 창업에 있어서 가장 기본이 되는 4대 보험과 법으로 지켜야 할 근로기준법에 대해 알아보자.

1) 4대 보험

4대 보험은 산재보험, 건강보험, 국민연금, 고용보험 등을 말한다. 우리나라의 4대사회보험제도는 업무상의 재해에 대한 산업재해보상보험, 질병과 부상에 대한 건강보험 또는 질병보험, 폐질·사망·노령 등에 대한 연금보험, 실업에 대한 고용보험제도로 구분된다.

사회보험제도는 국민에게 발생한 사회적 위험을 보험방식에 의하여 대처함으로써 국민의 건강과 소득을 보장하는 제도이다. 여기서 사회적 위험이란 질병, 장애, 노령, 실업, 사망 등을 의미하는데 이는 사회구성원 본인은 물론 부양가족의 경제생활을 불안하게 하는 요인이 된다. 따라서 사회보험제도는 사회적 위험을 예상하고 이에 대처함으로써 국민의 경제생활을 보장하려는 소득보장제도이다.

표 15.21 4대 사회보험

구분	사업장 적용대상	보험료
국민연금	• 1인 이상의 근로자를 사용하는 모든 사업장 • 대사관 등 주한외국기관으로서 1인 이상의 대한민국 국민인 근로자를 사용하는 사업장	기준소득월액 * 9.0% • 사용자(50%) : 4.5% • 근로자(50%) : 4.5%
건강보험	• 상시 1인 이상의 근로자를 사용하는 모든 사업장 • 공무원 및 교직원을 임용 또는 채용한 사업장	건강보험료 : 보수월액 * 6.07% • 사용자(50%) : 3.035% • 근로자(50%) : 3.035% 노인장기요양보험료 : 건강보험료×6.55%(=0.398%) • 사용자(50%) : 0.199% • 근로자(50%) : 0.199%
고용보험	• 일반사업장 : 상시 근로 1인 이상의 근로자를 고용하는 모든 사업 및 사업장(다만, 농업, 임업, 어업, 수렵업 중 법인이 아닌 경우 5인 이상) • 건설공사 : 주택건설사업자, 건설업자, 전기공사업자, 정보통신공사업자, 소방시설업자, 문화재수리업자가 아닌 자가 시공하는 총공사금액 2천만 원 미만 건설공사 또는 연면적이 100제곱미터 이하인 건축물의 건축 또는 연면적이 200제곱미터 이하인 건축물의 대수선에 관한 제외한 모든 공사	연말정산 갑근세 원천징수 대상 근로소득 * 1.3% 공동부담 • 사용자(50%) : 0.65% • 근로자(50%) : 0.65% 고용안정, 직업능력 • 사용자 : 0.25%
산재보험	• 일반사업장 : 상시근로자 1인 이상의 사업 또는 사업장(다만, 농업, 임업(벌목업 제외), 어업, 수렵업 중 법인이 아닌 경우 5인 이상) • 건설공사 : 고용보험과 동일	업종별 고시 • 사용자 : 사무직 0.9, 금융업 0.7

(4대 사회보험정보연계센터 자료 재구성)

2) 근로기준법

근로자와 사용자간의 근로조건은 원칙적으로 양 당사간의 자유로운 계약에 의하여 결정되어야 한다. 그러나 근로조건 협상에 있어 불리한 위치에 있는 근로자들을 법으로 보호가기 위해 근로의 최저기준을 정한 근로기준법과 근로자들의 단결과 단체교섭 그리고 단체행동을 보장하는 노동조합 및 노동관계조정법을 두고 있다.

근로기준법에서 정하는 근로조건은 최저기준이므로 근로관계 당사자는 이 기준을 이유로 근로조건을 낮출 수 없다. 또 근로자와 사용자는 각자가 근로조건을 정한 단체협약, 취업규칙과 근로계약을 지키고 성실하게 이행할 의무가 있다.

사용자는 근로계약을 체결할 때에 근로자에게 임금, 소정근로시간, 휴일, 유급휴가, 기타 근로조건 등을 명시하여야 한다. 근로계약 체결 후 변경하는 경우에도 또한 같다. 또 사용자는 이와 관련한 임금의 구성항목·계산방법·지급방법 등이 명시된 서면을 근로자에게 교부하여야 한다.

3) 최저임금

헌법은 "국가는 사회적·경제적 방법으로 근로자의 고용의 증진과 적정임금의 보장에 노력하여야 하며, 법률이 정하는 바에 의하여 최저임금제를 시행하여야 한다."고 규정하고 있다.

임금은 사용자와 근로자가 서로 합의하여 결정하는 계약자유주의가 적용되는 것이 원칙이지만 당사자의 자유로운 협상에 의존할 경우, 불공정한 노동시장에서 근로자들이 저임금을 받아들일 수밖에 없다. 근로자의 최저생활보장을 위하여 임금의 최저기준을 정하고 그보다 낮은 임금 설정을 금지할 목적으로 이 법이 제정되었다. 2018년도 최저임금은 시간당 7,530원으로 전년대비 16.4%, 전전년 대비 25% 올랐다. 2015년도에는 5,580원, 2016년도에는 6,030, 2017년도에는 6,470원이었다.

1) 중소기업회계기준 해설(2013 .3. 19. 법무부, 한국회계기준원)

2) 상법 제447조(재무제표의 작성) 제1항과 동법 시행령 제16조(주식회사 재무제표의 범위 등) 제1항

3) 법인세법 제60조제2항

4) 은행대출이나 개인사채 등의 부채를 활용하여 그 이율이상의 자기자본의 이익률을 높이는 효과

5) Business-to-Business : 기업간 매출 및 매입금액의 결제자금 대출

6) Commercial Paper기업이 자금조달을 목적으로 발행하는 어음형식의 단기 채권

찾 아 보 기

【한글】

ㄱ

ㄴ

ㄷ

ㅊ

ㅌ

ㅍ

ㅎ

【영문】

참고문헌

- 강경모 외 2인, 「중소기업창업론」, 신광문화사 2006. 7.
- 강요섭·최동혁, 「창조경제시대 한국 창업생태계 현황과 과제」, 한국과학기술기획평가원, 2013.
- 권미선 옮김, 「정본 이솝우화」, 창비, 2009.
- 김도관, "창업을 위한 청년일자리창출−생계형에서 창조형 창업으로 창업정책 기본방향 설정해야," 부산발전포럼, 2014.
- 김범진, 함영복, 김은수, 「법인세법 총론」, 경영과 회계, 2002. 3.
- 김보람, 신규사업 타당성검토, 삼성경제연구소(SERI), 2007.
- 김용성, 「고학력 청년층의 미취업 원인과 정책적 대응방안」, 한국개발연구원, 2012.
- 김진영 박사(창업경영컨설팅협회), 창업지식과 경영정보
- 김태균외 3인 공저. 「취업과 진로」, 수원대학교출판부, 2015.
- 김혜영·최인려, 「비지니스와 생활예절」, 성신여자대학교 출판부, 2008.
- 무하마드 유누스, 「가난 없는 세상을 위하여」, 김태훈 역, 물푸레, 2008.
- 문길모, 「기초회계실무」, ㈜세경멀티뱅크, 1999. 2.
- 박상곤, 「변화의 기술」, 미래와 경영, 2009.
- 박상범, 「중소기업의 전략 운영론」, 삼영사, 2001. 2.
- 박용희 외 6인, 「중소기업제도 총람」, 한국경제신문사, 1998. 12.
- 방용성 외 1, 「창업경영」, 학현사, 2014. 8.
- 박천수, 「박근혜정부의 청년창업 추진전략」, 한국능력개발연구원, 2013.
- 박천수 외, 「청년창업 지원 정책의 효율성 개선 방안」, 한국직업능력개발원, 2013.
- 박춘엽, 「창업학」, 동국대학교 출판부, 2011. 9.
- 서광석, 「세법총론」, 경영과 회계, 2002. 1.
- 서정헌, 「창업초보자가 꼭 알아야 할 102가지」, 원앤원북스, 2005. 3.
- 에밀 뒤르켐(권기돈 역), 「직업윤리와 시민도덕」, 새물결, 1998.
- 오영환·박구용·신상권·윤명수·노강석, 「금융개론」, MJ미디어, 2015. 1.
- 오해섭, "청소년 기업가 정신 함양 및 창업 활성화방안 연구Ⅰ," 한국청소년정책연구원, 2014.
- 윤원배·윤명길, 「창업실무론」, 도서출판 두남, 2013. 8.
- 윤주석, 조준희, 「창업과 사업계획서」, 도서출판 두남, 2013. 8.
- 이경의, 「중소기업정책론」, 지식산업사, 2006. 6.
- 이관춘, 「직업은 직업이고 윤리는 윤리인가」, 학지사, 2009.
- 이상석 외 1, 「기업가 정신과 창업」, 2011. 6.
- 이진욱, 「기업가치를 높이는 재무관리」, ㈜스타리치북스, 2015. 6.
- 자일스 루리(GILES LURY), 「시장조사의 기술」, 리더스북, 2006. 3. 20.
- 장문철, 「창업경영학원론」, 도서출판 두남, 2014. 5.
- 전영일·이종규, "창업위기에 대한 개념적 구조", 「경영논총」 vol. 18. 1997.

- 정대용·임재석·엄명철, 「창업론」, 형설출판사, 2010.
- 조경동 외 6인 공저, 「창업론」, 형설출판사, 2015.
- 조성주, 「린스타트업 바이블」(Lean Start-up Bible), 새로운제안, 2014.
- 조형래, 「창업론」, 학현사. 2013.
- 차부근·김철호·최창선, 「창업과 경영의 이해」, 삼영사, 2014. 2.
- 최복수, "신규호텔의 재무타당성 분석", 한국콘텐츠학회 9(1), 2008.
- 최용식, 「경영의 이해」, 창민사, 2014. 1.
- 하정필, 「취업의 정답: 스펙 쌓기로 청춘을 낭비하지 않으면서도 취업에 성공하는 비결」, 지형, 2010.
- Joanne B. Ciulla, 「The Working Life」, New York : Three Rivers Press, 2000.
- 법무부, 한국회계기준원 「중소기업회계기준 해설」, 신영사, 2013. 4.
- 통계청, "2015년 5월 경제활동 인구조사 청년층 및 고령층 부가조사 결과", 2015. 5.
- 중소기업청, 「2015년도 중소기업지원시책」(중소기업청) 2015. 1.
- 중소기업청, 「2015년도 중소기업지원시책」(지원기관) 2015. 1.
- 중소기업청, 「기술창업론」, 2012.
- 중소기업청·한국창업보육협회, 「기술창업보육론(보정)」, 2016.
- 경기과학기술진흥원, 「창업생태계의 현재와 미래」, 2016
- 대한상공회의소, "청년실업 전망과 대책 보고서," 2015.
- 대한상공회의소, 「2015년 500대 기업 일자리 기상도」, 2015.
- 벤처기업협회, "기술기반 학생창업을 위한 교육과 투자 연계방안 연구," 국가교육과학기술자문회의, 2012.
- (사)한국경영기술지도사회, 벤처전문가 양성교육 교재.
- IBK기업은행, 「참! 좋은 창업기업 가이드북」, 2013. 12.
- 삼성경제연구소, "기업의 위기관리", 2000.
- 삼성경제연구소, 「혁신형 창업활성화의 비결」, 플랫폼, 2013.
- 제주발전연구원, 「제주지역의 청년창업 활성화 방안」, 2016.
- 한국국제협력단, "KOICA 프로젝트형 사업 위험관리방안 연구 보고서", 2014.
- 한국벤처창업학회, "창업자 사업역량 및 사업아이템 자가진단 키트 개발 연구," 창업진흥원, 2015.
- 한국창업경영연구원, 「유망 창업자 발굴을 위한 선정평가 모델 개발」, 창업진흥원, 2013.
- 현대경제연구원, "창업에 대한 대국민 인식조사", 현대경제연구원, 2013. 10.
- 현대경제연구원, "20대 청년창업의 과제와 시사점, 현대경제연구원, 2017. 4.
- SERI CEO Information 405(2003. 6. 18.)

신문방송자료

- 중앙일보(2014. 2. 10., 2014. 2. 17., 2014. 5. 19., 2014. 8. 6., 2015. 7. 31.)
- 연합뉴스(2014. 5. 20., 2015. 7. 31.)
- 조선Biz http://www.e-journal.co.kr(e-Journal)
- 세바시(세상을 바꾸는 시간 15분)

인터넷사이트

- 통계청 http://www.kosis.kr
- 공정거래위원회 http://www.ftc.go.kr
- 중소기업청 http://m.smba.go.kr
- 대전·충남지방중소기업청 http://m.smba.go.kr/daejeon
- 서울특별시 소상공인경영지원센터 http://www.seoulsbdc.or.kr
- 경기도 소상공인지원센터 http://www.gsbdc.or.kr
- 대한상공회의소 http://www.korcham.net
- 신용보증기금 http://www.kodit.co.k
- 벤처인 www.venturein.or.kr
- 창업경영연구소 www.icanbiz.co.kr(혈액형 알면 창업 아이템이 보인다)
- GEM(Global Entrepreneurship Monitor), 2012.
- 한국인터넷진흥원
- 한국온라인쇼핑협회
- mba.hunet.co.kr 마케팅시장/조사방법론
- 고도톡 www.godotalk.com
- blog.naver.com/soreemart(행복소리)
- blog.naver.com/smkting(송재순, 시장세분화)
- blog.naver.com/an11778(경영지도사 안시현)
- 노동부 www.work.go.kr
- 잡영 www.jobyoung.work.go.kr
- 잡코리아 www.jobkorea.com
- 사이버진로교육센터 www.cyber-edu.keis.or.kr
- 한국고용정보원 http://www.keis.or.kr
- 한국산업인력공단 해외취업사이트 www.worldjob.or.kr
- 커리어넷 www.career.net
- IGM 세계경영연구원 가치관경영스쿨 http://www.igm.or.kr

공저자 약력

○ **오 영 환**
- 현 수원과학대학교 교양과 교수
- 연세대학교 법학과(학사, 석사, 박사)

○ **김 태 균**
- 현 수원과학대학교 명예교수
- 한국정치학회 부회장(2007), 공주대학교 정신과학연구소 객원연구원 역임
- 고려대학교 정치외교학과(정치학사), 숭실대학교 대학원 법학과(법학석사), 성균관대학교 대학원 정치외교학과(정치학박사)

○ **신 상 권**
- 현 안산대학교 금융정보과 교수, NCS 개발위원, NCS 학습모듈 대표집필위원
- IBK기업은행 지점장, 신탁연금부장, 영업부장 근무
- 성균관대학교 경영학과, 단국대학교 대학원, 건국대학교 대학원(경영학박사)

○ **김 광 현**
- 현 IBK기업은행 지점장, 경영지도사
- 성균관대학교 경영학과(경영학사)
- 핀란드 알토(Aalto)대학교 경영대학원(경영학석사)

○ **박 미 수**
- 현 수원과학대학교 강사, 브랜드문화연구소
- 숙명여자대학교, 중앙대학교 신문방송대학원(문학석사)
- 경기대학교 일반대학원(관광경영학박사)

○ **이 재 상**
- 현 수원과학대학교 초빙교수
- 서경대학교 출강
- 성균관대학교 동양철학과(학사, 석사), 고려대학교 철학과(박사과정 수료)

○ **심 승 우**
- 현 한양대학교 정치외교학과 겸임교수
- 유교문화연구소 전임연구원, 성균관대학교/한양대학교 출강
- 한국외국어대학교(문학사), 성균관대학교 정치외교학과(정치학석사, 박사)

취업과 창업

2018년 2월 28일 제1판제1인쇄
2018년 3월 7일 제1판제1발행

  공저자 오영환 · 김태균 · 신상권 · 김광현
           박미수 · 이재상 · 심승우
  발행인 나   영   찬

발행처 MJ미디어 ──────────

서울특별시 동대문구 천호대로 4길 16(신설동)
전 화 : 2234-9703/2235-0791/2238-7744
FAX : 2252-4559
등 록 : 1993. 9. 4. 제6-0148호

                          정가 18,000원